桑巴·雪茄·南极冰川

朱幸福 著

立信会计出版社
LIXIN ACCOUNTING PUBLISHING HOUSE

图书在版编目(CIP)数据

桑巴·雪茄·南极冰川 / 朱幸福著. —上海：立信会计出版社，2022.12
　　ISBN 978-7-5429-7165-4

　　Ⅰ. ①桑… Ⅱ. ①朱… Ⅲ. ①文化研究—拉丁美洲 Ⅳ. ①G173

中国版本图书馆 CIP 数据核字(2022)第 201416 号

策划编辑　窦瀚修
责任编辑　窦瀚修
美术编辑　任燕飞工作室

桑巴·雪茄·南极冰川
SANGBA XUEJIA NANJI BINGCHUAN

出版发行	立信会计出版社		
地　　址	上海市中山西路 2230 号	邮政编码	200235
电　　话	(021)64411389	传　真	(021)64411325
网　　址	www.lixinaph.com	电子邮箱	lixinaph2019@126.com
网上书店	http://lixin.jd.com		http://lxkjcbs.tmall.com
经　　销	各地新华书店		
印　　刷	上海盛通时代印刷有限公司		
开　　本	787 毫米×1092 毫米	1/16	
印　　张	19.25	插　页	2
字　　数	398 千字		
版　　次	2022 年 12 月第 1 版		
印　　次	2022 年 12 月第 1 次		
印　　数	1—2 100		
书　　号	ISBN 978-7-5429-7165-4/G		
定　　价	78.00 元		

如有印订差错，请与本社联系调换

自序

2011年,文汇报社派我到以巴西为主的拉美地区工作,这是我职业生涯的最后一站。作为资深记者,我以前常驻菲律宾和美国,采访生涯充满艰辛、刺激、好奇、惊险与挑战。到拉美地区工作,对我来说是项全新挑战。赴任前,我从零开始突击学习了数月的葡萄牙语和西班牙语。

从北京出发到巴西首都巴西利亚,在空中飞行近26个小时。漫长的旅程几乎挑战了我的身体极限,此时我才真正体会到,拉美国家是距离中国最遥远的地方。由于距离遥远,2005年前中国与拉美国家之间的经贸往来与人员交往不多,中国在拉美国家的直接投资很少。这些因素导致绝大多数拉美人对中国的国情和改革开放取得的巨大成就缺乏了解,有的甚至对中国还有偏见与误解。然而,中国与绝大多数拉美国家之间没有历史恩怨,也没有把对方视作威胁,而是把对方视为重要合作伙伴。

巴西是拉美最重要的国家,除了人们熟悉的足球、桑巴舞与狂欢节,这个国家也是个地道的农牧业强国和资源大国,农业资源具有得天独厚的优势。上帝特别眷顾巴西,这里没有宗教矛盾,没有种族冲突,虽与10个拉美国家有边界接壤,但领土纠纷早已妥善解决。巴西知识分子和上层人士性格随和开朗,待人热情而有礼貌,重感情讲义气。巴西人讲话不紧不慢,工作节奏慢慢悠悠,生活压力并不大,人们的幸福指数很高。

我在巴西工作4年多时间,足迹遍及巴西和其他拉美各国。随着对巴西的深入了解,我明显感受到,巴西是一个充满希望和机遇的新兴大国。在经济发展的道路上,巴西面临着许多机遇,但挑战与机遇始终并存,因此,巴西对加强中巴经贸关系充满期待。

经过中巴两国政府和人民的共同努力,最近10多年中巴在各领域的双

自序

边关系得到全面发展。中国因经济的快速发展扩大了从巴西进口粮食、肉类和铁矿石等产品的数量。巴西虽是拉美工业化程度最高的国家,工业门类比较齐全,但工业基础相对来说比较薄弱,国内基础设施落后,需要大量引进中国的技术、设备和资金。中国是巴西最大的贸易伙伴和重要投资来源国。在地区和国际重要事务中,两国保持着很好的协调与合作。

站在巴西看拉美,身在拉美看美国,我发现拉美国家深受美国好莱坞文化、美式民主政治和价值观的影响,拉美国家对美国普遍都有一种又爱又恨的情结。拉美国家老百姓喜欢看好莱坞大片和听美国音乐,偏爱麦当劳和可口可乐,乐意到美国南部城市迈阿密度假旅游。拉美国家非常欢迎美国的投资与援助,喜欢到美国大量采购物美价廉的商品。但是,他们反对美国粗暴干涉其内政,讨厌美国在国际事务中的横行霸道。

中国常驻外人员从美国轮换到热情友好的拉美国家工作后,都有一种如释重负和宾至如归的感觉。在对外交往中,拉美各国政府和人民普遍对中国人民热情友好,双方之间都保持着良好的交流与合作。在经济建设方面,拉美各国政府和人民高度赞赏中国人的办事效率和中国速度,他们期待中拉经贸合作关系好上加好,他们把中国视为学习的楷模和互利合作共赢的重要伙伴。这样的美好感觉,我在美国工作期间从来没有体验过,令人感慨难忘。

借此书出版之机,我要感谢组织和报社领导长期以来对我的教育、培养和信任,使我在国外极其复杂多变的环境里始终不忘初心,牢记新闻工作者的使命。我也要感谢妻子杨岩松和儿子靓靓为我做出的奉献,没有他们的理解和支持,我不可能安心长期在国外工作。让我感到惊喜的是,孙女忆安在我写作此书过程中像小仙女一样飘然来到我们家,她的聪明可爱给我们这个家庭增添了许多欢乐与活力。

最后,我要特别感谢立信会计师事务所董事长、首席合伙人朱建弟先生为本书的出版提供的大力帮助与支持。

朱幸福
2022年8月于北京

目录

◎ 第一部分　巴西独领风骚

一、经济篇

巴西发展经济拥有三大优势　　004
巴西成为"世界粮仓"的奥秘　　008
咖啡王国——从风流到反客为主　　011
"中等收入陷阱"困扰巴西　　015
"去工业化"政策伤害巴西国力　　017
城镇化带给巴西的经验与教训　　021
波音吞并巴西航空工业公司计划流产　　025
在巴西投资做生意成本高昂　　027
加速发展经济面临八大挑战　　029
巴西最需要的是世界一流的工程师和科学家　　032

二、文化篇

巴西人办事喜欢慢悠悠　　034
巴西家庭女佣非常靠谱　　036
将军的女儿一辈子不嫁人　　039
巴西人整容整形乐此不疲　　041

目录

选美比赛争风吃醋丑闻多　　043
感受巴西疯狂的足球文化　　046
巴西人——浪漫、散漫与傲慢　　048
巴西人过年逍遥作乐两个月　　052
前夫前妻成为好朋友的秘诀　　054
年轻人安于现状不想出国留学　　057

三、社会篇

高铁在巴西无法起飞的隐痛　　060
巴西工人有点惹不起　　062
养老金制度开始减肥瘦身　　065
老年人在巴西里外都是宝　　067
巴西"女儿国"的精彩生活　　069
这里只有巴西人　　072
日本移民为什么在巴西颇受欢迎　　075
里约热内卢贫民窟——是地狱还是天堂　　078
在警方护送下探访里约热内卢贫民窟　　081
圣保罗——巴西"堵城"大特写　　085

四、旅游篇

亚马孙热带雨林所见所闻　　090
巴西食人鱼攻击能力特别强　　094
热带雨林深处惊险故事多　　096
原始雨林风情万种深藏不露　　098
谁是亚马孙热带雨林的杀手　　102
热带丛林居民到城市看病难　　105
伊瓜苏大瀑布名闻全世界　　107

伊泰普水电站肩负三大使命	109
巴西利亚的雨季妩媚动人	113
里约热内卢狂欢节的疯与狂	115
到圣保罗旅游必须提心吊胆	120
新冠肺炎疫情和热带病毒折磨巴西	122

五、华人篇

巴西蜂胶——墙内开花墙外香	128
东方丈母娘不喜欢巴西女婿	130
中医针灸为何在巴西更吃香	132
巴西华人在新世纪面临的隐忧	135
华人移民巴西经历过三波高潮	137
华人导游提醒中国游客注意事项	140
中国退伍军人在巴西退伍不褪色	143
友谊酒家——中巴人民友好交往的桥梁	145

六、中巴交往合作篇

孔子学院在南美办得有声有色	150
创办中文学校满足海外刚性需求	152
华为在巴西艰难曲折的创业史	155
中巴经贸合作关系向纵深发展壮大	158
中企投资巴西需要规避十一大误区	162

◎第二部分 拉美各国风情万种

一、阿根廷

| 天老地荒路远的火地岛纪行 | 170 |

目录

莫雷诺大冰川与卡拉法特览胜　　173

在阿根廷品鉴红酒与观赏探戈舞　　175

阿根廷华人连锁超市无处不在　　178

加强与中国经贸合作深得阿根廷民心　　180

二、智利

廉洁——最值得智利人自豪的东西　　184

审计署——智利防范腐败的坚强卫士　　186

智利红酒香飘中国市场　　188

外企投资智利不一定非要当老大　　190

智利与中国经贸合作领域宽又广　　192

三、秘鲁

利马女交警靓丽但执法严格　　196

地震是秘鲁人天天面对的问题　　198

首都利马街头赌场何其多　　200

撕掉"天然伟哥"玛卡的神秘面纱　　202

利马唐人街——世上最热闹的中国城　　204

华人在秘鲁社会影响力举足轻重　　206

冰川消融正给秘鲁带来严重灾难　　208

中国投资秘鲁的未来一定会更好　　210

四、厄瓜多尔

高原首都基多别样的风情　　214

龟岛——南美魅力四射的旅游胜地　　217

厄瓜多尔与中国经贸合作越走越亲　　219

五、哥伦比亚

高原国家春满大地很富饶	222
万圣节在哥伦比亚疯狂又美丽	225
哥伦比亚欢迎中国企业的投资	227

六、巴拉圭

巴拉圭——曾经一夫多妻制的南美国家	230
蒋菊英——南美最优秀的华人实业家	232

七、巴拿马

一个连接南北与贯通东西方的国家	236
巴拿马运河与中国息息相关	238
华人与巴拿马人民和睦相处	241

八、哥斯达黎加

幸福指数最高的拉美国家	244
哥斯达黎加——没有军队的喜怒哀乐	247

九、特立尼达和多巴哥

加勒比地区经济发展的领头羊	250
白衣天使为中特两国架起友谊桥梁	252
加勒比地区到处可见黑皮肤的华裔	254

十、牙买加

加勒比地区的政治大国	258
牙买加新老华人差异比较大	261

牙买加"三宝"——咖啡、飞人与雷鬼乐　　263

十一、巴哈马

加勒比地区的旅游度假天堂　　268

中国投建巴哈·玛旅游度假村的成功经验与教训　　272

十二、古巴

美丽的哈瓦那街头见闻　　278

古巴雪茄烟香飘千万里　　281

从天坛饭店看古巴民风民俗　　283

古巴华人人口数量从巅峰到寥寥无几　　285

古巴发展经济面临众多挑战　　287

古巴医疗外交的成功与阻力　　289

古巴为中方提供很多奖学金名额　　292

十三、拉美人乐观阳光

拉美人高高兴兴过大年　　294

拉美人民的幸福指数冲天高　　296

第一部分

巴西 独领风骚

一、经济篇

巴西发展经济拥有三大优势

巴西拥有851万平方公里的国土面积,2021年全国人口有2.1亿。该国自然资源丰富,服务业非常发达,国内市场潜力很大,是南美地区的最大经济体。2021年,巴西的GDP在世界排名第12位。巴西工业体系比较完整,具有较好的基础和生产能力。与世界其他地区大国相比,巴西比上不足,比下有余。值得指出的是,巴西在经济发展过程中拥有一些得天独厚的优势,有些亮点令人羡慕。

1. 巴西是个农牧业强国

巴西是个农牧业强国,农牧业是该国经济的支柱产业。2016年,巴西已耕种的土地面积从1967年的3 000万公顷增加到8 097万公顷*。巴西至今仍有9 000万公顷可耕种的土地尚未得到有效利用。世界各国可耕地面积增长速度很慢,预计到2050年,巴西可耕地面积增长量占世界总增长量的71%,农业发展的空间和潜力非常大。因此,有专家认为巴西是世界"21世纪的粮仓"。

巴西以国土面积、可耕地资源和气候等方面的优势以及世界各国对农产品的需求增长为依据,制定"以农立国"的可持续发展战略。在巴西南部和中西部一些地区,大约有1/3的良田处于轮流休耕状态。当地农业厅官员介绍说,只要国际市场有需求,他们马上可以扩大粮食种植面积。除了大豆,巴西还种植玉米、水稻、木薯、甘蔗、小麦、马铃薯等。这些农作物的灌溉面积不大,多数处于靠天吃饭的状态。

最近几十年来,巴西对农业最大的贡献是迅速发展了大豆生产。20世纪70年代,巴西大豆年产量不足1 000万吨。经过几十年的努力,巴西培育出适合稀树草原和赤道地区生长的16个大豆新品种,成为世界上第一个在低纬度地区成功试种大豆的热带国家。目前,巴西大豆种植已逐步由南部、东南部向北部扩散。巴西大豆产量仅次于美国,

---

* 本书中引用的数据是本人根据不同渠道来源的,可能与其他来源数据有出入,但并不影响本人想表达的意思,特此说明。

2017—2018年度,巴西大豆产量达到创纪录的1.20亿吨,与美国当年度的大豆产量几乎不分伯仲,占世界大豆总产量的1/5。

巴西也是农牧业出口大国。据官方公布的数据,巴西2018年农产品出口总值1 016.9亿美元,比2017年增长5.9%,向中国出口的大豆就达8 360万吨,价值近356亿美元。巴西已经成为世界上数一数二的牛肉出口大国,2018年出口牛肉164万吨,总价值65.7亿美元。

2. 巴西在一些领域的科技很先进

巴西的深海石油勘探技术与美国和挪威处于同一国际先进水平。巴西本来是一个贫油国,国内所需石油需要大量进口。20世纪70年代,中东地区爆发的石油危机对世界经济影响非常大,巴西不得不加大对海上石油勘探和开发的投入。为了提高石油勘探和开采技术,巴西国家石油公司于1986年推出第一个深海石油技术发展计划,后来陆续在里约热内卢州附近的大西洋海域发现大型海上油田。

1997年,巴西创造了在1 709米水深作业的世界纪录。2003年,巴西勘探和开发的油井已到达3 000米水深以上。目前,巴西石油公司可以在5 000米深的海底勘探和开采石油。机器人将采油设备运到海底安装,输油管将油井与水面上的船舶连接,开采的石油源源不断地装进油轮的船舱,然后浩浩荡荡地驶往出口目的地。巴西国内开采的石油,80%来自海上油田,其中绝大部分集中在巴西东南部里约热内卢州沿海的坎普斯盆地及邻近海域。

2017年《BP世界能源统计年鉴》和巴西国家石油公司公布的数据显示,巴西已探明的石油储量为130亿桶,名列世界第15位。2019年,巴西石油产量创下20年来最高纪录。2021年7月,巴西日产原油365.7万桶,名列世界第9名。巴西石油产量明显增加,得益于自己是非OPEC成员国。在不加入减产协议的非OPEC国家中,产量增加最快的是美国,其次是巴西。此外,巴西还新成立几家石油企业,加大了对石油勘探和开采的力度。

由于深海石油埋藏深,勘探与开采成本高,巴西自己缺乏必要的资金和技术,因此欢迎世界各国竞标深海石油开采,拥有资金、技术和装备优势的中国企业乘势而上。从2013年开始,中国三大石油企业开始进入巴西石油领域,中国海洋石油工程股份有限公司和上海振华重工集团等一批装备企业通过竞标也陆续进场,这对加强中巴两国的产能合作和技术升级有着很大帮助。如今,巴西的石油资源从前端的勘探开发到终端的出口销售,都充满了中国元素。

巴西的乙醇生产技术也很先进。巴西是一个能源资源非常丰富的国家。20世纪70年代,在中东石油危机影响下,巴西因为确信本国缺乏石油,开始从甘蔗中提炼乙醇,这一技术目前在世界上处于领先地位。巴西乙醇工业已有30多年的发展史,目前是全球乙醇燃料第二大生产国和最大出口国,也是世界生物燃料领域的领导者之一。2018—2019年度,巴西以甘蔗为原料生产的乙醇总量达323亿升,占当年度世界产量的30%左右。乙醇工业的高速发展在某种程度上为巴西优化了能源结构,减少了温室气体排放。

最近几年,巴西农业领域发生的一个最大变化是玉米乙醇产业的兴起。巴西第一家以玉米为基础的乙醇工厂于2017年在马托格罗索州开始投产。巴西农业专家表示,未来几年内将有另外7个玉米乙醇项目正式落户巴西中西部农业产区。此外,巴西长期以来以甘蔗为基础的乙醇工厂今后也可以把玉米秆生产为乙醇,可以保证工厂的全年生产,不必在甘蔗淡季关门停产。此外,把玉米秆就地转化为乙醇燃料,变废为宝,增加农民种植玉米的收入。

为了支持和推动乙醇加工业的发展,巴西联邦政府法律规定,巴西境内所有加油站销售普通汽油必须至少添加25%的乙醇。相比于普通汽油,乙醇燃料可以大量减少温室气体排放。目前,巴西境内行驶的机动车辆中,有近1 000万辆汽车是由100%的乙醇燃料驱动,或可以使用任何配比的乙醇与汽油混合燃料。在所有加油站,人们可以加汽油,也可以加乙醇,一切根据顾客的需要和偏好。

巴西的银行等金融部门软件自动化和数字化程度高。20世纪80年代末,当市场上出现电子柜员机时,巴西银行就开始努力开发自己的软件,巴西银行的电子柜员机目前可以处理支票,提供取款、交款、存款等服务,还配有保障安全的设施等。目前,巴西国内开发的银行系统自动化设备包括电子柜员机出口近20个国家,主要市场包括葡萄牙、西班牙、美国和阿根廷等国。巴西生产的银行系统自动化设备和技术,据说与美国、德国、日本旗鼓相当。

巴西在数字化领域也取得了重大进展。巴西央行在2018年6月宣布,巴西已新开发出一款用于金融监管机构之间共享信息的区块链平台,将被用于中央银行、巴西证券交易委员会、私人保险监管机构和国家养老金管理局之间进行数据交换,从而消除了用户对一个中心化实体的过分依赖。这一区块链平台可以将各个中心化实体的优势结合起来,从而确保没有任何一家监管机构可以篡改数据。此外,数据请求都会通过加密的方式被记录下来,从而保证了信息的真实性,确保任何参与者都可以实时获得被认为涉及共同利益的信息。

巴西金融部门专家表示,这是巴西监管机构实现数字化和自动化通信的一个重大飞跃。

3. 亚马孙流域淡水资源丰富

巴西地处南美大陆,是一个典型的热带雨林气候国家,常年高温多雨,形成了世界上最大的热带雨林生态环境,呈现出极大的生物多样性。在这片广袤的原始热带雨林中,世代生活着数百万种动物、植物、昆虫、鸟类等。亚马孙河是世界第二大河流,全长6 443公里,流域面积达691平方公里,亚马孙河水流量每秒达21.9万立方米,相当于我国7条长江的流量。亚马孙河流域的淡水资源十分丰富,约占全球的12%,其中亚马孙河提供的淡水资源占巴西淡水供应量的73%。据"Indexmundi"公布的数据,亚马孙河流的淡水资源总量多达8 233立方千米,稳居世界第一,超过世界淡水资源第二名的俄罗斯(4 508立方千米)和第五名的中国(2 840立方千米)的总和。亚马孙河是巴西和其他南美国家的母亲河,滋润着河流两岸的辽阔大地和无数居民。

在全球气候变化的影响下,世界一些地区的淡水资源日趋紧张,而且淡水资源的分布情况极不平衡。随着农业、工业和能源用水量的日益上升,再加上水利基础设施的投资被严重边缘化,目前世界上约有30亿人口面临缺水的困境,大约40个国家和地区淡水资源严重不足。有人说,即使几千年后海枯石烂全球的淡水资源消耗殆尽,巴西的亚马孙河流域的淡水资源仍可以维持当地人的基本生存。但前提是,巴西其他南美国家需要共同保护好亚马孙热带雨林的生态环境,避免过度商业开发。

巴西成为"世界粮仓"的奥秘

大豆、玉米和水稻是巴西主要的粮食作物,这三类粮食作物的收获面积占 2019 年全部农作物收获面积的 87%。巴西地理统计局的预测报告显示,巴西 2022 年粮食产量预计可达 2.634 亿吨,比 2021 年增产 4%。马托格罗索州是巴西最大产粮区,其次是巴拉那州,第三是南里奥格兰德州。

巴西不仅是世界重要的粮食生产国,也是主要出口国。2021 年,巴西对外出口总额达到 2 804 亿美元,其中农产品出口总额达 1 206 亿美元,占对外出口的半壁江山,同比增长 19.7%。巴西农产品出口的大幅增长,主要得益于中国对大豆等商品需求的增长。中国每年还从巴西大量进口牛肉、猪肉、鸡肉、纸浆等农副产品。

第二次世界大战结束后,美国一直是世界最大的粮食生产国。但最近 20 多年来,美国的农业优势正面临来自巴西的有力挑战。近年来,巴西的大豆年产量一直保持在 1 亿吨以上的水平,成为世界上数一数二的大豆生产国和出口国。

1. 美国人在巴西抢购土地种植农作物

美国农场主的眼光非常敏锐和独特,这里通过一位美国农场主的视角来看看巴西是如何发展农业生产以及如何成为"世界粮仓"的。

美国农场主菲尔·科尔津的老家在伊利诺伊州,他常年在该州斯普林菲尔德市以东一个小镇种植大豆。他曾主持过伊利诺伊州大豆检验协会,当地农民通过该组织推销伊利诺伊州的大豆。但从 2007 年开始,科尔津开始耕种的 1 300 公顷土地不是在美国中西部,而是在巴西中部的托坎廷斯州。

科尔津在 1998 年首次访问巴西,当地的农业生产情况给他留下深刻印象。他和大多数美国大豆种植者一样,开始注意到巴西飞速增长的大豆对外贸易。在短短的 20 多年时间里,巴西从一个名不见经传的农业国变成世界农业强国。然而,令科尔津感到震撼的是巴西农场主的经营规模。

巴西大农场主和小农场主并肩存在,土地占有状况极不均衡。一方面,巴西全国的良田大部分掌握在大农场主手里，其规模大得惊人。在美国中西部伊利诺伊州，一家大农场的土地可能达到 3 000 公顷。而在巴西"大豆之乡"的马托格罗索州，农场主经营的现代化农场以生产大豆、甘蔗、咖啡、可可等农产品为主，最大的农场可达几万，甚至几十万公顷。另一方面，巴西占农场总数 85% 的是自给自足的小农场主，他们以生产木薯、黑豆等为主，劳动生产率和经济收入都很低。

科尔津当时就认为，尽管巴西的农业生产条件简陋，交通运输不便，但未来的发展速度将使美国望尘莫及。于是，他与三位同伴一起合作，筹集了 1 300 万美元，在巴西买下 3 500 公顷土地。自此，许多美国投资人开始进军巴西大豆领域，他们大量购买土地种植大豆和粮食，当地的土地价格随后几乎翻了一番。

自 2000 年以来，美国和欧洲投资公司在巴西购买土地，主要用于种植粮食、砍伐木材、开采油气、建造工厂和开展旅游等。巴西人也大量购买土地，从而抬高了土地价格。但从 1971 年开始，巴西政府采取限制措施，对外国人在巴购买土地制定了一些限制性政策。例如无巴西永居权的外国公民不能购买土地。

巴西的劳动力和土地价格低廉，是吸引外国投资者的重要因素之一。巴西农业的绝对优势，在于当地的炎热气候和国内研发的先进农业技术。由于地处热带，巴西几乎全年都适合谷物的种植和生长，中西部地区一年可以种植两季农作物，在有灌溉系统的地方，巴西农场主一年甚至可以种植三季农作物。

2. 向亚马孙热带雨林要粮食

在巴西，以前几乎没有人食用大豆和豆制品。早在 20 世纪 60 年代，部分移民巴西的日本人认识到大豆和豆腐对亚洲人是一个巨大商机，于是在荒芜的山区草原开垦荒地大面积种植大豆。当时，巴西中西部一些像马托格罗索州这样的农业基地还非常落后，那里没有像样的公路或铁路与外界连通，首府库亚巴破败不堪，充其量只是一个贫穷的小村庄。

20 世纪 70 年代，数十万来自巴西中部和南部的移民听信军政府的话，沿着 BR-364 号公路蜂拥而至，到马托格罗索州开荒种地。为此，新定居者、投机者与原住民之间爆发了一系列争夺土地的暴力冲突事件。随后开垦者们挥师北上，在热带雨林一路毁林开道，种植粮食作物，最后来到亚马孙河流域。到了 20 世纪 90 年代，荒原上有一半以上的土地被焚烧、推平后变成了牧场和农田。

3. 转基因大豆引领巴西农业

巴西挑战美国农业优势的秘密武器不是别的粮食作物,而是其农业高科技革命带来的转基因大豆。目前,巴西种植的大豆90%以上是转基因品种。

在短短30多年的时间内,巴西已从一个粮食进口国转变成为世界重要粮食出口国,成为美国、加拿大和澳大利亚的主要竞争对手。在农产品出口方面,巴西夺得多项冠军:咖啡、甘蔗和柑橘出口世界第一,咖啡、木薯和柑橘产量也居世界之首,橙汁出口占世界市场的85%,大豆、玉米产量名列世界前列。此外,巴西还是世界最大的奶制品、乙醇出口国以及世界最大的烟叶出口国。

4. 巴西农业成功背后的故事

巴西农业成功的背后有许多因素和故事,其中一个重要因素就是开放心态,让全球资本进来购买土地并进行联合开发。比如,巴西的咖啡种植是欧洲的荷兰人来搞起来的。欧洲人喜欢喝咖啡,本土生产成本高,他们就到全球各地寻找最佳生产地,巴西就成为荷兰人的首选。荷兰人进来种植咖啡后,巴西生产的咖啡就进入荷兰人掌控的全球咖啡供应链。

美国农场主也喜欢到巴西投资买地种粮,从而使巴西粮食进入芝加哥期货市场。允许国外资本进来联合开发,不但带来新技术,更重要的是带来了一个全球市场,可以使本国产品比较容易纳入全球供应链。此举目前对巴西这样的国家行得通,要是巴西今后在世界上崛起并被视为主要竞争对手,美国会不会拿起"粮食武器"来对付巴西,目前只有上帝才知道。

咖啡王国——从风流到反客为主

咖啡的故乡不在巴西,而在远在万里之外埃塞俄比亚的咖法省。"咖啡"一名就是由"咖法"地名演变而来的。但是,巴西却"鸠占鹊巢",素有"咖啡王国"的称号。中世纪,阿拉伯人垄断了咖啡种植技术,他们禁止出口咖啡,生怕别国窃取种植技术。喝咖啡也被异教徒视为犯罪行为,因为它有提神和刺激大脑的作用。17世纪,荷兰人把咖啡种子偷偷带到欧洲在温室里种植,同时也开始在印度推广。

1. 巴西用"色相"窃取咖啡种子的传说

贾米拉·皮弗女士是巴西咖啡专家。据她介绍,咖啡传入巴西是18世纪的事情,比埃塞俄比亚的咖啡晚了100多年。1727年,巴西与北方相邻的法属圭亚那发生边境纠纷。为防止事态扩大,巴西总督派军官弗朗西斯科·德·莫罗巴列塔率团前往法属圭亚那进行谈判,试图以和平方式解决争端。谁也没有想到的是,边境问题谈判未果,莫罗巴列塔却歪打正着,意外地成为巴西"咖啡之父"。

法属圭亚那于1722年从非洲引入咖啡,先在总督府后院试种,获得成功后又在附近的农庄小规模种植。法属圭亚那总督视咖啡为"国宝",为了防止被邻国尤其是防范在军事和经济上占绝对优势的巴西窃取,总督下令在咖啡园四周部署荷枪实弹的士兵昼夜巡逻。

莫罗巴列塔一行抵达法属圭亚那后,咖啡园更是戒备森严,法属圭亚那当局不让巴西的来客靠近半步。然而,军人出身的莫罗巴列塔英俊潇洒,传说他利用"色相"吸引了总督夫人。总督夫人不仅破例邀请莫罗巴列塔品尝咖啡,还亲自陪同他参观了咖啡园,并将一把成熟的咖啡豆和5棵咖啡苗赠给莫罗巴列塔,这是非常珍贵的礼物。

得到这些种子后,莫罗巴列塔立即离开法属圭亚那返回巴西,咖啡从此在巴西安家落户。"星星之火,可以燎原",那些种子就是现在39亿多株巴西咖啡树的祖先。大约1773年,咖啡从巴西北方帕拉州传到传统农业区里约热内卢和圣保罗两个州。由于这两个州的气候适合种植咖啡,加上土地肥沃、劳动力廉价等因素,巴西的咖啡生产得以迅速发展。19世纪初,巴西的咖啡种植遍及全国,随后又形成了近一个世纪的咖啡经济繁荣期。

2. 咖啡曾是巴西的主要农作物

1870年,巴西咖啡生产基地经历了一场严重的霜冻,咖啡产量大幅下降。1929年受世界经济大萧条的影响,许多咖啡种植园破产,只有少数咖啡种植园幸存下来。"野火烧不尽,春风吹又生。"咖啡后来在巴西大面积种植,并被视为继木薯、甘蔗之后的"第三次绿色革命"。到20世纪初,巴西的咖啡产量已占世界总产量的75%。在相当长一个时期内,咖啡占巴西对外贸易出口总额的2/3,巴西"咖啡王国"由此得名。

近40年来,随着巴西工业化的进程以及大豆、玉米等农作物的发展,咖啡在国民经济中的比重逐年下降,但它目前仍是巴西的经济支柱之一。巴西是世界上最大的咖啡生产国,咖啡种植面积约223万公顷,全国有近100万人从事与咖啡有关的经济活动。据咖啡金融网报道,2018年,巴西咖啡产量高达5 990万袋(每袋60千克),这一产量比2017年增长33%,占世界总产量的40%。2018年,巴西对外出口咖啡3 040万袋,咖啡出口收入超过20亿美元。

在过去两个多世纪里,咖啡为巴西创造了大量财富,对国民经济发展发挥了巨大作用,同时对巴西政治生态也产生过深远影响。据记载,巴西在建立共和制之后的相当长时间里,国家主要领导权一直由圣保罗州的咖啡种植园主和米纳斯杰拉斯州专门从事奶牛养殖的大牧场主控制。因此,这段时间在巴西历史上被称为"咖啡加牛奶"时期。

3. 咖啡质量好坏的标准

根据国际咖啡组织排名,巴西是世界上最大的咖啡生产国,其次是越南、印尼、哥伦比亚、埃塞俄比亚。巴西咖啡有60多种,但真正具有世界意义的只有Arabica和Conilon两种,它们生长在海拔600~2 000米的山上,非常精致。巴西顶级咖啡取决于气候、土壤、海拔和降雨量这几个重要因素。

到超市购买咖啡,如何区分质量的好坏呢?皮弗女士介绍,巴西咖啡生产协会对不同咖啡进行评级,评分级别为2至8,评级标准包括咖啡的大小、颜色、品种、社会环境、是否可持续发展和社会责任等。咖啡分传统(traditional)、高级(superior)和顶级(gourmet)三大类。传统咖啡可以有20%的瑕疵,高级咖啡可以有10%的瑕疵,顶级咖啡是100%的纯正(pure),而且都是手工采摘的。评级之后咖啡袋上都印有国际通用的商标。

选择高档咖啡的标准如下:一是包装盒上标明100%是阿拉伯咖啡,只有100%阿拉伯咖啡才能成为顶级咖啡。二是仔细观察包装盒上的官方证明,质量好的上面标明 CABIC(巴西生产)、OIC(国际商标)、BSCA(巴西精品咖啡)和 SCAA(美国标识)。三是咖啡颜色越黄越好,咖啡颜色发黑掩饰了瑕疵。四是购买咖啡一定越新鲜越好,包装盒上标明生产日期,好的咖啡保鲜期一般为 6 个月。购买咖啡后,最好把它放在冰箱里冷冻,防止接触空气后被氧化。

在品尝咖啡时,质量好的咖啡不需要加糖,加糖的不是好咖啡。此外,仔细观察咖啡的泡沫,如果咖啡的泡沫色泽发黑,说明不是好咖啡。巴西最好的咖啡是鸟屎咖啡,是一种类似鸡一样的大鸟(jacu)偷吃咖啡豆后拉出来的屎被搜集起来制作而成的咖啡。最贵的一小杯鸟屎咖啡售价在 15~20 雷亚尔,而普通咖啡每杯售价在 4~5 雷亚尔。巴西咖啡专家皮弗女士说,鸟屎咖啡其实与其他顶级咖啡没有太大区别,只是历史传说而已,习惯成自然。

4. 巴西咖啡种植业面临的挑战

巴西咖啡种植园主迪亚哥·莫塔告诉我,世界上质量好的咖啡生长在巴西、危地马拉、牙买加、哥斯达黎加、巴拿马、哥伦比亚、亚洲和美国的夏威夷。非洲的埃塞俄比亚、肯尼亚和索马里等国也生产好咖啡。以巴西与哥伦比亚咖啡相比,哥伦比亚咖啡产地几乎天天下雨,但咖啡烘干技术高,包装和市场营销也做得好,在市场上颇受欢迎。由于好咖啡不怕"巷子深",巴西在 20 年前才开始重视咖啡的烘干和市场营销等技术。

巴西规模大的咖啡种植园拥有上千公顷土地,但也有像迪亚哥这样的咖啡种植园,只有 26 公顷土地。巴西每公顷土地大约生产咖啡 24 袋。每年 5~9 月份是咖啡收获期。越是海拔高的地方,咖啡收获的时间就越晚,有时收获期会推迟到 6~12 月份。谈到咖啡工业面临的主要挑战时,迪亚哥表示他们这一代人的生活质量比父辈强,满足于生活在咖啡种植地。除了担心咖啡的国际价格波动,他们另一个后顾之忧就是农村留不住年轻人。他们的子女们今后只要到大城市读书,就有可能不想再回到农村生活。

5. 咖啡已融入巴西人的生命基因

喝咖啡是巴西人的一种饮食文化,正如巴西一位著名作家所言,咖啡已融化在巴西人的生命基因中,它已成为巴西人生活不可缺少的组成部分。在这个"咖啡王国"里,几乎所有家庭都备有一套专门用来烧煮咖啡的器具。凡有客人来访,好客的女主人要做的第一件事就是给客人端上一杯浓厚醇正的咖啡,以表达主人的一片心意。

巴西人酷爱咖啡，每天喝很多咖啡，几乎一杯接一杯。那么巴西妇女在怀孕期间能不能喝咖啡？皮弗女士不假思索地说，在巴西没有听说孕妇不能喝咖啡，她也从来没有听说喝咖啡对胎儿有什么影响。她说，就像吃巧克力一样，有时医学界说多吃巧克力对身体有危害，有时医学界又说吃巧克力有利于身体健康，这是一个见仁见智的问题。

"中等收入陷阱"困扰巴西

早在 2011 年,巴西 GDP 总额高达 2.6 万亿美元,成为世界第六大经济体。当年,巴西人均 GDP 达到 12 788 美元。当时,巴西全国上下信心满满,因为这个国家再次跨越"中等收入陷阱"的门槛,一只脚已经迈入高收入国家俱乐部。要知道,拉美地区的乌拉圭、智利、巴拿马早已成功跨越了"中等收入陷阱",进入高收入国家行列。巴西一直希望跻身高收入国家行列。

但是好景不长,从 2015 年开始,巴西经济连年陷入衰退,雷亚尔与美元的汇率严重贬值。2019 年,巴西的 GDP 萎缩到 2.26 万亿美元,世界排名退居第 9 位。2021 年,巴西 GDP 总量缩减到 1.65 万亿美元,排名退居第 12 位。由于雷亚尔大幅贬值,巴西 2021 年的人均 GDP 从 2017—2018 年度的 10 000 美元左右下跌到 7 564 美元,令人惋惜。

巴西为什么在跨越"中等收入陷阱"后又从原地败退了回来?它在跨越"中等收入陷阱"方面遇到哪些挑战、障碍与教训呢?

学者们认为,巴西经济发展的最大教训是,在国家尚未完全实现现代化的情况下就过早地走上了"去工业化"的道路。1968—1973 年,巴西经济取得了 10% 以上的高速增长,被称为"巴西奇迹"。在 20 世纪 70 年代末,巴西人均 GDP 已经跨入中等收入行列。以 1979 年为例,巴西人均 GDP 高达 1 901 美元,当时的韩国也只有 1 773 美元。但在 1980—2018 年的 39 年间,巴西人均 GDP 的年增长率不到一个百分点。

巴西陷入"中等收入陷阱"与巴西政府的战略决策出现重大失误有关。20 世纪七八十年代,巴西面临产业升级换代的战略选择。巴西政府在宏观经济政策调整中决定重点推动第三产业的扩张。从表面上来看,巴西经济当时出现了快速增长的"奇迹"。但工业化是国民经济的基础,是国家现代化的核心,巴西在尚未完全实现工业现代化的情况下过早进行产业结构转型,从而忽视了对工业领域的投资和政策引导,使工业产值在 GDP 中的比重逐年下降,导致巴西在"发展陷阱"中越陷越深,难以自拔。

熟悉拉美事务的学者都清楚,个别国家政府在制定重大政策时,一是很难达成共识,二是政府遇到困难往往会绕道走。如要达成共识,需要寻求政治妥协,政客们就会在国会进行无休止的辩论,最后延误决策的最佳时机,巴西就属于这样的国家。此外,巴西中等教育质量不高,18～23岁年轻人中只有10%是技术熟练工人,国家的科技创新能力有待提高,企业生产成本也很高。

由于工人经常闹罢工,国内货币不断贬值,再加上高通胀等因素,巴西工厂企业等实体经济无法安排正常生产,从而纷纷宣告破产倒闭。巴西的工业主要集中在矿业、汽车、石化、飞机制造以及一些资源密集型领域,出口铁矿石、大豆、咖啡、牛肉等初级产品,同时大量进口高科技产品。一些落后工业领域比如纺织、服装、钢铁,甚至汽车,这些行业都需要政府采取保护措施,否则无法与外国产品竞争。此时同时放弃或削弱中高端制造业的发展,等于放弃了工业这个经济增长的发动机,这是巴西"去工业化"的深刻教训,也是巴西在发展经济的道路上很难治愈的创伤。

巴西在社会保障方面有所创新,建立了一个包容性社会,引领全球社保制度成为经济增长的助推器,这一点不假。但是,这是简单的从低收入进入中等收入的发展模式,这一发展模式的前提是经济发展需要赶上风调雨顺的年份。如要确保经济可持续发展,一定要有新的经济增长点和中高端制造业。如果重复过去的简单发展模式,经济增长缺乏可持续发展的基础和动力,一旦遇上国内国际经济危机,经济发展就会受到严重影响。

巴西作为一个拥有2.1亿人口的大国,如不调整经济结构和发展模式、扩大对基础设施的投入和发展一些中高端工业,仅凭第三产业和农业的发展,将难以跨越"中等收入陷阱"。对一个地区大国来说,当自己的邻国一个个跨越了"中等收入陷阱"风光地进入高等收入俱乐部,自己却仍在"中等收入陷阱"里苦苦挣扎,这种滋味对拉美老大巴西来说的确不好受。目前,巴西政府正在通过各项立法,大力改善基础设施建设并从国外大量引进资金、技术和设备,设法弥补自己的短板。巴西在跨越"中等收入陷阱"方面,尽管任重道远但依旧信心满满。

"去工业化"政策伤害巴西国力

大国一定要有强有力的工业基础和科研力量,一个国家仅凭丰富的资源和辽阔的国土面积难以成为世界强国。在尚未完全实现工业现代化之前,巴西就过早走上"去工业化"的道路,可谓"未强先衰",这是巴西在工业化进程中应汲取的一大教训。巴西"去工业化"的主要表现是:制造业产值在GDP中的比重明显下降,科技产业在GDP中的比重无足轻重,远远落在第三产业(服务业)的后面。制造业被视为经济产业链中的"自动扶梯",工业化空间缩小意味着未来增长难以持续并延迟与世界发达经济体的对接。

1. 巴西工业曾经有过辉煌时期

巴西早在19世纪80年代就开始了工业化进程。第一次世界大战期间,巴西虽然远离欧洲战场,但巴西参加了英、法、俄为首的协约国集团,是拉美地区唯一参加第一次世界大战的国家。第一次世界大战为巴西提供了机遇,巴西政府采取了一系列有助于民族工业发展的政策,从而使其工业进入一个快速发展的历史时期,巴西工业总产值在短短几年时间内就翻了一番。

第二次世界大战期间,巴西除了派兵协助在意大利战场的美军参加第二次世界大战,还向交战方高价出口粮食和原材料,因此获得暴利。在战时和战后,巴西政府通过银行和官方金融机构对工业企业提供信贷,并把许多重要工业企业收归国有,有力刺激和促进了工业的发展。在这期间,巴西工业年增长率大约为8%,工业产值占GDP的近1/4。到20世纪50年代末,巴西工业企业等实体经济数量增至12万家,就业人数接近2 000万人,工业生产总值成倍增长。

在1968—1973年军管时期,巴西经济进入快速增长期,国内经济主要集中在生产汽车等耐用消费品,政府还鼓励外国企业投资巴西,通过吸引外资和引进先进技术建立起一整套比较完整的工业体系,拥有冶金、机械设备、造船、航空、食品、纺织、石化、电子、军工等门类比较齐全的基础工业部门,基本上具备了自给自足的生产能力。巴西人引以为傲的巴西航空工业公司,也是那个时期的产物。巴西原来是个贫油国,从1974年开始,国际石油价格飞涨，巴西国内进入高通胀时代，进一步拉大了贫富差距。

2. 造船业是巴西工业兴衰的缩影

半个多世纪前，造船工业曾是巴西经济的支柱产业，巴西还是仅次于日本的世界第二大造船国。但是，巴西造船业在过去半个多世纪里经历了两个时期。第一个时期从1960年到1979年，巴西造船业巅峰时期每年造船能力高达73万吨。造船业当时为巴西提供了3.9万个直接就业岗位，间接提供的就业岗位近10万个。巴西当时造船业的繁荣与美国的技术封锁有关，也是被美国逼出来的。由于巴西是拉美最大的国家，美国对在自己的后院出现一个大块头不放心，因此对巴西采取了许多防范措施，比如禁止向巴西出口军用飞机和军舰等先进军事装备。

在美国的技术封锁下，巴西政府决定自力更生，大力发展造船业和飞机制造业等。20世纪70年代后期，巴西在没有任何外援的情况下，建造了6艘小吨位的巡逻艇。1982年，巴西通过与英国、法国和意大利等国竞争对外出口了29艘船只，总吨位达81万吨，出口创汇3.7亿美元。但是，由于进口替代工业的发展战略存在不少弊端，巴西政府自20世纪90年代开始全面开放经济，放弃了对造船等重要工业部门的扶植政策，进而决定大力发展消费型经济，重点推动第三产业。由于国际石油危机，再加上巴西国内经济不稳定、恶性通胀以及巴西几大国有企业对船只需求量的下降，巴西造船业逐步走向下坡路。

第二个时期是从2001年到2011年，当时国际油价和大宗商品价格攀升，巴西对外贸易出口急速增加，国内外对船舶的需求量大增。此时，巴西造船业的就业岗位猛增到59 000个，高峰时达到82 000个。但从2012年开始，巴西造船业面临来自中国、日本和韩国的激烈竞争，其造船工业优势逐步消失。随着国际油价的下跌，巴西石油公司对油轮、深海石油勘探与设备的需求量大幅减少，再加上本国造船成本大幅增加以及巴西石油公司丑闻等因素，许多造船厂收到的订单被取消，造船业从此一蹶不振。在巴西40家造船企业中，目前有12家处于停产状态，其他的造船厂严重吃不饱，约有5万名造船工人被迫下岗。造船业的兴衰，是巴西工业从辉煌走向相对衰弱的一个缩影。

3. 火箭工业仰人鼻息日子难过

巴西发展民用核电，关键技术需要从国外引进，而且需要接受国际原子能机构的全面监控与核查。巴西曾积极发展核潜艇，但尚未掌握核潜艇的船体结构设计和建造技术，因此不得不寻求法国的技术援助。巴西火箭工业的处境亦是如此。2003年,巴西试图从乌克兰引进先进的运载火箭技术,后因种种原因,该引进火箭技术计划流产。有专家认为,巴西在火箭工业发展道路上遭受的挫败,是巴西在"去工业化"道路上的一大教训,也是巴西制造业和国防工业相对落后的一个缩影。巴西严重依赖引进外来技术,而不是打好民族工业基础和进行自主创新的研发,到头来巴西国内工业很容易受到外部环境变化带来的巨大冲击。

4. 大力发展第三产业有政治考虑

巴西军政权在1985年还政于民后,民选政府决定大力发展第三产业,背后有其政治考虑。为了在大选中拉拢选民,巴西民选政府大力推动汽车制造等耐用消费型经济,发展第三产业,扩大就业机会和增加对穷人的社会福利开支,包括为人们提供免费医疗和慷慨的养老金制度等。巴西国内的服务业占GDP的比重比一些西方发达国家还要高,其中各种福利开支目前占巴西GDP的20%左右。过早地过度发展消费型经济的结果是大量挤压了本应该投放实体工业和基础设施领域的资金,从而阻碍了国民经济的可持续发展。

据一些经济研究机构的统计数据,巴西工业对GDP的贡献率在1986年达32%,但到了2007年这个比重下降到23.1%。2017年,巴西工业产值在GDP中的比重只有18.35%。与此同时,巴西服务业对GDP的贡献率仍占大头,服务业是巴西最大的提供就业的产业。工业化是国民经济的基础,没有实体工业和高科技工业的支撑,一个国家的经济基础就会不稳。由于巴西政府长期以来忽视对工业领域的投资和提供优惠政策,工业产值在国民经济中的比重逐步下降,导致巴西掉进"中等收入陷阱"。

"去工业化"的直接后果是,巴西国内使用的先进电子、仪器、设备等工业产品需要大量进口。同时为了保护国内落后的产业,政府采取贸易保护主义政策,从而推高了巴西国内工业产品的价格。在巴西,类似电脑、汽车、服装等消费品的价格,几乎是美国市场价的一倍,受害的还是巴西广大消费者。智利和秘鲁国内没有什么像样的工业,所以市场对外非常开放,还与许多国家签订了自由贸易协议,但巴西不敢也不能与美国和欧洲等国签订自由贸易协议。在20国集团中,巴西和阿根廷被批评是贸易保护主义色彩最浓的国家。

5. 中国是巴西推动经济发展的动力

世界进入21世纪后,在市场作用的推动下,巴西国内加速了"去工业化"进程,初级产品在贸易出口中的比重逐年升高。巴西国内少数学者和贸易保护主义者错误地认为,最近10年来中国是造成巴西"去工业化"的根源之一。他们认为,中国经济的高速发展扩大了对大宗商品的需求,从而使巴西把大量资金从制造业领域投向矿业和农业等领域。他们还错误地认为,中国把巴西等拉美国家视为其工业制成品的倾销市场,从而冲击了当地制造业。这些观点是根本站不住脚的,目的是忽悠巴西政府采取贸易保护主义措施,进而保护巴西国内落后的制造业。

中国是巴西最大的贸易出口国和最大投资来源。事实上,在巴西2015年陷入经济衰退以及在全球大宗商品贸易价量齐跌的背景下,正是得益于来自中国的大量订单和需求,才确保了巴西贸易出口的持续增加。最近几年,巴西对华贸易出口仍是这个国家经济保持稳定的一个亮点。2021年,巴西对华出口总额达897.5亿美元,从中国进口483.4亿美元,巴西对华贸易保持414亿美元的顺差。

巴西目前认识到,其经济发展虽然对中国的依赖度非常高,但只有积极参与中国提出的"一带一路"倡议并加强中巴双方在产能领域的合作,使其工业产能升级换代,才能逐步扭转"去工业化"的颓势,出口更多的高附加值产品。此外,巴西专家认为,目前造成巴西"去工业化"还有另外两大原因:一是雷亚尔对美元的汇率不稳定和雷亚尔不断贬值;二是巴西银行利率太高,造成人们宁愿把闲钱存入银行吃利息,也不愿投资实体经济,结果造成大量国际投机资本进入巴西。如果巴西政府今后不能很好解决这两大问题,巴西经济发展仍会步履艰难。

城镇化带给巴西的经验与教训

从20世纪50年代开始,随着工业化进程的加速和国内经济的繁荣,巴西城镇化运动发展迅速,农村人口开始大量向城镇集中。2017年巴西的城镇化率已达到86%。但是,随着城市人口的急剧增加和城市规划不到位,各级政府在医疗、教育、住房、交通等方面没有提供相应的配套服务,结果巴西许多地方出现了严重的"城市病"。"城市病"的主要标志是市区大量出现贫民窟、基础设施严重不足、交通拥堵、暴力犯罪活动猖獗等。

1. 城镇化带来的严重社会问题

由于没有住房,许多来自农村的移民在公共绿地上大量搭建临时简易房屋,从而形成了许多贫民窟。在里约热内卢和圣保罗等大城市,到处可见拥挤不堪的贫民窟。这些新移民由于没有文化知识,找不到工作,生活非常贫困。他们的孩子出生后上不了学,长大后也找不到工作或找不到像样的工作,于是有些人就流落街头进行各种犯罪活动。今天,巴西圣保罗、里约热内卢等大城市不仅贫富悬殊扩大,自然生态环境受到严重污染,而且治安状况令人担忧。

在经济快速增长的过程中,巴西从本世纪初开始出现了4 000万新的中产阶级人口。这部分人口原本属于贫困阶层,但在政府的家庭补助计划、现金发放、提高最低工资和其他社会福利政策的刺激和帮助下,他们告别了贫困,进入低端中产阶级行列。这些低端中产阶层通过分期付款买得起电视机、冰箱甚至汽车,有钱在国内旅游。他们几乎不用纳税,有能力购买许多以前只有中产阶级才能享受的产品。巴西的城镇化进程使不少穷人脱贫,使他们跨入新中产阶级行列。但是,一旦经济出现危机,政府财政入不敷出,削减对他们的资助,他们一夜之间又会回到贫困状态。

巴西的这个新中产阶级建立在消费产品的基础上,不是通过读书和接受高等教育来提高自己的工作能力。他们的子女进入公立学校,导致公立学校教育质量下降。人们虽然可以享受免费医疗,但结果是公立医院人满为患,看病拍片需要排队等候很长时间,做手术至少需要等候半年。巴西老中产阶级非常努力学习和工作,但由于政府建立起一个消费型的社会,他们需要缴纳更多税收,从而蛋糕被更多的人分享,所以老中产阶级的经济负担进一步加重。

公立中小学老师的工资水平低,学校留不住高水平的老师,加之在校学生人数太多,学校的教育质量不仅下降,而且变得很差。老中产阶级和有钱人只好自掏腰包把孩子送到私立学校接受更好的教育。老中产阶级看病本来到服务质量不错的公立医院,后来他们宁愿自费到私立医院接受更好的医疗,也不愿意在公立医院排长队与穷人和低端中产阶级分享质量不断下降的免费医疗服务。近年来,巴西国内经常爆发全国性的示威抗议活动,其中一个因素就是抱怨政府提供的公共服务今不如昔。

2. 城镇化过程中应该注意的事项

巴西专家学者提示,城镇化过程中应该尽量避免的另一个突出问题就是防止官商勾结,避免开发商成为地方发展的决策者。巴西开发商为了拿到更多的土地和项目,贿赂地方官员和政客,试图控制和垄断更多的土地和项目。地方官员接受贿赂后,就会在城镇化过程中牺牲普通人的利益,批准一些不合理的、技术含量很低的项目,从而忽视环保要求,不能满足当地人民的真正需求。此外,在城镇化过程中,人们应该在房屋建筑方面使用更多的新技术和新材料。

在城镇化过程中,特别要注意保护家庭结构和家庭价值,不要破坏传统的东西,不要把人们与土地完全隔离开来。城镇化的目标是使人们的生活质量更好,不仅要兴建房子,还要改善基础设施,提供更好的公共服务。在城镇化过程中,居民的住房面积不一定要很大,但房子的质量要保证,更重要的就是要提供很好的配套服务。新开发的城镇和社区一定要有学校、医院、图书馆、博物馆和影剧院等,让人们的生活质量更好。

地方政府为了推动经济发展喜欢大力发展汽车工业,这是巴西和拉美国家在城镇化过程中出现的一个值得注意的问题,也是一个深刻教训。在城镇化过程中,政府应尽量避免过度发展汽车工业,应大力发展地铁、高铁、公交巴士等公交设施。20世纪,西方国家经历了大城市爆炸式的发展,在人类历史长河中,在几十年内发展起来的千万人口以上的大城市比比皆是。巴西一些专家学者说,如果不能很好解决城镇化过程中带来的严重问题与挑战,巴西今后将会出现一些失败的大城市。比如,截至2021年7月,圣保罗是世界五大城市之一,拥有2 000多万人口。但圣保罗市目前的交通几乎处于拥堵状态,人们每天上下班在路上需要花费2~5个小时。

巴西大多数人口都集中在大城市,5万人以上的聚居区就是城镇。除了圣保罗和巴西利亚等少数城市外,巴西大多数城市的主要缺陷就是缺乏足够的广场、公园和公共绿地。累西腓市只有一个公园,每到周末和节假日或傍晚,公园里人山人海,拥挤不堪。因此,在城镇化过程中,在改善居民居住条件的同时,也要规划和建立足够多的公园、广场和公共活动场所。

巴西专家学者们认为,在城镇化过程中,不要让人口过分集中在大城市。在确定几个地区重点城市后,应让这些轴心城市向周边中小型城镇辐射。无论是规划大城市还是中小型城市,都要有公共绿地。当局应该更加重视对环境的保护,对污染严重的企业不仅要加以重罚,而且要指导和培训企业如何使用现代化技术与质量好的产品来处理污水,帮助企业回收垃圾并净化空气。

3. 创造世界级的宜居城市和乡镇

库里奇巴是巴西南部最大的城市,也是巴西第七大城市,被联合国教科文组织归类为最适合人类居住的城市之一。这个城市在 1966 年颁布了一个与巴西其他城市发展模式完全不同的总体设计方案。这个设计方案的主要内容包括城市发展的长远目标、运输、交通、工作、休闲娱乐、社会凝聚力和住宅开发策略等。其中最具影响力的就是在城市发展过程中,反对过分依赖小汽车,大力支持并发展公共交通,创造一个经济实惠、便捷的都市公交网络。

尽管库里奇巴市民的家庭收入在巴西名列前茅,家庭汽车拥有量在全国名列第二,但当地居民每天进出使用小汽车的频率在不断减少。库里奇巴每天约有 190 万人乘坐公交车上下班或出行,89% 的乘客对公交系统的服务感到满意。由于居民每天进出使用廉价的公交系统,从而减少了 50% 以上的能源消耗,同时也减少了空气污染。库里奇巴及其附近地区的空气质量一度成为巴西城市的楷模。但是,在过去几十年由于市长的不断更换,许多好的举措后来就不再坚持,拉美城镇化楷模的帽子也随之丢掉。

在巴西城镇化过程中,有两点做法值得人们参考。伯南布哥和圣卡塔琳娜两个州的农民移民情况很少,主要有两个原因:一是这两个州的城市教育比较好,居民大多来自欧洲国家,非常重视对子女的教育;二是家庭结构好,人们拥有自己的土地。伯南布哥州发展农业生产,种植大豆和咖啡,没有太大的种植园和农场,农业生产活动都以家庭为单位,小面积的土地属于农民自己。因此,当地居民生产积极性高,生活质量比其他地方的农民要好得多,而且生活非常稳定。巴西其他地方的农村大多是规模很大的种植园,人们在大型种植园或农场打工,工资收入低,生活水平差,许多工人工作飘忽不定,最终都选择远走高飞。

巴西城镇化专家卡洛斯先生认为,在城镇化过程中,欧洲的经验值得参考和借鉴。如果把欧洲大陆当作一个国家,欧洲的城市规划得非常好,每个国家都有一些有历史、文化特色的大城市,城市之间有航空和陆路联系,有铁路和高速公路连接,人们来去非常方便。此外,欧洲国家每个城市都不太大,不那么拥挤。美国的城市规划也比较好,每个地区都有一些重点城市,比如纽约、波士顿、丹佛、西雅图、旧金山、洛杉矶、休斯敦、迈阿密。这些大城市都有重点大学、医院、图书馆等,人们不必涌到纽约或首都华盛顿谋求发展。此外,这些地区大城市向周边中小城镇辐射,从而带动了当地经济和文化事业的发展。

波音吞并巴西航空工业公司计划流产

美国波音和欧洲空客是世界两大飞机制造的巨头,两大飞机制造公司之间竞争激烈,加拿大庞巴迪飞机制造公司和巴西航空工业公司只能在夹缝中生存发展。2017年,欧洲空客通过谈判成功收购加拿大庞巴迪飞机制造公司。波音公司为了争夺拉美支线客机市场,从2017年开始与巴西航空工业公司谈判收购一事,在谈判过程中还遇到很大阻力。

巴西航空工业公司是巴西工业界王冠上的一颗宝石,从20世纪60年代开始,巴西政府投入了大量资金发展本国航空工业并持有"黄金股权",对公司的股权变更或发展方向拥有一票否决权。由于波音公司并购一事涉及巴西航空工业的军事机密和国防政策,特梅尔政府因此反对波音公司并购一事。当时的总统特梅尔说,巴西航空工业公司是民族的骄傲,如果谁想出售公司股权,你们把我打死并从尸体上跨过去。因此,波音公司的收购计划暂时搁浅。

2019年1月,总统博索纳罗上台执政后,马上批准巴西航空工业公司商用部分与波音合并的协议。根据协议,波音公司把巴西航空工业公司商用和军用部分剥离开来,军用部分业务仍由巴西政府控制。巴西商用飞机制造和服务业务的估值为47.5亿美元,波音与巴方成立合资公司后,波音控制合资公司80%的股份,掌握公司的运营和管理控制权,其余20%股份归巴西航空工业公司持有。这一协议得到巴西97%的股东支持,但还需要一些与巴西航空工业公司有合作关系的国家批准。

除了争夺拉美支线客机市场,波音公司收购巴西航空工业公司的另一个考虑是争夺人才。随着许多有经验的工程师陆续退休离厂,波音的工程师队伍出现青黄不接的局面。考虑到巴西航空工业公司的工程师队伍水平不错,与巴方联姻后,波音公司工程师短缺问题暂时可以得到缓解。当然,波音公司并购巴西航空工业公司后,今后还可以削弱中国商用飞机公司在支线客机市场上的竞争。然而,这桩"联姻"于2020年5月初宣告流产。

巴西航空工业公司本来是一家国有企业,1969年开始设计并生产只有19个座位的民用客机,以后逐步扩大发展。1989至1994年巴西航空工业公司最困难的时期,因为巴西卷入世界经济危机,联邦政府财政拮据,航空工业的预算经费被大幅压缩。为此,巴西政府决定把飞机制造公司私有化。在私有化过程中，公司员工总数一度缩减到3 200多人。从1979年至今，巴西航空工业公司的业务一直在稳步向前发展。

据巴西航空工业公司高管介绍，该公司生产的飞机可以分为三大类型：商用飞机、公务飞机和军用飞机。公司最初生产的民用客机拥有37～50个座位，由于全球航空市场现在趋向使用大飞机，所以这种小型客机现已停产。巴西生产的公务飞机在国际航空市场颇受欢迎，这些飞机虽小，但航程分别可达4 260公里至8 149公里，飞行高度超过1万米。尤其是世袭1000(lineage1000)可以飞越大西洋，座机上设有淋浴设施、酒吧和超大双人床，还可以无线上网。这些飞机的主要客户是中东的大亨们，中国香港影星成龙也拥有一架这样的商用飞机。

军用飞机也是巴西航空工业公司大家庭中的成员。该公司目前设计和生产的军用飞机有侦察机、训练机和运输机。

巴西航空工业公司拥有1.9万名员工，2016年交付各类飞机225架。巴西生产的E-170和E-190民用客机在10多年前开始逐步进入我国的航空市场。

在巴西投资做生意成本高昂

智利、秘鲁、乌拉圭等国是贸易国家,国内没有什么重要工业基础,因此市场经济非常开放,它们与美国、中国等国家签订了自由贸易协定。巴西和阿根廷国内拥有比较健全的工业体系,这两国反对自由贸易,因为国内许多夕阳工业需要政府的保护。巴西政府越是采取贸易保护主义措施,国内受保护的工业越落后,在国际市场上就越没有竞争力。根据世界银行2019年公布的"全球营商环境报告",巴西的排名落在124位。

巴西经济学家阿尔梅达说,如果你想注册开设饭店、商店、洗衣店或工厂,巴西政府平均需要审批86天,有时甚至需要150天。而在澳大利亚,政府审批程序只需要6天时间。此外,在巴西雇用一个工人,企业需要为他支付许多税,很难做成生意,所以许多中小企业开张几年后,大多处于倒闭状态。在巴西有这样的说法,如果你想成为一名企业家,你是一个大傻瓜。如果你是一个亿万富翁,你不需要冒险投资,你可以把钱借给政府,然后舒舒服服地坐收利息,银行利息有时高达10%以上。即使扣除通胀因素,你至少仍可以坐享6%以上的利息收入,比企业家投资赚钱更容易,更省心。

当然,巴西最好的职业是当政府雇员。巴西的公务员制度非常严格,需要在统考的基础上择优录取。巴西公务员珍惜这份神圣的职业,他们工作比较尽心尽职,不会像巴西政府中那些政治任命官员经常被揭发出腐败丑闻。高薪养廉使政府公务员除了享有终身制,还有稳定的工作和很高的收入,比私营企业工人的收入大约高5倍。20世纪退休的公务员,现在一直享受着100%的退休金。2012年前后,政府司局长级官员的年收入在20万美元上下,比美国政府官员的收入还要高。巴西规定政府部长、国会议长和最高法院法官(部长级)月薪不包括其他福利不能超过26 700美元。联邦法官年收入20万美元左右,加上房子、汽车等福利待遇,年收入接近30万美元,比美国法官收入还要高。

为什么在巴西投资做生意很难赚钱呢?主要原因是巴西产品的生产成本太高。以一台苹果电脑为例,2013年美国售价1 000美元,在迪拜卖1 150美元,中国卖1 250美元,欧洲国家卖1 350美元,但苹果电脑在巴西的售价高达2 000美元。iPad在美国卖499美元,在巴西却要卖1 000美元。巴西圣保罗、里约热内卢和巴西利亚等大城市是世界上物价最高的地方之一。

巴西一名资深经济学家介绍，巴西目前走的不是中国式的可持续发展道路，而是希腊和法国式的高福利和高消费的道路。巴西政府公务员55岁就可以提前退休，退休后的收入和享受的待遇甚至比退休前还要多。巴西的劳动生产率低，工人们为了增加工资三天两头闹罢工。

根据美国一些智库的研究报告，巴西经济不开放，进口关税太高，办事效率不高。比如在港口装卸一船货物，中国只要一两天，巴西却要8天时间，所以提高了产品运输成本。巴西有充足的阳光和淡水资源，有肥沃的土壤，巴西生产出来的农产品比美国的要便宜20%，非常有竞争能力。但是由于运输不畅，卡车把粮食从产粮区运到圣保罗桑托斯港口，在坑坑洼洼的公路上要走好几天时间，到了港口有时还要等候好几个星期才能装船，一下子抬高了运输成本。

20世纪初，阿根廷曾是世界上最富有的国家之一，比欧洲许多国家还要富。当时阿根廷的人均收入是美国的70%，是巴西的3倍。到如今，阿根廷人的收入仅是美国人的1/3，阿根廷的GDP仅相当于巴西圣保罗州的规模。阿根廷为什么会出现这种断崖式的衰落呢？因为这个国家有太多太高的税收，政府对经济干预过多，通胀率太高以及资本的大量外流。

有经济学家认为，巴西现在走的也是阿根廷式的道路。在过去50年里，由于出现恶性通胀，巴西曾六次更换货币，最近一次是1994年7月发行的雷亚尔。据江苏财经信息网报道，2014年1~3月，巴西的税赋最高时占GDP的40.1%，为巴西历史最高。

不少人以为在巴西生意好做，这在一二十年前是事实。时至今日，更多的人认为在巴西做生意越来越困难。总的来说，在巴西做生意有三难：一是汇率变动大，在外贸利润越来越薄的情况下，雷亚尔与美元汇率大幅波动并出现贬值，使外商不敢轻易接巴西的订单。2015年年初，1美元可以兑换2个雷亚尔，当年9月，1美元兑换4个雷亚尔。许多贸易公司在2014年下半年按照当时价格接单，可是到2015年交货时，亏损巨大。二是巴西关税高，税种多。三是面临外汇管制等问题，人们在巴西做生意不能在银行开设外汇账户，在巴西往国外汇款非常困难，商人进出只能随身携带大量美元。

近年来，巴西政府和国会正在积极推动各项改革方案，目前已通过了养老金改革、劳动法改革方案，并在有计划有步骤地推动税法改革。改革必然会遇到阻力和障碍，但改革是摆在巴西面前的唯一选择，不改革就没有出路。从长远来看，巴西的营商环境将会逐步得到改善和优化。坚定不移的改革开放将使巴西经济涅槃重生，这是巴西正在选择的道路。

加速发展经济面临八大挑战

2019年,巴西GDP增长率为1.1%,略低于2017年和2018年的水平。得益于服务业的快速回暖,2021年巴西GDP增速达4.6%。尽管如此,从2012年到2021年的10年间,巴西GDP年均增长率仅为0.4%。世界银行报告显示,最近10多年巴西经济总量在全球综合国力的排名中一度冲高到第6名,但2021年又跌至第12位。

2011年,巴西GDP总量达到2.6万亿美元,首次超过英国成为全球第六大经济体。当时国际铁矿石和石油等大宗商品的价格非常高,巴西农业也连年喜获丰收,巴西赶上了贸易出口的大好时机。

但是到了2021年,由于巴西国内政治和经济双重危机、铁矿石以及石油价格暴跌和雷亚尔对美元大幅贬值,GDP总量缩水到1.65万亿美元,落在英国、法国、印度、意大利、韩国和俄罗斯的后面。

巴西是世界经济大国和人口大国,但其经济结构不合理,各级政府办事效率低下,企业税赋过重,工人权益得到过度保护,所有这些因素影响了这个国家经济的健康稳定增长,降低了巴西产品在国际市场上的竞争力。观察家们认为,在未来经济发展道路上,巴西面临八大挑战与障碍。

第一,"去工业化"妨碍了经济发展。20世纪70年代巴西军人统治时期,巴西经济建立起一套比较完整的工业体系,工业门类比较齐全,主要工业有钢铁、汽车制造、造船、海上石油开采、水泥、化工、冶金、纺织、军工、飞机制造、通信以及建筑业等。但是,巴西沿海地区与内地的经济发展水平很不平衡,更主要的是巴西经济发展模式后来转为重服务业、轻制造业。20世纪90年代,巴西的工业产值大约占GDP的32%。但是最近20多年来,巴西"去工业化"的趋势非常明显,工业产值目前在GDP中的比重下降到18%左右。

第二,对基础设施的投资严重不足。为了拉拢选民,巴西历届政府上台后重民生轻投资,国内的铁路、港口和公路等基础设施陈旧落后。比如,从中西部产粮区马托格罗索把粮食运到圣保罗的桑托斯港,卡车司机开车需要长途跋涉一两千公里,路上花费3天至6天时间。由于桑托斯港设施简陋,出口货物堆积严重,若是碰上工人闹罢工,农产品在港口有时需要排队等候一两个月。公路运输成本的增加和货物在港口的长时间积压,造成巴西农产品的出口成本攀升。

2012年8月巴西的一名首富曾经说，在过去20年中，巴西的GDP虽然实现了稳步增长，但对基础设施领域的投资却少得可怜。他说，这个领域的投资至少需要3 000亿美元。代表左翼力量的卢拉政府（2003—2010年）和罗塞夫政府（2011—2016年）对企业私有化持反对态度，为了争取更多选票，其政策倾向于照顾更多中下层阶级和穷人的利益。为了顺利举办2014年的世界杯和2016年的奥运会，巴西政府才开始加大对基础设施的投资力度。

第三，电力价格过高同样成为巴西经济增长的一个掣肘。巴西与巴拉圭共同拥有世界上数一数二的伊泰普水力发电站，巴西国内有近70%的电力是水力发电的。水力发电是一种干净廉价的发电方式，但是巴西的电价仍高出全球平均价格的50%，而且东北部地区经常出现停电现象。近年来，巴西政府在引进外资发展水电的同时，更多地鼓励发展太阳能和风力发电。但是，巴西国内的环保组织在美欧激进NGO的怂恿资助下，以破坏环境等理由反对兴建大中型水电站。在NGO的抗议和反对面前，巴西政府在兴建新的发电项目时几乎一筹莫展。

第四，严重缺乏科学家、工程师和技术熟练的工人队伍。巴西教育重文科轻理工科，科学家和工程师的地位在巴西远不如医生与律师吃香，而且工资收入也偏低。因此，巴西高考时报考数理化专业的学生人数很少。由于许多工业领域缺乏工程师、科技人员和专业人才，巴西高科技工业发展步履艰难。就连普通的工厂雇主，想招聘技术熟练的工人都很费劲。巴西工人大多数只有中小学文化程度，素质不高，生产力水平低。大约七成的巴西企业主承认，要在巴西人力市场上找到符合工作条件的工人非常困难。

第五，巴西的劳动力成本非常高。巴西政府规定，2021年巴西工人每月平均工资为8 560雷亚尔，而巴西工人的工作效率却不高。巴西劳工法注重保护劳工利益，一旦雇主解雇犯错误或吊儿郎当的工人，雇主将面临没完没了的官司。巴西工人打官司有一套，劳工法庭在99%的情况下站在工人利益一边，雇主通常要赔偿几万甚至10万美元才能解雇一名工人。因此，许多企业都有专业律师队伍，每天忙着与被解雇的工人打官司。

第六，社会治安恶化让许多投资者望而却步。巴西是个发展中国家，许多地方需要大量投资，政府欢迎外国企业前来投资设厂，推动巴西经济发展并创造更多就业机会。但是圣保罗和里约热内卢等大城市的社会治安十分混乱，不仅投资者很难收回投资成本，其安全也得不到保障。许多外国公司员工和常驻人员在巴西都有被抢劫的经历，有些地方的外资企业财产还被武装歹徒洗劫一空。马来西亚一名商人曾对笔者说，20世纪90年代和21世纪头十年，马来西亚在巴西还有二三十家中小型的企业，但是到了2013年，几乎所有的马来西亚企业都关门打烊撤资，无法在恶劣的投资环境里生存下去。

第七，巴西公共及私人投资很少，私人投资者多数以破产告终。巴西的公共及私人投资比例只占 GDP 的 18%。专家们认为，投资水平至少达到 GDP 的 25% 才能保持经济的持续增长。巴西国家地理统计局在 2012 年公布的一份企业生存状况调查显示，巴西企业寿命短、更新快，有近半数的企业存活期不超过 3 年。在巴西，投资实业基本上都是亏本的，能够取得成功的企业凤毛麟角，而把资金存入银行每年至少还有比较好的利息收入。

第八，税务制度过于繁杂苛刻。巴西有 27 个州，每个州对每一种产品征收的税率不同，联邦和地方的税收多达 50 种，企业所得税的税率加起来高达 34%～36%。巴西国内许多商品的价格，比美国和亚洲国家高出一大截。巴西中产阶级和有钱人每年喜欢就近到美国迈阿密旅游度假，乘机从美国大包小包带回大量商品。居高不下的"巴西成本"，再加上国内严重的贸易保护主义措施，这些因素导致巴西目前陷入"中等收入陷阱"。

近年来，巴西政府开始重视对基础设施的投资并加快能源等领域的建设力度。比如，博索纳罗总统 2019 年 1 月上台执政后，计划用 4 年时间把巴西企业税收负担从目前占 GDP 的 34% 下降到 30%。但是，许多事情说起来容易，做起来却很难。2021 年，巴西整体税收负担仍占 GDP 比重的 33.9%。

巴西最需要的是世界一流的工程师和科学家

每个国家都有自己的强国梦,巴西也不例外。巴西一位前部长向我介绍:巴西若要成为世界强国,工程师一定要战胜辩护律师。只有在巴西培养出成千上万世界一流的工程师和科学家的时候,只有当工程师的地位比律师更吃香的时候,巴西才能跻身世界强国俱乐部。可是,巴西目前大约有110万"高大上"的律师队伍,世界排名第5位,仅次于欧美几个国家。巴西平均每190个人中就有一名律师。律师这一行业一直被视为成功人士或社会地位高人一等的象征。巴西学生报考大学时,首选是攻读医学和法律,报考理工科专业的学生凤毛麟角。这位前部长强调,工业要发展,国家要富强,巴西目前最需要的不是能言善辩的律师,而是浩浩荡荡的工程师和科学家队伍。

梦想成为世界级强国,巴西学术界有一些粗略的战略考虑,但非常不完善。就像交通图一样,巴西的强国战略大致轮廓有了,但还缺少许多具体细节。这些战略考虑包括:加强包括联合国、世界银行和国际货币基金组织在内的国际组织的治理能力,巴西渴望从中发挥积极作用;在联合国框架内帮助消除战争和地区动荡的根源,缩小南北之间的差距;发挥好WTO、20国集团、金砖国家组织以及拉美一些地区组织的作用,提升巴西在这些机构中的话语权;最终目标是出任梦寐以求的联合国安理会常任理事国。争取出任联合国安理会常任理事国,这是巴西长期以来的梦想,但现实与梦想之间还有相当长的一段距离。

二、文化篇

巴西人办事喜欢慢悠悠

巴西民族性格温和，人们办事喜欢慢悠悠，没有心急火燎的时候。这是什么道理呢？一位巴西教授朋友对我讲，巴西位于南美地区，国土面积辽阔，有充足的淡水和明媚的阳光，自然资源丰富，远离世界冲突和热点地区，四周的邻居都友好相处，巴西人再穷也不会饿死，山脚下有取之不尽的香蕉可以充饥，马路两旁的椰子树上有椰子可以解渴。巴西人不是懒，而是生活节奏慢，人们办起事来不慌不忙。

巴西人办事不着急，可以从巴西举办 2014 年世界杯和 2016 年奥运会上看得清清楚楚。距比赛只有几天时间，可是巴西的体育场馆还没有完全竣工，许多设施还未到位，水电系统三天两头出问题。尽管如此，巴西人还是在最后一刻紧赶慢赶举办了盛大体育比赛，也没有出现大问题。这不仅是巴西人办事的特色，也是拉美多数国家办事的风格。

在国际经济竞技场上，巴西经济要发展，必须要有竞争意识，但是巴西人现在还没有准备好，他们不想太辛苦，够吃够用就心满意足。巴西人经常说，中国人加班加点，没日没夜地干，这一点相当了不起。巴西人喜欢中国人的勤奋和聪明智慧，但他们不明白中国人为什么要这样辛苦自己。他们认为，8 小时工作后就应该与家人在一起共享天伦之乐，牺牲自己休息时间加班加点，赚那么多钱干什么？许多巴西人手头有一点钱够花就行了，不想积累太多的钱。他们认为，钱多了就会有太多的烦恼。巴西的佣人摆脱了贫困后，她们也舍得花钱，不少人利用假期到处游山玩水。

许多巴西人的祖辈来自非洲，他们当初作为奴隶被人口贩子贩卖到巴西庄园和农场干苦力。为了生存，他们不得不做牛做马，受尽羞辱和人间苦难。巴西黑奴在 1888 年获得自由后，他们不需要继续被迫劳动，以此显示自己的自由身。他们认为，只有奴隶才继续做牛做马。这是许多巴西平民百姓对工作的态度。巴西同其他拉美国家一样，存在一些诸如干活懒散、办事拖拉等现象。

有一次，我在里约热内卢旅游区购买 10 件易碎的小纪念品，商店男经理开始一件件包装起来，包装得非常认真，里三层外三层，把每件礼品裹得严严实实。因为过于仔细，对方的动作非常慢，再加上要赶时间，于是我温馨提示对方包装可以马虎一些。谁知这名白人老板满脸不高兴地说："你们就知道急急急，你有什么好急的！"

巴西人办事喜欢慢悠悠

在巴西大商场购物，每次排队付账时，尽管前面只有几名顾客，但是女售货员就是不紧不慢地把一件件物品在机器上扫描过账，哪怕你购买100支圆珠笔，她们也会一支一支地扫描，不懂数量乘以单价的公式。她们经常一不小心按错了键盘，于是就坐在柜台前等候主管经理过来纠正错误，后面的顾客排队付账至少需要等候一二十分钟时间。有时刷卡系统出现了问题，女售货员至少要折腾5分钟才能排除故障。好在巴西人都是慢郎中，脾气非常好，说话轻声细语，特别有耐心，而且都是一副无所谓的样子。

巴西人的时间观念不太强，出席一些社交活动迟到30分钟甚至1个小时都是家常便饭的事情。如果迟到了，你只要说一声路上交通太拥堵或在银行办事耽误了一些时间，人们总是报以一笑，表示可以理解和接受。在一些枯燥乏味的研讨会上，巴西人也显得更有耐心，他们通常不会提前退场，而是耐着性子等到研讨会结束才离场。即使演讲会由于某些原因延迟半个小时甚至一个小时开始，会场上的观众也不会大声喧哗质问主办单位为什么不准时开会，显得很有修养和风度。如果有些研讨会实在枯燥乏味，他们最多在会场外面的大厅里喝咖啡聊聊天。

正因为巴西人办事慢悠悠，办事效率低，我们有时外出办一件事情需要来回跑上好几次，实在很无奈。但是，巴西人说话非常礼貌，很少看到人们情绪失控的时候。这一点值得我们学习。

我在巴西生活4年多时间，很少看到巴西人在公共场合吵架。巴西人非常淳朴单纯，很好相处，没有复杂的人际关系。一位华人朋友说，中国人对一个问题的解决可能会设计出三套方案，把事情想得比较复杂，而巴西人只有一种解决方案，非常简洁。中国人说，设计三套方案后，可以根据不同需要从中选择最佳的解决方案。巴西人说，这样不仅浪费了另外两套解决方案，而且人也活得很累。巴西人解决问题只考虑一种方式，他们认为只有这样生活才能轻松快乐。这就是巴西人幸福指数高的奥秘。

巴西家庭女佣非常靠谱

在巴西,家庭佣人是一个受到尊重并得到法律保护的特殊群体。不仅有钱的巴西人家里常年雇用保姆、清洁工、专职司机和花工,就连一般的中产阶级家庭也聘请佣人打扫卫生、做饭、照料老人和孩子等。巴西人的住房设计也非常科学,公寓房通常有两道门,一道是专供主人使用的正门,直接通往客厅、餐厅和主人卧室等房间;另一道门专供女佣使用,直通洗衣房、厨房和佣人的小卧室。女佣的小卧室可以放下一张单人床和简单衣柜,里面还有一个狭小的淋浴间和抽水马桶。据官方统计,巴西从事家政工作的工人超过720万,其中家庭女佣占93%。换句话说,巴西每7个女性中,就有1名从事家政服务的女佣。

巴西人雇用佣人的传统可以追溯到500多年前。葡萄牙殖民者在1500年发现巴西并来到这片富庶美丽的土地后,开始进行长达300多年的殖民统治。他们从非洲安哥拉和莫桑比克等国贩运来大量黑奴,多数在甘蔗园从事繁重的体力劳动,一小部分奴隶被留在庄园主家当佣人或整理打扫庭院的花工。1888年,巴西废除了奴隶制,许多巴西有钱人家仍保留了雇用佣人的传统。据国际劳工组织统计,欧盟人口多于巴西,但佣工人数却比巴西少得多。

家庭佣人、花工和司机过去在社会上受到歧视,他们工作的环境差,无法享受劳动法的保护。经过艰苦努力和奋斗,巴西佣人后来成立了全国家政联合会。1972年,巴西终于通过第5859号法令,为从事家政工作的佣人和工人提供最基本的劳动和社会保障。2006年,巴西又出台新的法令,规定雇主需向佣工提供休息日和休假,并禁止雇用童工从事家政活动。

然而,巴西约有近七成的家庭佣工是非正式就业的,他们的工资收入不稳定,劳动时间也不固定,而且不能享受国家给予其他企业职工的各种社会保障。为了保障巴西家政行业工人的正当权益,巴西联邦国会于2013年4月通过一项修宪法案增加了家庭佣工享有的基本社会保障的多项权利。修宪法案把从事家政服务的工人纳入正式就业轨道,对他们的工作时间、工资收入、加班费标准以及雇主为他们缴纳强制性工龄保证基金以及事业保险等做出了规定。

修宪法案规定，家庭佣工每周工作时间为 44 个小时，也就是 5 天半时间，周一到周五每天工作 8 小时，星期六工作半天 4 小时，雇主应为佣工至少支付一份最低工资（2018 年为 954 雷亚尔）。如果需要佣工加班，每天工作不能超过 2 个小时，加班费在每小时工资的基础上再增加 50％。

对于住家佣工，相关法律也做出了明确规定。雇主为佣工提供的住宿、餐食或医疗费，不能作为工资支出的一部分，应该由雇主免费提供。此外，住家的佣工每天工作时间和休息时间应以书面形式写入劳动合同。如果佣工和雇主的孩子或老人睡在同一个房间，夜晚经常被吵醒起来为主人提供服务，雇主应为佣工支付"值班费"。值班费相当于正常工作的 50％。此外，如果女佣在受雇期间怀孕生子，她们享有 120 天的哺乳假期，费用由雇主承担。

法律还规定，如果家庭佣工每周为雇主工作 3 天，就应视为固定工作，雇主除了支付其固定工资，还要在巴西劳动就业部门进行登记，为佣工在巴西联邦经济银行开设账户，每月向银行缴纳佣工的社会保障税费。社会保障税费相当于佣工工资的 8％，后来从 2015 年开始又提高到 12％。一旦被解雇，佣工可以到银行领取失业保险金。此外，雇主还要为佣工缴纳一定比例的社会福利费。一旦家庭佣工在上班期间出现工伤事故，巴西社会福利局将以此为佣工支付劳动事故保险费。

观察家们认为，该项法律的通过在巴西具有里程碑的意义，几乎可以同 19 世纪废除奴隶制相媲美，家庭佣人、司机和花工们拍手称快。但是，对于那些依赖低成本家政服务的中产阶级家庭来说，这意味着他们可能因为预算紧张而不得不解雇女佣，然后自己动手洗衣做饭，或者缩短女佣的工作时间。

谈起巴西女佣，家住巴西利亚的华人朋友陈宁夫妇赞不绝口。他们曾经雇用一名巴西女佣长达 14 年之久。这名女佣叫格拉萨，她在 30 多岁的时候就到陈宁家里当佣人。当时陈宁夫妇从前房东手里购买了这栋房子，因为前房东要搬到外地居住。前房东对陈宁夫妇说，他那里有一个巴西女佣，做事挺靠谱，人也很本分，希望他们今后继续雇用格拉萨。尽管陈宁夫妇有选择的自由，可以不要或自带女佣过来，但他们决定雇用格拉萨试一试。

格拉萨每天早上 5 点出门去上班，6 点钟抵达陈宁家。她开始忙着替孩子们做早餐、烤面包和煮牛奶，叫小孩子们起床。吃完早餐后，她开车把孩子们送到学校。从学校开车回来，格拉萨又开始忙着替陈宁夫妇准备早餐。用完早餐后，她要忙着洗碗、打扫厨房和房间，帮助主人家叠被子、洗衣服、熨衣服，准备午饭。午饭后打扫卫生，格拉萨大约到下午 3 点或 3:30 分才结束工作回家。男主人因为工作早出晚归，几乎很少见到孩子，接送孩子们的任务全部交给女佣格拉萨。格拉萨在陈宁家每周从星期一到星期六中午工作

44个小时,月收入13 800雷亚尔。

陈宁丈夫李先生说,他们整天不在家,把房子和家里的事情都交给格拉萨代管。即使有时出国旅游两三个星期,家里的事情也都全部委托给格拉萨打理,非常省心。格拉萨在陈宁家工作的14年内,主人家没有丢失过现金,没有丢失过女主人的金银珠宝、手表之类的贵重物品。

2013年,格拉萨主动提出辞职要回老家。原来,她有3个孩子,其中两个孩子出了问题,他们帮助贩毒集团兜售毒品。因为碰上有的老赖付不起钱,债务越欠越多,他们就把吸毒者灭了。根据黑道"规矩",他们后来也被毒贩头目干掉了。失去两个孩子后,格拉萨和丈夫还受到贩毒集团的恐吓威胁,他们夫妇为此躲了起来。由于格拉萨主动提出辞职,陈宁夫妇不用赔偿对方很多钱。

格拉萨的丈夫是帮富人家修剪草坪和打扫庭院卫生的清洁工,他们在巴西利亚生活工作了5年多时间。按照政府规定,贫困线以下的穷人在本市定居5年后,可以向政府申请盖房子的地皮。政府批给他们一块125平方米的地皮,他们盖起了两层小楼,自己住几间,把多余的房间出租给他人,每月也有300雷亚尔的收入。

由于家破人亡和感情破裂,格拉萨后来同丈夫离了婚。他们共建的住房,按照有关法律一人一半。房屋只要今后出售,一半收入归属格拉萨。如果房屋暂时不出售,一人一半的财产始终蹲守在那里,谁也无法擅自侵吞对方的财产,这是巴西法律规定的。

将军的女儿一辈子不嫁人

巴西政府公务员的养老金非常丰厚,令人羡慕。前些年,公务员退休后可以拿100%的养老金,联邦法官、国会议员以及政府部长退休后,每年可领取价值高达15万至18万美元的退休金。一旦公务员死亡,其配偶、未成年子女或伤残子女可继续享受死者的养老金至少3年。更有意思的是,巴西将军们的女儿一辈子不想嫁人,如果结婚嫁人了,她们就自动放弃了父亲留下来的养老金。

那些参加过第二次世界大战的老兵和军政权统治时期(1964—1985年)退役的高级将领,即使他们早已作古,其配偶仍可终身领取死者的丰厚养老金。若是已故将军的配偶也死亡,将军们的女儿可以继续享受这一荣华富贵。因此,不少将门之女一辈子单身或同居不结婚。据说,这种优待做法主要是基于让军人拥有一种特权,只有解除他们的后顾之忧后,他们才能在战场上奋不顾身地用鲜血和生命捍卫国家主权和领土完整。多少年来,巴西政客们在讨论取消文官系统退休金特权的时候,从来没有人提出改革军队系统的退休金制度。

将军们的女儿们从什么时候开始享受特权?这一制度是从什么时候建立起来的?为了解开这个秘密,在一次国庆招待会上,我向巴西军方参谋总部一名二星将军请教。他说,这个政策是在巴拉圭战争后制定的。在那场战争中,巴西大约有3万名军人战死疆场,其中许多是父子兵。战后国家百废待兴,经济恢复艰难,已故将军和军官们遗留下来的孤儿寡母很难找到工作养家糊口。为了帮助她们渡过难关,巴西政府立法为战死的将军和军官们立下规定,死者的遗孀可以继续享受将官们的100%薪水或养老金。当时,已故将军幸存的女儿们找工作也很困难,没有生活来源。于是巴西政府出台规定,阵亡将军和军官的配偶死后,他们的女儿也可以继续领取养老金,直到她们死去。第二次世界大战期间,巴西出兵欧洲意大利,与美军并肩作战打击纳粹法西斯军队。在第二次世界大战中阵亡的巴西将官们,他们的遗孀和女儿也享受这一待遇。

这样世世代代沿袭下来的养老金和抚恤金制度,对巴西政府来说是一笔不小的开支。因此从2001年开始,巴西政府开始取消了这一特权,凡是在未来战争中阵亡的将军们,他们的女儿不能再无功受禄。据说,巴西目前只有几名巴拉圭战争遗留下来的将军们的女儿仍享受这一特殊待遇,但在第二次世界大战以及军政权统治期间死亡的将军们的女儿人数还比较多,她们继续领取父辈们的退休金。将军们的女儿可以同居生儿育女,但是不能正式结婚。一旦登记结婚,她们就自动丧失领取父辈们的退休金的资格。

巴西一名将军的女儿现是一所大学的教授,她曾对笔者说,她当年不该结婚,否则她现在就能领取老爸的大笔退休金。她非常后悔地说,她在人生道路上走错了一步,结果终身遗憾。这真是早知今日,何必当初。

巴西人整容整形乐此不疲

全世界整容大国是美国,其次是巴西。但最近几年来,巴西的老二地位已被中国逐步取而代之,因为中国的人口是巴西的7倍。巴西全国有5 800多名整容整形医生,整容行业的医生已成为巴西十大高薪职业之一。据国际美容整形外科协会的数据,2018年,巴西有226.74万人次接受整容整形手术,排名世界第二,仅次于美国。巴西人整形美容最多的手术是头面部手术、胸部手术、躯干四肢手术、腹部抽脂和脂肪移植手术。为了满足巴西穷人爱美的权利,巴西还有200多家整形医院专门为女佣、售货员等低收入的公民免费提供手术。

巴西整容协会的数据显示,最近10年来,巴西接受整容手术的男士数量也有了明显增长,增长幅度超过30%。接受整容的男性年龄大多在20～50岁之间,他们最喜欢做的整容手术是缩小乳房、腹部抽脂和脸部整形。巴西有一位名叫罗德里戈·阿尔维斯的男子,全身上下几乎都做过整形整容手术,包括移植了满头金发,总消费已超过60万美元。他在2018年表示,生命不止,整容不停,他还想把身上的6根肋骨也换掉,为的是追求身体更加纤细柔软。

一些整容医生认为,巴西的阳光与海滩也是整容市场迅速发展的原因之一。他们说,巴西是一个热带国家,人们喜欢晒太阳,经常要展示身材,自然有助于整容业的发展。巴西整容协会主席路易斯·石田对巴西媒体说,社会潮流的转变也是促使更多男性参与整容的重要因素。外表疲惫、衰老是巴西职场的大忌,因此提升外貌和保持健美的身材也是男性的追求,在职场容易获得晋升。由于时代变了,人们的思想也在改变,巴西主流社会现在不再对男性整容持有偏见,整容在巴西已成为一种时尚。一些年过七旬的老人也开始整容,为的是在寻找另一半时显得更加年轻好看。

整容手术在巴西和南美风行,一个直接原因是与收费相对低廉有关,工薪阶层攒钱也可以整容。以巴西大型整容机构的价格为例,一个为期8天的抽脂手术收费3 226美元。对于发达国家的顾客来说,即使加上往返机票和住宿费,到南美整容也比在国内做相同手术便宜。专程从美国到巴西做整容手术的达拉斯女士说,同样的手术、同样的护理条件,巴西的整容手术至少比欧美便宜2/3。

女人天性爱美，面部美、体型美，这些对于女人来说简直是生活必需品。不管是找工作还是找对象，外貌能起到决定性作用，在某种程度上可以影响人们的生活质量。因此，整容业目前在巴西欣欣向荣，它给外貌普通但又渴望成为美女的人们带来了希望。在巴西，美容院几乎跟街头的理发店一样多。

走在巴西各大城市的街头，或行走在海浪亲吻的沙滩上，到处可以碰到巴西皮肤白里带点棕色的混血女人，他们身材匀称修长，金发碧眼，非常性感漂亮，而且与人相处热情大方，没有半点含蓄和羞涩。外来游客来到巴西时，一定会对巴西的美女多看几眼，一饱眼福。

作为热带国家，巴西的姑娘们大多早熟。巴西白人移民大多来自葡萄牙、德国、意大利和东欧国家，他们都是白白的皮肤，高高的身材。移民时间久了，欧洲白人与当地印第安人和黑人通婚，三种基因结合在一起的混血姑娘，天生就具备了漂亮女性的必备要素：性感的身材、健康的肤色、披肩的长发、艳美的脸庞……更重要的一点是，她们特有的美是一种洋溢着青春活力和快乐的美。

定居巴西里约热内卢的李先生是这样评论的，巴西女人身材性感火辣，性格热情奔放，男人很容易坠入情网。但是，任何来得快的东西，消失得也快。性感女郎对男人的感情不专一，不能天长地久。他说，大多数巴西家庭，男人都至少离过一次婚，大多数男人在二婚以后才会找到真爱，他们的感情才会认真和用心起来。当然，男人第二次甚至第三次结婚时，女方的年龄往往要比自己小很多，而且女方一定要比前妻更漂亮。

无论是巴西、阿根廷、秘鲁、哥伦比亚还是委内瑞拉，很多女孩从小进行整容，参加各种选美培训班，目标直奔选美冠军。对于出身贫寒家庭的少女来说，整容可以发财致富，参加选美大赛并获冠亚军后可以担任名牌产品的代言人，可以帮助家庭脱贫。功成名就后可以傍个富翁。因此，许多人从小被父母送到美女学院接受各种极端训练和整容。即使是穷人家的女孩，父母们也会想办法从银行贷款让女儿们风风光光的。委内瑞拉前总统查韦斯曾警告过一些爱虚荣的来自下层的女性：不要把大量金钱投资在胸脯上！

选美比赛争风吃醋丑闻多

桑巴舞是巴西人人都会跳的民间舞。这种舞蹈节奏极快,人们舞动的时候,腰部以下臀部和肚皮如波浪般汹涌澎湃,高低起伏,足尖快速移动时,需要有很好的腰肢力量和臀部的协调配合。桑巴舞在帮助巴西姑娘增强体质的同时,也使他们的臀部曲线变得更加性感优美。由于经常跳桑巴舞,巴西美女始终保持苗条匀称的体型,而且非常健康养眼。在许多巴西人眼里,拥有一副好脸蛋和好身材,距离成功就为期不远了。

巴西不仅盛产美女,而且培养出许多世界级的美女,其中最有名的就是安德里安娜·利马。利马拥有美国、葡萄牙、法国和加勒比地区四种血统,她小时候的梦想并不是当一名时装模特并享誉全球。一个偶然的机会,她在一家购物中心被人发现,对方千方百计说服她去当时装模特,表示舞台是她的最好归宿。她起初想完成大学学业后再考虑今后的去向,但在对方的劝说和诱惑下,她最后走上了模特的生涯。凭借着出众的容貌和魔鬼般的身材,她在巴西和国际模特界迅速走红,很快成为全球最性感的女性之一,还入围全球100个最美丽的女人。

类似这样的美女在巴西数不胜数。因此,巴西所有女性杂志的封面都有美女照片,杂志的内容大多与减肥、美容、服饰和名牌产品有关。一些虚荣心强的女性、爱美的女人希望自己今后能像杂志上和电影里的明星一样端丽冠绝、光彩照人,她们因此模仿明星和名模去塑造自己。

为了漂亮和成功,许多巴西女性热衷于整容,最主要的是隆胸手术。有了骄傲的容貌和身材,她们就可以有所追求,而且美貌有时能够帮助她们在职场获得更好的发展机会。为了满足爱美女人的虚荣,巴西选美比赛允许整过容的年轻女性参赛。

巴西小姐朱莉安娜·博尔格斯就是一个"人工雕塑"的美女。她经过20多次整容手术后,终于在2001年荣获当年度"巴西小姐"的桂冠。她的整容部位遍布全身,整过鼻子、脸颊、下巴、耳朵,做过隆胸,腰部和背部抽过脂肪。神奇的是,由于这些手术都是小小的调整,因此没有留下疤痕。博尔格斯因此毫不忌讳地说:整容好比数学考试一样,你要争取获得最高分数。整容手术给她带来了美丽和自信,给了她完美的三围,为她量身定做的标准身材使她赢得了这次比赛。当年度参加决赛的27名选手中,有1/3的人接受过整容手术。

获得 2011 年"巴西小姐"的普里斯西拉·马沙多是一名芳龄 25 岁的模特和新闻系学生,她的折桂归功于做过 3 次美容手术,包括抽吸脂肪、隆胸和挺鼻。她在获得"巴西小姐"桂冠后不无自豪地说,任何自认为容貌和形象不佳的女人都应该做美容手术,她并不认为自己是巴西最漂亮的女人,但她是巴西为参加环球小姐准备工作做得最充分的女人。她说,为了参加选美比赛并夺得胜利,她足足准备了 4 年时间。

策划"巴西小姐"选美比赛的吉塔女士表示,选美比赛的竞争日益激烈,委内瑞拉的美女们已经率先为整容的做法鸣锣开道,巴西也必须奋起直追,以便在"环球小姐"选美中夺魁。要想在"环球小姐"比赛中胜人一筹,必须不择手段,不达目的决不罢休。她说,半个世纪前代表巴西参加"环球小姐"选美比赛的马莎之所以落选,就是因为她的臀围小了 5 厘米。落选之后,玛莎先后做过两次整形手术,直到自己满意为止。

对于通过美容和整形来参加选美比赛,其他国家的美女候选人心有不甘,她们愤愤不平地说:这些获得好名次的小姐们自以为是天生的大美女,其实她们都是雕刻出来的人造美女,她们没有资格参加选美比赛。问题是,"环球小姐"的选美比赛规则没有规定人们不可以接受美容手术。唯一确定的规则是,参赛者必须是女人,不能是阴阳人或变性人。尽管如此,"环球小姐"选美比赛仍爆出一些丑闻,有的参选小姐被曝出是男人。

更有甚者,选美比赛有时还会闹出人命案。

2012 年 9 月 21 日,21 岁的阿莉妮·奥利维拉在巴西卡里亚西卡市的选美大赛上获得皇后的桂冠后,却遭到屈居亚军的阿达亚妮·马蒂亚斯的嫉妒。为了除掉阿莉妮这个眼中钉,阿达亚妮以"考验爱情"为名,逼迫自己男友使出阴招,趁阿莉妮准备出演一部音乐电视片的数小时前,在酒店花园中当场开枪将其打死。

巴西妇女问题专家认为,很多接受整容手术的是年轻女性,他们内心发育尚未成熟。在当今这样一个高消费时代,她们花钱最多的地方就是让自己变得更加漂亮。有了这样一个消费群体,外科整容手术在巴西就更有市场。但是一些有犯罪和嫉妒心理的女孩并没有想到,除了外在美人们还有内在美,她们不应该把外在美放在优先地位。

除了选美比赛,21 世纪初巴西又多了一项"美臀小姐比赛"(Miss BumBum)。

为了争夺"最性感的美臀"称号,巴西一些女明星和女模特也会参赛。根据比赛规则,参赛选手必须证明臀部未经整形,但是规则执行起来不是很严格。每年初选之后,最后有 15 人晋级参加 11 月初举办的决赛,摘取冠军的美臀小姐除了获得 18 000 美元的奖金,还能担任一些名牌产品的代言人,成为巴西家喻户晓的公众人物。

参加"美臀小姐比赛"的候选人来自巴西各行各业,她们中有警察、记者、模特、大学生和房地产经纪人等。所有的参赛者都梦想自己能接近甚至夺得冠军,但是由于比赛过程中丑闻太多,再加上巴西媒体对此报道并不重视,赞助来源也越来越困难,巴西主办方因此决定从2019年开始停止举办此类比赛活动。

但是,日本和俄罗斯对此类比赛却趋之若鹜,这两个国家宣布将继续举办"美臀小姐"比赛。

感受巴西疯狂的足球文化

我有一次在巴西贝罗奥里藏特市访问时,正好赶上南美解放者杯足球冠军争夺战在那里举行。拥有前世界足球先生罗纳尔迪尼奥的巴甲米内罗竞技俱乐部队与巴拉圭奥林匹亚队在比赛中几乎不分伯仲,最后通过罚点球决出胜负,运气在巴西一边。随着裁判比赛结束的哨声吹响,整个贝罗奥里藏特市处于狂欢的不眠之夜。

在我下榻的闹市区旅馆,旅馆周围街道有3个酒吧,酒吧里面和人行道上坐满了收看电视实况转播的年轻球迷。球迷们一边喝着啤酒,一边收看电视,不时发出欢呼声、叹息声和喝彩声。为了防止闹事,酒吧附近部署了不少警力和随时待命的警车。然而对我们这样的外人来说,真正精彩的看点不在比赛中,而在赛场之外,在比赛之后。

当南美解放者杯的桂冠落在米内罗竞技队头上后,穿梭在街头的每一辆汽车响起了"经久不息"的喇叭声,爆竹声在夜空中震耳欲聋。喇叭声、爆竹声和球迷们声嘶力竭的叫喊声一直持续到凌晨5点才逐步平息。在旅馆里无法入睡,于是我凌晨起床与旅馆值班经理闲聊。值班经理说,这是米内罗竞技队第一次获得这个项目的冠军,因此人们一定会狂欢到天明。他说,这个城市有两个足球俱乐部队,全体市民基本上都是这两个互相竞争俱乐部队的忠实球迷。

只要提起足球,每个巴西人都会眉飞色舞。第二天,当我与在这里开会的里约州立大学国际关系学院女教授玛丽·利马谈起南美解放者杯足球赛时,我故意说,这是男人喜爱的体育项目,巴西女人不一定喜欢。利马却反驳说:这是谁说的?许多巴西女孩非常酷爱足球,她本人就是里约一个足球俱乐部队的忠实球迷,有赛必看,而且非常内行。

在贝罗奥里藏特市感受到了巴西疯狂的足球文化后,我想起一名巴西同行曾高度概括巴西男人一生中三个必不可少的要素——女人、足球和啤酒。这名巴西同行说,在日常生活中,有了这三件宝,巴西男人的日子会过得非常轻松潇洒,即使是穷人,他们生活的满意度也很高。当然,因为足球,巴西女人的生活满意度也很高。

有一次我在里约热内卢市采访市长顾问斯特里奥·阿玛兰特时,对方滔滔不绝地跟我谈起巴西和南美的足球现状。阿玛兰特是刚刚退休下来的外交官,以前在阿根廷等许多南美国家当过大使,他对南美足球的水平和风格了如指掌。他不仅是球迷,而且年轻时还是足球运动员,参加过不少比赛。他现在年岁大了,但还有自己喜爱的俱乐部队。

在巴西,几乎每个男人都是某个足球俱乐部的球迷,都会支持自己青睐的球队。球迷们碰到一起聊天时就会互相争论,拿对方开玩笑,数落对方喜爱的球队不行。阿玛兰特一本正经地对我说,他家最大的问题是女婿站在老丈人的对立面,支持老丈人不喜欢的俱乐部队。

我对巴西足球也有几分兴趣,阿玛兰特见状开始喜形于色地评说起来。他说,巴西有100多个足球俱乐部,里约热内卢一个城市就有4个俱乐部,人们喜欢到有电视大屏幕的酒吧间,聚在一起端着啤酒杯,边喝边看边聊,乐此不疲地争论足球。巴西报纸的体育版基本上都是足球一统天下,对其他球类和体育比赛几乎不感兴趣,连美国的NBA也很难上体育版。阿玛兰特说,看球、踢球、评球是巴西人日常生活中的一个重要部分。

巴西是个足球王国,迄今赢得了5个世界杯冠军。2014年世界杯决赛在里约热内卢举行,这是该市第二次举行世界杯冠军争夺战和闭幕式。在1950年举行的决赛中,巴西对南美劲旅乌拉圭,两支球队自相残杀。当时体育场没有座位,球迷们买的都是站票,整个体育场容纳了20万名观众。全场比赛的哨声吹响,东道国巴西惜败,全场20万名巴西观众垂头丧气,鸦雀无声了很长时间。

谈到巴西足球队的现状和发展前景时,阿玛兰特说,由于欧洲俱乐部给的薪水高,巴西一些很好的球员都到欧洲俱乐部踢球,他们只是在世界杯赛前才回来为国家队效力。但是,巴西一流球员现在的做法与以前的不一样。以前的球员在国内出名后再到欧洲俱乐部踢球,与国内的球员彼此之间相互了解,熟悉踢球的套路,磨合快,配合也比较好。他们最后在欧洲球场结束踢球生涯。

然而,现在的巴西年轻球员在十六七岁就开始到欧洲俱乐部队踢球,他们不认识巴西国内的球员。在外踢球的球员虽然水平高,但他们在比赛前3个星期才回来参加国家队集训,与国内球员之间的配合成问题。阿玛兰特说,巴西队现在最害怕的是西班牙队。阿根廷国家队也非常强大,因为他们最好的球员留在国内发展。

有人也许会问,巴西有没有文化?有什么文化?从某种角度上讲,巴西主要有两种文化,足球文化和桑巴文化,除此之外没有其他文化。巴西是一个移民国家,各种族文化汇集在一起,最终形成了巴西一种特有的足球文化现象,全民一致,共同欣赏。巴西足球水平高,主要是穷人家的孩子能吃苦,能踢上足球,不仅他们自己全身心投入,而且他们全家人跟着一起投入,他们认为可以通过踢球改写自己的命运。

2015年9月28日,巴西球星罗纳尔多宣布在中国开办30所罗纳尔多足球学校。罗纳尔多认为中国足球水平如果想提高,需改进足球理念及训练方法。时任中国驻巴西大使馆文化处的时参赞表示,创办足球学校虽好,但中国足球局限于大城市,城市的孩子吃不起苦,农村的孩子踢不起足球,足球基础不普及,中国足球很难上得去。他认为,真正普及足球就得搞大众化,要遍地开花。只有那些吃得起苦的孩子,才有希望成为未来的球星。

巴西人——浪漫、散漫与傲慢

热情奔放，天生浪漫，骨子里有点欧美白人的傲慢和南欧人的散漫，这是巴西人的一个大致轮廓。巴西年轻男子帅气又阳光，女子漂亮又开放。在海滩、在校园、在街头巷尾、在公共场合，你随处可以看到巴西人相见时互相拥抱亲吻。当你与巴西异性朋友相见时，对方总是主动与你拥抱接吻，左一个，右一个，一下子拉近了双方的距离。一次我们散步路过巴西利亚城市公园时，一群年轻女孩张开双臂，拥抱亲吻来来往往的过路人，把热情、快乐和关爱传递给每一个需要的人。这种热情、友好和美妙的感觉，是我在美国工作14年期间从来没有体验和享受过的。

1. 巴西三宝：桑巴、啤酒和足球

巴西朋友经常对我说，他们生活中有三大乐趣：桑巴、足球和啤酒。桑巴舞起源于非洲，原本是一种激昂的肚皮舞，如今已经被公认是巴西的象征，在热情奔放的音乐中，舞者激情四射的扭动，让人眼花缭乱，心也不禁跟着荡漾。在巴西，人们到处可见酒吧，酒吧比饭店还多，且更受年轻人的欢迎。巴西男人上酒吧，就是带上自己的女朋友，或邀请一些朋友，他们一边喝啤酒，一边天南海北地聊天，同时通过酒吧间的电视大屏幕观看足球比赛，非常浪漫。在酒吧一泡就是一个晚上，但是，他们的消费能力并不高，一瓶啤酒往往要喝上大半天。到酒吧的主要目的并不是开怀畅饮，而是泡妞、消遣和通过大屏幕观看足球比赛，寻求的是浪漫和刺激。如果喝酒聊天的朋友喜欢不同的足球俱乐部，他们会为不同球队的输赢争个面红耳赤。在足球方面，阿根廷是巴西在拉美的最大竞争对手，你千万不要当着巴西人的面赞扬阿根廷的足球队。

2. 懒散：富人与穷人的对话

散漫或懒散是巴西人的另一个主要特点。科帕卡巴纳海滩是巴西里约热内卢最出名的旅游景点，也是这座旅游城市的名片。在里约热内卢，有一个关于懒汉的故事。通过这个故事，人们可以隐约看出巴西人普遍的懒散性格。

一个流浪汉躺在科帕卡巴纳沙滩上晒太阳，一个富人走过去问他："这么好的天气，你怎么躺在这里不出海打鱼？"流浪汉反问道："为什么要去打鱼？"富人说："打了鱼可以拿到市场上换钱呀。"流浪汉又问："挣钱派什么用场？"富人说："挣到钱你就可以买许多东西。"流浪汉接着又问："买了许多东西后干嘛呢？"富人说："等你拥有想要的一切东西后，你就可以头顶蓝天，舒舒服服地躺在这里晒太阳，欣赏过往美女们的大长腿，聆听大海的涛声……"

流浪汉听了半天，懒洋洋地翻个身，打了个哈欠嘟囔道："我现在不是已经舒舒服服地躺在这里晒太阳了，何必还要辛勤劳作。"富人听了无言以对，只好摇着脑袋离去。

这个故事也许是个笑话，但用在里约热内卢人身上非常贴切。里约热内卢是一个旅游城市，旅游给这个城市创造了大量财富。由于没有太大的工作压力，收入又比较高，人们对生活的态度悠闲自在，节奏很慢。久而久之，人们养成了一种懒散的习惯。里约热内卢人的悠闲懒散文化，也是当今巴西社会的一个侧影。

3. 工人干活不愿加班

巴西人热情友好，但他们懒散的特点也表现在具体工作上。根据巴西相关法律，外资企业只要有 1 个编制内的外国员工，就必须雇用 5 名当地工人。外企老总总是希望企业员工埋头苦干，最好能加班加点按时完成生产任务。但在加班问题上，亚洲文化与拉美文化有着天壤之别。在需要加班加点的时候，老板给出再多的奖金，巴西工人十有八九不会接受。根据巴西劳工法规定，工人每天工作时间不能超过 8 个小时，否则就是违法用工。

在 8 个小时上班期间，普通工人的有效工作时间可能只有五六个小时。在有效工作时间内，巴西工人干活不快不慢，磨磨蹭蹭，不讲效率，但讲享受。上班时间，他们要有休息时间喝杯咖啡。到下午下班前的 1 个小时，工人们基本上已心不在焉，都在清理个人卫生。下班时间一到，他们都会准点离开工地或工厂，身上打理得干干净净，头发也梳得整整齐齐。

中国人干活的速度和工作效率令许多巴西人赞叹不已，但是他们绝对学不会，而且表示难以理解。巴西人常问："你们中国人只知道干活，只知道挣钱，一天到晚就是干干干，不知道休息与享受，人活在这个世上还有什么意义？"对巴西人来说，钱只要够花就可以。他们认为，生活中还有其他许多事情包括与家人相聚在一起都要比金钱更重要。

贪图个人享乐，喜欢钻劳工法的空子，为自己谋取最大利益，这是一些巴西工人的处事方式。相当一部分巴西工人的任何一份工作都只努力做 1 年，随后就会采取各种出工不出力的消极怠工对策。当他们被解雇的时候,他们就会拿起法律武器狠敲雇主一笔钱,足够他们休假玩乐好几个月。等钱用完以后,他们就继续找工作,在找到正式工作前,他们申请政府的失业救济金。因此,对于雇主来说,在巴西招聘工人是件痛苦的事情,一是难以找到技术熟练的工人,二是工人的文化素质偏低,许多人只有小学文化程度。

巴西工人的收入低,许多人每月只拿一份最低工资。即便如此,他们也不愿通过加班加点多挣些钱养家糊口。巴西工人特别会花钱,雇主发的工资很快就花光,他们过着今朝有酒今朝醉、明天有愁明天愁的生活。因此,许多雇主每月不得不把工人的工资分成两次甚至四次发放,否则工人在几天之内就会把1个月的工资全部花光。巴西人擅长用劳工法来保护自己的权益,每年必定要求增加工资,如果老板不答应,他们就闹罢工。巴西工会力量强大,企业一般很难与工会组织对抗。

4. 简简单单快乐地生活着

阳光灿烂,乐观向上,这是巴西人的又一个特点。即使生活再艰难,普通巴西人总能找到许多让他们快乐起来的理由。巴西的公休日特别多,经常出现一些长周末,假期一放就是3天。每到节假日和长周末,巴西人就开各种派对活动。巴西人最喜爱的是桑巴、啤酒和足球。不管巴西人的身材高矮胖瘦,只要他们把身子扭动起来,姿势总是非常好看,能把快乐传遍每个角落。没有太多的烦恼,简简单单地生活着,巴西人活得轻松潇洒。

巴西工人喜欢超前消费。穷人们基本上都是靠借钱过日子。今天发工资,一个星期后他们全部用完,于是开始向你借钱。巴西南部欢乐港市中餐馆老板李梅云对我说,巴西人是最会花钱的拉美人,他们活得非常潇洒,不像华裔活得很沉重。巴西人借钱后再打工,靠打工还债。一旦被老板开除或失业,他们就还不起所欠的债务,拖欠电器商店、洗衣店和超市的分期付款,于是上了黑名单,以后到商店买东西必须一次性付款。

巴西穷人虽然生活清贫,但心态非常好。巴西穷人家非常重视为家人庆祝生日,女主人喜欢攒钱过生日,庆祝丈夫和妻子的生日,庆祝父母和孩子的生日,一年到头忙着过生日,把钱用完了非常开心。巴西穷人的生活水准不高,精神生活却很丰富。巴西人待人热情友好,非常包容他人,是非常好的品质。

5. 知识分子有股欧美人的傲气

巴西人的思维方式是西方式的,受美国、法国、西班牙和葡萄牙的价值观影响很大。巴西人喜欢看美国好莱坞电影,喝可口可乐和吃麦当劳,一有机会就喜欢乘飞机到美国和欧洲旅游购物。巴西大学的许多知识分子在美国和欧洲国家留过学,他们完全接受美国和欧洲的文化与价值观,喜欢用西方的标准来打量评判中国,他们对中国在巴西的投资合作一是不了解,二是有偏见。这些傲慢的知识分子几乎都没有去过中国,一旦他们接触到中国,他们对中国的偏见就会烟消云散。

巴西的主流媒体受西方影响也很深,他们大量使用美联社、路透社、法新社和美国主流媒体的新闻报道,几乎不用新华社和中新社的稿件。因此,他们对中国的许多报道充满偏见,而且不友好。巴西人对中国有些误会,这可能跟巴西距离中国太遥远有关,许多巴西知识分子都是通过西方媒体了解中国。他们看中国容易以偏概全,但没有恶意和敌意。

巴西人过年逍遥作乐两个月

每当巴西进入夏季，距离圣诞节就不远了。夏季和圣诞节的到来，预示着巴西人揭开了轰轰烈烈欢庆圣诞节和新年特长假期的伟大序幕。

我认识的一位巴西教授夫妇，他们每年12月初就开始欢度圣诞和新年长假。妻子伊莉莎白是20多年前从东欧国家过来的移民，父母还健在时，她和丈夫罗伯特每年到欧洲过圣诞节。虽然东欧的寒冬气温达到－40℃，但她回娘家过年过节是规定动作，多年来雷打不动。伊莉莎白的父母去世后，他们改变传统计划，转而前往美国过圣诞节和新年，看望在美国工作的外交官儿子。他们说，每年的这趟旅程需要几个星期的时间。

伊莉莎白说，他们家过年过节在巴西算不上典型。从传统意义上来说，绝大多数巴西人喜欢与家人在一起欢度圣诞节，圣诞节过后就举家到里约热内卢或圣保罗走亲访友，享受家人团聚的天伦之乐。里约热内卢文化娱乐生活非常丰富，人们举家到绵延十几公里长的科帕卡巴纳海滩游泳晒太阳。除夕夜晚，科帕卡巴纳海滩场面非常壮观。在月光和灯光相互辉映下，数百万游客在海滩上尽情观赏各种音乐会，欣赏中国制造的五彩缤纷的烟花，在一波接一波的海涛声和欢乐声中迎接新年的到来。

圣保罗的除夕之夜也非常热闹，人们从四面八方聚集在市中心的保利斯塔大道，参加新年倒计时的庆祝活动，同时观看一朵朵染红天际的烟花。还有许多巴西人喜欢到东北部地区过年过节，那里气候炎热，在大西洋海滩上与家人在一起享受美好的时光，既浪漫，又富有诗情画意。这段时间，巴西人一概不欢迎外人到家里做客，不希望属于家人和亲人的欢乐受到外来的任何干扰。

教授朋友莱拉说，圣诞节前夜，她全家25口人聚集在圣保罗附近的老家迎接圣诞节的到来。他们先到教堂祷告，感谢上帝一年来对家人的恩赐，然后回家庆祝圣诞节，互相赠送礼品。女人们在厨房里忙得团团转，为全家准备丰盛的食品。男人们忙着敲边鼓，干一些打酱油之类的杂活，外出采购也成了男人们的专利。莱拉说，她母亲已过世，父亲90岁，可是他还要上街为全家人准备很多圣诞和新年礼品。她非常担心父亲的身体，但父亲说要让全体家人都开心！

莱拉说，圣诞节和新年长假从12月22日正式开始，一直延续到翌年1月6日，这一段时间完全属于家人。1月6日这一天是巴西的宗教节日，人们举家到教堂祈祷，然后回家与邻居们交换礼品。过了1月6日，亲朋好友之间开始走动。圣诞和新年假期这么长，妇女们整天围着厨房转，两个星期下来感到筋疲力尽。莱拉说，与家人在一起，为家人服务，这是妇女必须做的事情。虽然累一些，但有一种幸福快乐的回报感。上帝让她们活在这个世界，她们就要珍惜生命，要尽情享受生活中的各种乐趣。

　　在持续两个星期的特长假期内，巴西政府部门的工作基本上处于停顿状态。其实从每年12月10日开始，许多政府官员就开始到外地休假，人们很难约见官员、专家学者和管理人员。过完新年后，整个1月份是孩子们放学在家的时候，因此许多家长继续请假，带着孩子们在家里享受假期。我前面提到的那对教授夫妇，在12月初就向我们发出预报，现在登门拜访不是时候，所有约会都要等来年1月以后再说。

　　圣诞节和新年期间，首都巴西利亚几乎是座空城。在12月中旬的最后一个周末，巴西利亚机场人满为患，人们急匆匆回家过年过节，整个巴西利亚非常安宁，也很枯燥乏味。巴西利亚是一座海拔1 100多米的高原首都，与外界很少有公路联系。即使有联系，路上也不太安全，因此人们进出几乎都是坐飞机。为了消除枯燥，一些巴西利亚朋友建议常驻的外交人员开车到附近小镇走一走，参观一下那里的博物馆。这类近郊的旅游项目虽然不能令人激动，但开车外出路上畅通无阻，人们在大自然中也就心旷神怡，豁然开朗。

前夫前妻成为好朋友的秘诀

夫妻离婚后仍能宽容谅解对方,这也是巴西的一大文化特色。但在巴西,夫妻离婚后不仅能宽恕对方,而且还能成为常来常往的好朋友,比如应邀参加对方的生日派对,甚至大大方方邀请对方出席自己的再婚典礼。我认识的 T 先生是一家咨询公司的小老板,公司只有五六个员工,他与前妻离婚后,娶了女秘书当妻子,前妻却仍留在公司工作。前夫和前妻抬头不见低头见,在同一家公司却长期相安无事。

1. 中国记者尴尬巴西人却大大方方

在我刚到巴西工作的时候,中国记者老吴讲过一个有趣故事。他说,他与巴西某新闻媒体记者阿尔弗雷多及其妻子冈迪达是 10 多年的老朋友,双方经常保持往来。冈迪达是阿尔弗雷多的第三任妻子,当时在政府部门做文秘工作,他们两人婚后生有孩子。

若干年后,当老吴重返巴西利亚开始另一个任期时,在一个公众场合碰到冈迪达。故友相见,互相问好。老吴还让冈迪达向她丈夫阿尔弗雷多问好。冈迪达爽快地说,她与阿尔弗雷多已经离婚,但双方仍是好朋友。阿尔弗雷多现在一家自创的公司工作,她本人也在那里上班。问了一个不该问的敏感问题,老吴感到有点尴尬。想不到冈迪达却豪情满怀,她说没有关系。说完,冈迪达马上给阿尔弗雷多打电话,告诉对方老朋友吴先生又回来了。

过了一段时间,阿尔弗雷多的生日到了。阿尔弗雷多邀请老吴夫妇到他家里过生日,同时还邀请了几十名巴西朋友,还有从国外赶过来的父母亲。在生日宴会上,老吴一眼看到前些日子见到的冈迪达,感到非常惊讶。阿尔弗雷多已经第四次结婚,婚后还有好几个子女。前妻冈迪达应邀参加前老公阿尔弗雷多的生日派对,还带了自己的女儿和几个朋友一起参加,场面非常热闹。

冈迪达见到阿尔弗雷多时,当着其现任妻子的面拥抱接吻。当然,冈迪达也与前老公的现任妻子拥抱接吻,显得非常亲热,仿佛是一对亲姐妹。冈迪达见到阿尔弗雷多远道而来的父母时,也用巴西人的方式与前公婆拥抱贴脸。在巴西,前夫与前妻在一起有说有笑,虽然不再是夫妻,但仍是一见如故的好朋友。前夫前妻们在一起聊天时,他们的孩子们也在一起闲聊,跟大人一样亲热。对于这一点,中国记者老吴感触良多。

2. 前夫前妻应邀出席对方的婚礼

圣诞节前夕,我在巴西又听到一个类似的故事,从而更坚定了我的看法,巴西人对婚恋虽然看得很重,但对离婚非常淡定。在巴西,人们离婚后不是夫妻仍可以是朋友,他们在处理此类感情问题时举轻若重,拿捏得非常好。

巴西纳特尔市的萨林·卡利尔(男)和桑德拉·法拉叶(女)在自己家里举行一场别开生面的婚礼——双方邀请前妻、前未婚妻和前未婚夫共同前来见证一场等待已久的婚礼。

现年 66 岁的萨林和桑德拉已经同居 25 年,为了纪念他们的"银婚",两人决定在圣诞节前夕正式登记结婚。婚礼就在他们家举行,仪式简朴而富有特殊意义。证婚人中有萨林的前妻蕾拉·丹塔斯(艺术家)和前未婚妻伊莉莎白·托雷斯(医生),还有桑德拉的前未婚夫卡洛斯·本德里拉律师。

55 岁的蕾拉是萨林的前妻,她和萨林生有两个孩子。20 世纪 80 年代,他们因为夫妻感情不和而开始长期分居。直到上一年 11 月,他们才同意签字正式离婚。蕾拉说:"这的确是一件非常特殊的事情,一切发生得如此自然,我们保持家庭团结,就像家人一样亲热。这里面没有什么秘诀,只是我们相互尊重对方的选择。"

这场非常特别的婚礼是在平和、友好和相互尊重的气氛中举行的,此举证明友谊可以消除一切因婚恋而产生的误会与分歧。蕾拉说,我们大家都感到非常祥和,都有一种解脱感,没有任何负面的因素,我们大家都获得了自由。她说,当萨林和桑德拉在回答婚礼主持人"是否愿意"的问题时,他们脸上洋溢着幸福与快乐。从那一刻开始,他们正式结为夫妻。

男主人翁萨林则认为,最重要的是他多年来穿梭在这些特别而又复杂的人物之间反复做工作,相互之间建起了一座"不是夫妻是朋友"的友谊桥梁。他认为,离婚后前夫前妻不讲对方的任何坏话,不是夫妻但仍是好朋友,不仅可以使离婚过渡期更顺畅,而且还可以使生活更快乐。

主持婚礼的公证人是安莉安娜,这是她主持的第四场婚礼。她说,她已经主持过多场婚礼,但是从来没有见证过前妻、前未婚妻和前未婚夫济济一堂,共同见证与自己分道扬镳的人的婚礼。不过这些并不重要,最重要的是他们之间相互尊重并保持天长地久的友谊。

3. 巴西人结婚率下降离婚率上升

巴西人在 20 世纪 80 年代前离婚难度比较大,不仅需要在结婚 1 年后才能提出离婚,而且还需要说出离婚的理由,双方还要经历大约两年时间的离婚审批程序。2010 年,巴西修改宪法后,允许人们即使结婚 1 个星期也可以提出离婚,而且不需要任何理由,不需要分居一段时间。此外,打算离婚的夫妇可以直接去民事公证所申请办理分居和离婚手续,不再需要到法院判决。因此,巴西人最近 10 多年来的离婚率明显上升。

1984 年,巴西通过离婚法。当年巴西只有 9.3 万人离婚,占当年 93 万结婚人数的 10%。但到了 2016 年,巴西离婚人数达到 34.4 万人,占 110 万结婚新人的 31.3%。在离婚案例中,大约有 75% 的是协议离婚,劳燕分飞时好说好散。巴西人的婚姻平均维持时间为 17 年,典型的成年家庭中,人们基本上都是二婚或三婚。社会学家认为,尽管巴西的离婚率不断上升,但大部分巴西人仍相信婚姻和爱情。社会学家把离婚率高的原因归咎于人们太过于相信电视剧、电影和小说里的故事情节,有些人把婚姻看得过于理想化并产生不切实际的期待。

年轻人安于现状不想出国留学

在中国和东亚一些国家,留学欧美成为青年学子求学的一种时尚。凡是家庭经济条件好或学习成绩优秀的学生,大多想到国外学习,扩大自己的知识面并丰富自己的阅历,以便今后能找到更好的工作。但在巴西,青年学子对出国留学却不怎么感兴趣。

巴西是世界经济大国,但其内科技水平不是很高,工业基础比较薄弱。为了改变这种现状,巴西政府在2011年年底扔出一枚"重磅炸弹",启动一个培养科学家和工程师的项目,这就是"科学无国界"计划。根据这一计划,巴西计划在5年内向国外派遣10万名留学生,全部攻读自然科学,其中绝大多数到欧美国家高校学习科学知识。对于这一计划,巴西政府承担一部分资金,巴西企业也承担一部分资金,总耗资约20亿美元。但是,这一宏大计划在巴西"虎头蛇尾",社会反应冷淡,结果收效不大,最后不了了之。收效不大的主要原因是巴西学生对出国留学不感兴趣。巴西利亚大学一位华人教授对我说,巴西大学生之间的竞争本来就不激烈,科研水平和教育质量不是很好。巴西政府选派大批学生到国外留学的计划公布后,巴西利亚大学得到的政府奖学金名额很多,但报名申请出国留学的学生人数却不多。他说,许多巴西学生不愿到国外去学习生活,因为在国内读书没有什么压力,生活也非常舒服。因此,这里的情况不是学生求老师帮忙出国留学,而是需要老师去说服学生出国深造,是老师求学生。

大学教育竞争力不强,原因是多种多样的。一是老师没有很好的职业考核,进入公立大学等于终身制,学生虽也给老师打分,但打分好坏都是一个样,老师在执教过程中不是很认真。二是巴西学生毕业后找工作容易,学习成绩差不多就可以,没有必要拼命钻研。这位教授朋友说,巴西大学研究生有奖学金,同时在校外还有兼职工作,如果他们还没有结婚,生活比成家立业的老师还要舒适。他说,巴西学生把40%的时间用在学习上,其余时间用来打工或做其他事情。

拉美国家除了巴西讲葡萄牙语,其他国家大都讲西班牙语。葡萄牙语与西班牙语之间有许多共性,两者之间基本上可以沟通,能听懂对方表达的意思。巴西经济学教授保罗·阿尔梅达说,巴西人不愿到国外留学,尤其是不愿到美国、英国和德国留学。即使有机会出国留学,他们首选的国家是阿根廷等拉美国家,或者到葡萄牙和西班牙留学,这样他们就不需要再苦学一门外语了。如果到美国、英国和德国留学,巴西学生还要学习一门外语,这对他们来说是额外的负担。因此,许多巴西学生不愿放弃国内安逸的生活到国外留学受洋罪。

巴西大学英语普及率很低,这与卢拉政府的决策有一定关系。2004年前后,卢拉总统决定把西班牙语作为巴西的第一外语,巴西各地学校为此增派了大量西班牙语老师,鼓励学生们学习西班牙语。这样做的好处是,巴西人掌握西班牙语后更容易与拉美各国进行接触与交流,但弊端是西班牙语国家的科技水平并不高,学习西班牙语对巴西的工业和科技发展以及经济管理促进不大。与巴西形成鲜明对比的是,智利早在20年前就已把英语作为第一外语,人们从小学就开始学习英语。到大学毕业时,智利人能熟练掌握英语,可以接受世界上最先进的科技知识和管理经验。

圣保罗大学经济学教授杰尔马·马西艾洛说,2011年巴西有6 000名在国外攻读硕士和博士学位的留学生,罗塞夫政府计划在此基础上增派10万名攻读理工科的留学生,这个计划是非常好的,但也具有挑战性,因为派遣合格学生到国外留学非常困难。巴西国内很少有出国留学外语速成班,也没有类似中国的新东方学校,巴西的学生大多不懂英语或其他外语。为了帮助学生克服外语障碍,巴西政府正在帮助联邦和私立大学与外国大学签署谅解备忘录,要求对方大学为巴西留学生提供3~6个月的基础语言训练。

学生不想出国留学,原因是多方面的:一是语言不过关,人们还没有做好思想准备;二是巴西大学生基本上都是一边读书一边打工,不仅需要养活自己,还要在经济上帮助家庭。即使政府为学生提供出国留学的部分奖学金,也不如他们在校勤工俭学赚的钱多。三是生活在国外不容易,巴西在国外的社团组织少,没有同胞的相互帮助,巴西人在外单枪匹马吃不起苦。四是巴西人没有送子女出国留学的传统,只有少数有钱人家才送子女到国外读书。据了解,根据"科学无国界"计划,巴西原打算派3 000名学生到中国留学,但报名到中国留学的巴西学生人数不多,奖学金名额用不完。不过最近几年,随着中巴关系的进一步发展,巴西到中国留学的学生人数开始增多。

三、社会篇

高铁在巴西无法起飞的隐痛

圣保罗是巴西最大城市,2021年拥有2 200多万人口。里约热内卢是巴西最繁华的旅游城市,2021年拥有1 300多万人口。这两大城市之间相隔400多公里,无论是天上飞还是地上跑,每天人来人往,川流不息。巴西联邦政府、圣保罗和里约热内卢州政府计划在这两个城市之间修建一条高铁,全长550公里。20多年前,人们就开始讨论这件事情,可是这个问题在巴西讨论来讨论去,迄今八字还没有一撇。

巴西修建高铁为何只听雷声响不见雨下来?究其原因,说得好听一些,这不是巴西联邦和州政府的优先考虑项目。说得难听一些,这对某些短视的政客们来说没有什么好处,他们没有积极性。按照巴西速度,这样的工程项目从开工到建成至少需要五六年甚至10年时间。10年以后建成的重大项目,即使对国家和人民有很大的好处,也同现任政府毫不相干。

修建一条连接两大城市的高铁的确功德无量,可以推动巴西沿线城镇的经济发展,方便两地巴西人和外国游客的出行。可是在巴西,修建这样一条高铁如登天一样难。除了在政治层面上行不通,还有来自巴西既得利益集团的阻碍。修建高铁将影响圣保罗和里约热内卢各航空公司的经济利益。里约热内卢到圣保罗的航线是巴西国内最繁忙的航线,生意非常好,半个小时的空中飞行,短程机票比出国旅行的费用还要高,各航空公司因此赚得钵满盆满,它们坚决反对修建高铁同航空公司抢夺客源。巴西高速公路卡车运输联合会也不是省油的灯,公路运输每年给他们带来丰厚的利润。修建高铁等于砸他们的饭碗,许多卡车司机将面临失业,因此无论是卡车公司老板还是伙计,他们都竭力反对修建这样一个重大项目。

此外,由谁来承建这条高铁又涉及巴西方方面面以及跨国公司的利益。巴西一些有经济实力的公司想独揽业务,那些有来头的皮包公司也想插一脚。帮助巴西修建这样一条高铁,中国、日本、西班牙等国的公司都有这样的技术和能力,问题是谁的报价低,谁能帮助融资。中国公司有财力、人力和技术,而且经验非常丰富,但是巴西一些地方利益集团借口中国高铁在最近5年内曾出现过重大事故,从而阻止中国公司参与竞争。但即使把中国公司排斥在门外,这样一条高铁在巴西还是建不成,理由是政府融资困难,而且不想背负巨额债务。

每当谈起中国四通八达的高铁以及中国人办事效率高的话题时,许多访问过中国的巴西人都会眉飞色舞,赞不绝口,称赞中国人的办事速度和效率,同时对巴西人办事拖沓的作风直摇头。

巴西人也有怀旧的时候,他们怀念20世纪五六十年代曾经拥有的辉煌时期。为了避免里约热内卢出现过度城市化带来的环境污染和贫富悬殊等城市病,为了带动巴西内陆和高原地区的社会经济发展,库比契克政府在1956年下决心把首都从里约热内卢搬到巴西利亚。他们仅仅用了4年时间就把一个崭新的首都建设好了。当时巴西经济正处于上升阶段。人心齐,泰山移,巴西人也能办大事。可是,这样集中力量办成大事的美好时光,如今很难在巴西重演。

巴西工人有点惹不起

2015年的一天，我到巴西政府部门进行访谈，马路对面传来震耳欲聋的喇叭声。循声望去，几十名巴西群众（工人）围绕几辆装载高音喇叭的卡车，用最大音量向聚集在这一区域的国会、总统府、最高法院和外交部等政府部门播放摇滚乐。一名政府官员对我抱怨说，这是巴西一些激进工会组织在示威抗议，反对国会正在讨论修改颇有诟病的《统一劳动法》。他说，前几天还知道他们天天在喊叫什么，今天他们累得喊不动了，就改为播放摇滚乐。他们天天在这里大吵大闹，目的是引起政府和国会对他们诉求的重视。

巴西的《统一劳动法》是1943年颁布的，受意大利劳动法影响较大，有900多条规定，虽几经修改，但一直以意大利墨索里尼政府的劳工政策为蓝本，改动的地方不多。旧版本的《统一劳动法》为工人的权利规定了许多保护措施，比如每周工作不能超过44小时，每天工作不得超过9小时，包括中午吃饭1小时。如果工人对雇主有不满情绪，可以到劳动法院提出控告。劳动法院在99%的情况下会裁定工人胜诉。即使工人败诉，也不需要向胜诉方支付律师费。如果雇主想解雇一名有10年以上工龄的工人，一旦败诉，雇主至少要向被解雇的工人支付价值不低于10万美元的赔偿金。辩护律师帮工人打官司不要一分钱，一旦打赢官司，律师往往要拿走30%~40%的赔偿费。2014年，巴西劳动法院收到超过347万起工人控告雇主的案件。

由于《统一劳动法》过分袒护工人，不少巴西工人上班期间吊儿郎当，出工不出力的现象比比皆是。除了每年享有30天带薪的法定假期，巴西工人每年还有两次请病假的机会，每次可以休息两个星期。据说工人如想请病假，可以到自己熟悉的社区医院找医生随便开张病假条，第二天派人送到公司就可以。根据《劳动统一法》规定，工人不请病假就会过期作废。社区医生为了不得罪病人，通常都会高抬贵手。工人随意请病假打乱了雇主的劳动生产安排，必须马上寻找其他工人临时弥补空缺，因此平时需要多储备一些机动工人。

据巴西《圣保罗页报》援引一家经济研究所的报告，巴西劳工诉讼文化掣肘了经济发展，工人的劳动生产率在20世纪80年代初相当于美国工人的40%，如今下降到美国工人的24%。巴西工人劳动生产率急剧下降主要受三大因素影响：一是巴西的劳动法过于复杂，法律对雇主过于苛刻；二是巴西在工业领域的科技创新动力不足；三是巴西工人的文化程度太低。报道称，巴西工人普遍只上过 7 年学，连初中都没有毕业。由于巴西教育质量差，许多年轻人到了就业年龄只能从事一些简单的体力劳动。因此，巴西国内许多工程项目如今严重缺乏技术熟练的工人。

我与一名同行聊起巴西工人的工作效率时，对方说，他所在的 6 层公寓楼外墙进行保洁工作，五六名工人已经保洁清扫了 1 年多时间还没有完成。首都巴西利亚每年 10 月到翌年 3 月是雨季，雨季期间本来就不适合搞建筑的外墙保洁，可是保洁公司与物业的合同偏偏在雨季来临前就已签订好。雨季期间，白天只要一下雨，工人们就可以不干活。工人们干活磨磨蹭蹭，即使哪天不下雨，工人们也早早在下午 3 点左右开始收工。保洁公司与公寓楼的物业签订保洁合同，工期拖的时间越长，工人工资照拿，物业拿到的回扣也就越多，这就是巴西工人干活磨洋工的奥秘。

一名外企老板曾对我说，在巴西，经理或领导不能在公开场合甚至在电子邮件里批评员工，如果当众批评工人，他们就会到劳动法院去控告企业，请求企业赔偿精神损失。因此，许多企业现在开始用现代化刷卡管理制度，而且在工作场所安装监控器。有些工人会到法院告企业加班不付加班费，而且谎称雇主加班不付钱的现象已经持续了 1 年多时间。在这种情况下，巴西劳动法院一般要求企业提供证据和记录来驳斥员工的起诉。如果拿不出有力证据和记录，企业就会败诉，而且要加倍支付工人全年的所谓加班费。

有一家外国新闻机构雇用了一名埃菲社的退休记者，这位已经 60 多岁的巴西记者觉得退休金不够花，也想找点工作做。这家外国新闻机构把他作为临时工雇用，让他上班干点活。由于是临时工，他不能享受带薪的年假，周末也要加班。由于年迈体弱，他后来无法适应没有生活规律的新闻工作，这家外国新闻机构就想把他辞退。这位老兄最后搬出劳动法引经据典，对外国新闻机构提出起诉。他声称 10 年期间没有休过一个周末，从来没有享受带薪休年假等待遇，竟然狮子大开口索要 30 万美元的赔偿。外国新闻机构只好寻找证人和证据到法庭应诉，最后被迫向对方赔偿了 10 万美元。

过分袒护工人导致劳资关系紧张，劳动生产率下降，企业成本加大。从 2017 年 11 月开始，巴西实行新的劳动法，逐步改变了雇主与雇员的关系。新劳动法规定，工人如果诉讼失败将需要支付法庭费用和雇主的律师诉讼费。如果法官知道工人的诉讼是恶意行为，则可以对工人进行罚款并要求其支付赔偿金。此外，雇主解雇工人时不需要支付很高的补偿金。新的劳动法实施后，2018 年第一季度，巴西工人向劳工法院投诉雇主的案件为 355 178 起，同比下降了 45%。新劳动法还对雇员的精神损害索赔费也采取了一定限制，阻止工人狮子大开口。

巴西是一个发展中国家,由于法律体系过于复杂,政府和企业办事效率不高。有统计显示,巴西的劳资纠纷案件名列世界前茅。巴西有 23 000 多个工会组织,这些强大的工会组织同各行各业的雇主进行斗争和谈判,从中获取经济利益。在巴西,无论是国企还是外企,家家都会遇到众多劳资纠纷案,剪不断,理还乱,投资成本很高。

养老金制度开始减肥瘦身

巴西的养老金制度过于慷慨大方，而且越来越"肥胖"。2015年，巴西的养老金支出占到GDP的11.9%，而缴费收入只占GDP的7.9%，联邦政府不得不用增加税收补贴的方法来弥补养老金制度出现的大窟窿。随着巴西人口逐步步入老龄化，养老金支出的比率越来越高。在经济周期上行的时候，政府可以不断采取追加财政补贴的方式来维持养老金制度。但是，一旦经济出现衰退，政府的财力捉襟见肘，养老金入不敷出的问题就会显露出来。屋漏偏逢连夜雨，2015年和2016年，巴西经济严重衰退。如果按照目前的养老金规则，到2050年巴西的养老金支出将占到GDP的17%，将成为20国集团中负担最重的国家。

近年来，巴西政府一直想让养老金制度瘦身，但始终无功而返。为了改革不堪重负的养老金制度，来自右翼阵营的博索纳罗总统2019年上台执政后，向联邦国会提出了一项养老金制度改革方案，其主要内容是提高退休年龄，如果男性在65岁前，女性在62岁前选择退休，就不能领取全额退休金。一旦该方案获得联邦国会通过，预计巴西将在10年内节省1万亿雷亚尔开支。

养老金制度改革的另一大难点是消除巴西公共部门的特权。世界银行的一项研究显示，巴西养老金制度导致了一种很不平衡和很不公正的现象，大约20%的富裕阶层享受35%的养老金福利待遇，而40%的贫困人口只能分享18%的养老金福利。

巴西的养老金制度始于20世纪80年代，也是全球"最慷慨"的养老金制度之一。人们只需缴纳15年的社保，男性达到65岁、女性达到60岁后，就可以领取全额养老金。如果男性缴纳社保满30年，就可以选择在53岁时退休，女性缴纳社保满25年后，就可以选择在48岁时早早退休。巴西政府公务员退休后可以享受100%的养老金，几乎是普通巴西居民养老金的三四倍，比欧美发达国家还要丰厚。

有一名巴西政府经济学家在2013年介绍道，巴西联邦法官、国会议员以及政府司局长级以上的高官退休后，每年可领取的养老金相当于15万至18万美元的雷亚尔，这个水平超过了美国。另一方面，公务员一旦死亡，其配偶、未成年子女或伤残子女可继续享受死者的养老金至少3年。由于不少巴西人很早就参加工作，一些人还没到50周岁就开始领取养老金。

专家学者认为，由于巴西经济最近几年来一直萎靡不振，再加上人均寿命的延长和人口老龄化问题突出，巴西现行的养老金制度导致政府财政赤字越滚越大，长期下去难以为继。因此，巴西养老金制度改革势在必行，不可避免，这是解决当前巴西政府公共财政困难的唯一途径。如果不对现行制度进行重大改革，巴西社会保障系统可能会在几年之内出现崩溃。

早在2003年卢拉总统执政时期，巴西政府就试图推动国会修改宪法，以便授权政府削减公务员的养老金。但是，由于公务员的罢工反对以及在国会缺乏多数票支持，这个改革方案最终在国会胎死腹中。2012年之前，巴西的社保也是双轨制的。公务员退休前，个人拿出每个月工资的11%用于缴纳社保基金，政府为其缴纳22%的社保。等退休后，公务人员可以拿100%的养老金。2012年之后，巴西公务员和非公务员劳动者的养老金双轨制正式结束。老人老办法，新人新办法。对老人来说，在2003年前办理退休的，可以继续领取全额退休金。2003年后办理退休手续的人员，退休金约为原来工资的80%。巴西联邦国会在2015年再次酝酿新的养老金制度改革方案，但由于这一改革方案需要修改宪法和参众两院的批准，最后只好不了了之。

作为具备世界上最庞大的社会保障体系之一的巴西，为全民提供免费公立医疗、从小学到大学提供免费公立教育以及提供良好的救济金、养老金和家庭补助金。一名巴西经济学家对我说，巴西人拿着发展中国家的工资，却享受着欧洲发达国家的社会福利待遇。与此同时，巴西劳动生产率低，政府办事效率不高，人们批评政府提供的社会服务相当于非洲国家。如何改革日益沉重的养老金制度，这将是摆在博索纳罗政府和巴西未来各届政府面前的一项非常严肃的课题。解决不好，巴西国内不满情绪会爆发，经济发展将会继续背着沉重包袱。

老年人在巴西里外都是宝

每当我到驻地附近的巴西银行办事,里面总是排着很长的队,60 岁之前,我至少要排队等候半个多小时,年满 60 周岁后,随时可以享受优先服务。原因是,根据巴西法律规定,年满 60 周岁的老人到银行存款交费或在机场候机厅等候上飞机,都可以与孕妇、伤残人和超级肥胖者一样享受优先服务的待遇。在停车场,最好最方便的停车位肯定都是为老年人、孕妇和伤残人预留的。

在首都巴西利亚和圣保罗等大城市的街头,当你把汽车停在十字路口等候红绿灯时,几乎看不到衣衫褴褛的老人在汽车群中挨车挨户地乞求人们的施舍。根据巴西法律规定,65 岁以上的老人如有经济困难,政府给予最低工资,每人每月可以享受 954 雷亚尔(相当于 250 美元)的政府补助。即使老人有儿有女,只要他们单独居住,也可以申请最低工资。贫困老人向政府申请最低工资只需要出示两个证明:一是证明自己没有任何收入来源,二是证明自己没有任何财产。

老年人在巴西比年轻人享有更多的权益,他们受到社会的尊重和家人很好的照顾。正是在这样的社会政策引导和文化传统的熏陶下,巴西老人在家里家外都是宝,即便膝下无儿无女,他们喜欢住在侄子、侄女家或亲友家里,亲友们也不愿意把老人推给养老院。由于老年人有退休金或最低收入保证,他们在家里的地位比较高,与家人的关系也比较融洽。对一个贫困家庭来说,家里若有一个每月能领取相当于 250 美元最低工资的老人,全家人可以保持相当不错的生活水平。

巴西是一个拥有约 2.1 亿人口的泱泱大国,全国现有 1 600 多万 60 岁以上的老年人,其中 80 岁以上的占 200 万。巴西男女的退休年龄分别是 60 岁和 55 岁,或男女的工龄分别达到 35 年和 30 年也可以退休。巴西专门研究老年人问题的学者安娜·卡玛拉诺说,低收入的政府雇员退休后,可以享受 100% 的退休工资。生活贫困的工人退休后,也可以享受 100% 的退休工资。尽管国家大人口多,但巴西全国只有 918 家养老院,其中 218 家由地方政府创办,另外 700 家由天主教教会创办。只有那些无家可归或无儿无女的老年人,才被收留在养老院。

作为罗马天主教国,巴西有 2/3 左右人口信奉天主教,他们中不少人热心于慈善公益活动。天主教会的收入来源主要靠教徒们的捐款,教会用好心人的捐款来资助养老院。巴西无家可归的老年人流浪到哪里,他们的社会福利待遇就跟到哪里。巴西地方政府利用老年人的退休金或最低工资来创办养老院,使老年人老有所养,不必成为社会或家庭负担。在一些贫困落后的农村城镇,老年人的退休金和最低工资对地方政府来说非常重要,这些资金刺激了地方经济的发展。

老年人要是生病,不管他们有多么贫困,随时可以到公立医院看病,巴西实行的是全民免费医疗制度。由于看病不要钱,前来公立医院求诊治疗的病人特别多,排队等候手术的时间也很长,往往需要等候一两年时间。

巴西政府部门官员马依萨女士曾经同我聊起她母亲的故事。她母亲肝脏不好,需要到医院移植肝脏,从体检到手术,再从住院费到医疗费,大约需要 8 万雷亚尔。她说,病人不管是肝脏、肾脏、心脏或眼睛手术,都需要在全国系统的网上排队登记等候,人们上网就可以知道自己排名的进展情况,信息完全公开透明。可惜她母亲因为年迈体弱,没有来得及接受肝脏移植就去世了。

如果病人排队发现本地公立医院没有可以移植的器官或不能进行重大手术,他们就可以到圣保罗等医疗条件更好的大城市医院进行手术,社会医疗保障体系为病人提供往返机票,还包括一张病人家属的来回机票或车票。如果父亲为儿子移植肝脏或肾脏,社会保障系统会为父亲捐赠器官提供经济补偿,儿子接受器官移植费用则由政府负担。马依萨说,病人接受器官移植后的用药是终身的,一切费用均由社会保障体系承担。

做完手术后,老年人出院回家疗养时,院方还要派人到病人家里进行卫生检查,确保家庭环境干净、卫生和安全。如果发现窗帘或地毯脏了,他们会建议进行清理或把不卫生的东西全部清除干净。马依萨说,以前有人在医院做完手术后好好的,恢复也很正常,可是回家养病时却病情恶化,有的抢救不及时死去,结果闹出医疗事故纠纷。调查发现,一些病人家属缺少康复医疗的基本常识。因此,院方现在对包括老年人在内的病人出院的康复计划实行全程跟踪制度,确保病人万无一失。

巴西"女儿国"的精彩生活

在巴西米纳斯吉拉斯州首府贝洛奥里藏特市往东南80多公里的贝罗河谷中，有着这样一个风景如画的小镇，名叫诺瓦科尔代罗，镇上只有7 470名居民。在小镇河谷的半山坡上，有着一个与外界几乎处于隔绝状态的社区，那里平时居住着600多位女性公民，其中约有300人是年轻单身妇女，她们都是欧洲移民的后裔，金发碧眼，身材高挑，颜值都很高。只是到了周末和逢年过节，这里才会出现一些已婚男子回家团聚。根据村里的规矩，凡是年满18周岁的男子和已婚男子，平时必须到附近大城市工厂打工，不得留在村里游手好闲。因此，这里是一个名副其实的"女儿国"。

诺瓦科尔代罗镇本来在巴西和国际上默默无闻，可是这个镇子的"女儿国"里的居民几乎都是沾亲带故，相互之间有着血缘关系。男大当婚，女大当嫁，一个名叫费尔南德斯的女孩几年前在报上登了一条征婚广告。广告词是这样写的，"我们想在诺瓦科尔代罗镇寻找自己心中的白马王子，可是发现他们不是已经结婚，就是与自己有着血缘关系。我们已很长时间没有与男人接吻了。我们热爱这块土地，我们舍不得离开这里，欢迎国内外的单身男子到这里成亲安家立业。条件是未来的丈夫必须会做饭、洗碗、打扫厕所卫生。"经过英国《卫报》等媒体的宣传报道，这个小镇一下子在国外蹿红。

求婚广告刊登的第一天，"女儿国"就出现非常尴尬的一幕：村子里唯一的一部公用电话被打爆，一下子进来几百通电话，打电话进来的男子大多数不会讲葡萄牙语，"女儿国"居民也不懂外语，她们不明白对方在讲些什么。"女儿国"的脸书也从不到500页一下子增加到1.5万页，都是外面单身男子邮寄过来的单身证明资料和照片。巴西国内电视台也邀请"女儿国"适龄女性在相亲节目中公开征婚，向国内外的单身男性发出邀请，欢迎他们倒插门到"女儿国"成家立业，条件是他们必须在"女儿国"听老婆的话。

"女儿国"是一个名叫马丽娅·塞尼奥里尼亚的女子在1891年开创的。马丽娅年轻时被迫嫁给一个自己不喜欢的男人，后来她被控与一个自己喜爱的男子偷情通奸，结果东窗事发被当地天主教会驱逐出村子，她和她的五代后人今后不得迈进老家教堂一步。于是，可怜的她来到诺瓦科尔代罗镇隐姓埋名，从此开始新的生活。后来，一些与丈夫感情不和、单亲妈妈或不愿结婚的女性也加入马丽娅的行列，她们来到这里无拘无束，生活单调而快乐。但是,外界对她们偏见很深,认为她们都是一些妓女和水性杨花的女人。这一偏见一直笼罩在她们的头顶上,使她们长期与外界几乎处于隔绝状态。

1940年,一个名叫阿尼西奥·佩雷拉的牧师娶了当地一个芳龄16岁的少女,并在镇上建立了一所教堂。但是,这名牧师为镇上居民制定了非常苛刻的教规:女人们不准饮酒、不准听音乐、不准剪掉头发、不准使用任何形式的避孕措施。这下子可苦了当地的女性居民,她们在家里生了一大堆娃娃,碰上自然灾害,孩子们在家里忍饥挨饿,生活非常艰难。再说,女性不准听音乐,不准剪头发,不能纾解自己的心理压力,这样的生活实在太枯燥乏味。

牧师佩雷拉在1995年死后,"女儿国"居民一致决定抛弃教会的清规戒律,她们动手拆除了压在她们头顶上的教堂,在心中重建起一个属于她们的社区。一些女性居民愤愤不平地说,教堂和教规都是男人发号施令建立和制定的,她们现在不需要教堂和教规。她们说,上帝早已在她们心中,人们今后不需要到教堂做弥撒,结婚不需要找神父主持婚礼,新生婴儿也不必举行宗教洗礼。

过去几十年来,男人们多次试图干预"女儿国"的事务,但遭到坚决抵制。现在,"女儿国"严格采取"不准男性插手"的方针政策,她们制定规则,剥夺男人的话语权,男人们在这里只能顺从,不能反抗和干预。在这个村子里,从农业耕种到村子的预算规划,从盖房子到周末文艺表演,都是女人说了算,都是女人自己动手干,男人在这里就是一个陪衬。

如今,"女儿国"里约有600名女性公民,还有大约10%的男性儿童。她们辛勤劳作,白天一起出门精耕细作,种植和收获甜玉米、柿子椒、茄子、橘子和其他农作物,技术好的女性在村里修理农机设备。"女儿国"治安非常好,人们从来不打架,也没有鸡鸣狗盗的事情。但是,诺瓦科尔代罗镇的其他居民对"女儿国"的做法依然存有很大偏见。"女儿国"创始人马丽娅的曾孙女艾迪内勒说,几十年来她们一直受到歧视,即使死了,"女儿国"的死者也不能葬在当地公墓。直到最近,"女儿国"才说服政府投资建设了一个IT项目,她们现在可以在家里上网学习技术知识,包括学习如何化妆和设计服装。

晚上收工回家后,有孩子的女性居民为家人准备晚餐,单身女性聚集在食堂一起用餐。晚饭后,姐妹们三五成群地围坐在一起,她们不是进行互相攀比,而是分享一天中的新鲜事,谈论东家长西家短。有时她们互相替对方化妆或做头发,女性认为这样非常好。她们觉得女人管理比较有条理,处事更细心,相互之间也更和谐。当遇到问题和困难时,她们用女人的方式加以处理,试图寻找共识,避免产生矛盾。

女性公民之间几乎不吵架,到"女儿国"采访的外国记者表示不相信,但在"女儿国"却是事实,因为她们之间的关系非常融洽,不是亲人胜似亲人。有时女人们穿腻了自己的衣服，随时串门到隔壁邻居家，不用请求对方，自己打开对方的衣柜，拿出衣服往身上套。如果自己看中了一套衣服，穿几天再还回去。橘子加工厂厂长威尔玛说："我们这里自由自在，因为我们用心生活。"每个周末，村子里还举行文艺演出，大家登台唱歌、跳舞和表演节目。

这里只有巴西人

进入 21 世纪以来,中国与巴西在经贸等各个领域的双边关系有了很大发展,文化交往也得到加强,这种相互交往不仅加深了中巴两国和两国人民之间的相互了解与友谊,而且也是我们了解巴西优秀文化成果的机会。在巴西,无论你是中国人还是日本人,也不管你是欧洲白人还是中东人,在这块土地上各种族之间没有刀光剑影的血泪,没有憎恨与世仇,人们只有相互理解、包容和尊重。

巴西是一个多元文化和多种族的国家,经过 500 多年腥风血雨的冲击和洗涤,葡萄牙文化、非洲黑人文化、印第安人文化和世界各国的文化不断交汇在一起,相互融合同化,从而形成了富有特色的巴西文化。在巴西,肤色深浅不同和相貌特征有着明显差异的人们在一起和睦相处,相互之间有着更多的宽容与尊重,很少发生种族与宗教冲突。国内一名学者曾同巴西一位著名政客有过这样一次简洁而精辟的对话,对话的内容紧扣巴西民族、种族、巴西人的信仰、特点以及政治问题。

学者:"你怎么界定巴西的民族和种族?"

政客:"巴西人就是巴西人,每个个体有所不同,但不存在民族和种族之分。"

学者:"你如何确认巴西人的特点?"

政客:"如果硬要区分的话,巴西人种可以简称为'咖啡加牛奶'。如果你的肤色更白一点,只能说你牛奶多一点。如果他更黑一点,只能说他咖啡多一点。"

学者:"巴西人的信仰有什么不同?"

政客:"巴西人只有两大信仰,一是桑巴舞,二是足球,其他的信仰都无关紧要。"

学者:"巴西存在的主要社会问题是什么?"

政客:"贫富两极分化带来的问题。"

学者:"巴西政客主要有什么区别?"

政客:"主要是他们对穷人和富人的政策不同。"

这一对话简明扼要,但是一针见血。世界各地普遍存在着不同民族、种族、宗教、文化冲突与矛盾,社会很不安宁。然而,巴西是世界不同民族、种族、宗教、文化汇合的聚居地,外国移民来到巴西后,经过长期的混居和通婚,各个种族和民族之间相互形成了你中有我,我中有你的局面。地位再优越的巴西白人,也很难保证自己身上没有非洲黑人或印第安人的基因。久而久之,巴西全国各地几乎没有民族矛盾,没有种族歧视,没有教派冲突。在圣保罗,阿拉伯移民和犹太移民在同一条街上做生意,双方井水不犯河水,长期相安无事。

在圣保罗国际机场,人们一下飞机就会看到这样一条醒目标语:"在这里没有黑人、白人和黄种人,这里只有巴西人!"巴西是一个以白人和黑白混血为主体的多元化社会,人们对不同种族采取非常包容的态度,几乎看不出种族歧视。你在跟美国人和欧洲人交往时,明显感受到对方自恃高贵。但在巴西,人人几乎平等,没有人会公开歧视黄种人和中东人。

巴西民族融合的最早历史可以追溯到16世纪的殖民统治期间。1500年,葡萄牙殖民主义者抵达巴西海岸后,发现这里有着大量无人耕种的荒地,看到了种植农作物的价值与好处。为此,他们强迫当地印第安人在甘蔗园里当奴隶,整天做牛做马。随着殖民经济的开发,蔗糖成为巴西对外出口的紧俏商品。为了继续掠夺殖民地的资源和补充劳动力,葡萄牙统治者开始从非洲大量进口黑人奴隶。

非洲黑奴在甘蔗园、矿山和咖啡种植园当奴隶,受尽了各种非人的折磨。非洲黑奴为巴西的蔗糖、黄金、钻石、咖啡的大量生产和出口做出了巨大贡献,他们成为巴西经济发展的主要驱动力。1822年巴西独立时,巴西早已成为印第安人、非洲黑奴和葡萄牙人的文化之家。葡萄牙殖民主义者与非洲女奴私通生子的现象比比皆是。巴西废除奴隶制的时间是1888年,比美国晚23年。随着奴隶制的废除,非洲黑人在劳动力市场、土地分配、住房和享受公共服务方面逐步摆脱歧视。

此时,巴西知识分子和一些政客开始意识到,巴西有必要保护民族文化中的印第安人和非洲黑人的元素,巴西需要建立一个新的、和谐的民族特征,这就是提倡不同种族之间的通婚。与此同时,巴西政府担心黑人文化对巴西的影响大有后来者居上的趋势,自20世纪初开始从德国、意大利、日本、黎巴嫩和叙利亚等国引进了数百万移民。当时巴西从欧亚大陆大量引进移民,既有经济发展的需求,也有控制黑人移民过多的考虑。随着来自其他地区移民的增多,巴西各种族之间的通婚情况更加普遍。

殖民统治巴西期间,葡萄牙人带来了三样重要东西:语言、宗教与习俗,这三样东西直接决定了巴西这个民族的性格和文化的形成。从欧洲传入的天主教,后来成为巴西的国教。天主教不仅吸引了白人,还吸引了黑人和混血人。今天,巴西全国2/3左右的人口信奉罗马天主教,黑人天主教徒在北部和东北部地区甚至比白人还要多。

巴西虽有众多种族和较大的地区文化差异,但巴西政府致力于建构巴西人和巴西民族的共同身份,鼓励不同种族之间的融合,鼓励白人和黑人之间的通婚与同化。巴西公民的种族分类,往往以身体的肤色、发质、面部特征等社会因素来决定,而不以血统为基础。在巴西政府部门和国会,身居要职的黑人比比皆是。今天,你要在巴西找到一个纯欧洲血统的白人已经非常困难,大多数巴西人的血液里流淌着其他民族的血液,不少巴西人以自己血管里流淌着黑人的血液而自豪。

"富有的黑人是白人,贫穷的白人是黑人",这一说法在巴西非常流行。混血一词在巴西不是贬义词,也不是歧视与辱骂,有色人种在任何地方都不受歧视。巴西学者巴哈斯的肤色很白,一看就是欧洲白人,但他坚持说自己是黑人。他说,他曾悄悄调查过自己在巴西的家谱,后来发现祖先曾当过欧洲传教士,他就调查不下去了。为什么不再往下调查呢?他说作为传教士,通常在边远贫困地区传教,很多传教士后来就同当地黑人或印第安人通婚生子。他说,他的祖先十有八九有这样的背景。

葡萄牙人殖民统治巴西的手法比较高明。具体来说,他们来到巴西后,先在当地修建医院,兴办葡萄牙语学校和教会。兴办学校的目的是让当地印第安人学习葡萄牙语,方便双方之间的沟通交流。帮助建立医院一方面可以救死扶伤,实行人道主义援助,同时争取民心,缓和统治阶级与非洲黑奴和印第安人之间的矛盾与冲突。信奉天主教后,当地印第安人和非洲黑奴被完全同化。今天,巴西国内经常举行罢工和示威抗议活动,但这些反政府示威抗议活动都几乎不带任何种族性质和宗教色彩。

目前,欧洲白人占巴西人口的54%,混血人种占40%左右,纯黑人占5.4%。巴西白种人、非洲裔人和印第安人的血统特征非常明显,但由于通婚现象现在非常普遍,人们难以准确判断大部分巴西人的种族出身。尽管巴西今天没有种族歧视和等级观念,但是60%的巴西人至今生活在贫困线下,黑人和混血儿更容易失业,穷人和非白人仍处在社会底层。此外,在巴西国会选举中,一些宗教色彩浓厚的政客当选国会议员。这些政客思想非常保守,他们在国会中积极推动一些同宗教有关的社会议题,比如反对同性恋婚姻和堕胎。据说,这些保守派议员的政治主张目前在社会上颇受欢迎。

日本移民为什么在巴西颇受欢迎

20世纪初,巴西政府派遣特使到中国,请求清政府动员中国人大量移民巴西,巴西国内急需大量劳动力。此举遭到清政府断然拒绝后,巴西政府只好退而求其次,把移民的目标转向日本。日本是个岛国,人多地狭,资源缺乏,地震等自然灾害频发,而且日本刚结束战争。日本虽然打赢了日俄战争,但战争劳民伤财,国内经济萧条,失业率很高。当时,日本正在进行明治维新,随着日本政府不断推进工业化,大量破产农民离开农村涌入城市生活,底层民众的生活苦不堪言,这让日本政府感到左右为难。当巴西政府提出移民请求时,日本政府一拍即合,反应非常积极。日方认为,移民巴西不仅可以减缓日本国内大城市的就业压力,而且还可以额外获得国家急需的外汇收入。因此,日本政府马上掀起了轰轰烈烈的移民巴西运动。

1908年,第一批日本移民乘船从神户扬帆起航,前往巴西定居。在此后的6年期间,大批日本人移民巴西,他们主要在巴西农场工作。为了吸引并留住日本移民,巴西政府为日本移民提供了大量廉价的土地和一系列优惠政策。日本政府也积极配合,不断向巴西输送移民。由于媒体积极宣传报道,许多日本人把巴西比作冒险家的乐园,愿意出国闯一闯。

1. 日本移民曾在巴西抬不起头

巴西农业经济越发展,日本移民在巴西的地位越重要,更多的日本人渴望移民巴西。因此到了后期,前来巴西的日本移民越来越多。许多日本人最初打算在巴西先工作一段时间,等赚够了钱后就回国娶老婆生孩子。然而,第一次世界大战的爆发和日本与邻国之间的战争彻底改变了他们的想法,多数日本人放弃了返回故乡发展的念头,他们最后选择巴西作为永久居住地。

由于日本政府开展有组织有计划的移民工作,新移民到巴西后居住相对集中。日本移民之间互帮互助,形成自己的社区和社会团体,保持了较为完整的日本文化。日本早期移民的一个主要特点是很少与巴西主流社会接触联系。第二次世界大战爆发前,巴西成为日本在海外的主要移民目的地。由于心灵手巧和勤劳肯干,日本移民积累了大量财富。到 1940 年,大量日本移民在巴西拥有自己的农场和种植园。

但在第二次世界大战期间,由于日本与德国和意大利同为轴心国,站在巴西和美、英、法、俄等国的对立面,日本在巴西的移民被视为是日本的间谍,当地的日语学校和报纸也遭到关闭,巴西政府最后决定终止从日本大量引进移民的计划。在那个时期,日本移民在巴西抬不起头,只好埋头农业生产并夹着尾巴老老实实做人。

2. 日本移民为巴西农业做出了贡献

日本移民到达巴西后,主要从事甘蔗、咖啡和棉花的种植与生产,他们大多集中在巴西东南部的圣保罗州、巴拉那州以及马托格罗索等州,并成立了农业种植公司,为巴西的农业发展做出了积极贡献。日本移民大量涌入巴西之前,巴西的农作物品种还不到 20 种。现在,巴西国内的香瓜、西瓜、木瓜、苹果、柿子等水果以及大豆、亚麻、养蚕等农副产品都是日本移民从亚洲传入巴西的。

20 世纪 50 年代,日本政府一改以往移民的传统做法,开始执行一项新计划,即往巴西派遣农业专家并提供技术支持,帮助巴西在内地荒凉的稀树草原上大面积种植大豆。在短短几十年里,日本帮助巴西改造了贫瘠的高原地区,使巴西成为世界数一数二的大豆生产国和出口国。巴西当时需要日本投资,日本政府也需要巴西的铁矿砂和原材料,这种互利共赢的合作方式不仅改善了巴西人对日本移民的态度,巴西人也开始欢迎日本移民,同时欢迎日本的投资和信贷。随着日本经济的复苏和人们生活水平的提高,日本逐步把劳动力移民改为投资移民,增加对巴西的资本输出,主要投资矿产业和汽车制造等领域。

20 世纪 70 年代日本经济政策实施取得成效后,加强了与巴西的经贸合作关系。与此同时,日本政府也充分利用在巴西的海外关系向巴西大量投资,提升了日本移民在巴西的社会经济地位。日本移民勤劳吃苦,安分守己,家庭责任感强,待人彬彬有礼,很少从事坑蒙拐骗的活动,因此受到巴西人的好评与尊敬。如今,巴西许多大型农场都是由日裔经营管理的。20 世纪 80 年代,许多巴西经济学家都推崇日本经济发展的模式。但到了 20 世纪 90 年代,日本经济开始下滑,这一模式开始不再吸引巴西。

第三代和第四代日本移民的后裔已不会说日语,也不会用筷子,他们走上与其前辈完全不同的道路。由于日本移民重视对子女的教育,许多日裔都是高等院校的毕业生,后来成为巴西科技界、工业界、建筑业的精英人才。也有不少日裔从政,成为巴西政府官员或国会议员。我在巴西一些城市采访时,经常遇到担任当地政府厅、局长的巴籍日裔。目前,巴西是日本在海外的第二大侨民国,在巴西的日本移民和他们的后裔人数超过 150 万。

3. 日本文化已在巴西深深扎根

日本在巴西的移民和日裔在保持日本传统文化的同时，也对巴西本土文化产生了重要影响，最典型的表现是在饮食文化方面。巴西各大城市到处都有日本料理和超市。在典型的巴西烤肉店里，你也能找到日本寿司、刺身等。在日裔相对集中的圣保罗商业区25街，到处都是具有鲜明日本文化特色的店铺，从和服到小吃应有尽有。不仅是日裔，巴西其他民族的居民尤其是华人也经常光顾日本商店、餐馆、武馆、旅社和柔道馆。

与此同时，巴西在日本的移民人数大增。这些巴西人在日本定居多年，他们中许多人不会讲英语，不会讲日语，他们的妻子儿女也不会讲葡萄牙语。20世纪90年代，巴西人去日本当工人可以挣到高工资，生活水平还不错。最近10多年来，由于日本经济不景气，许多巴西移民失业后找不到工作，或工资非常低，只好举家返回巴西发展。他们打道回府的同时，从日本带回了料理、刺身和卡拉OK等文化，圣保罗和里约热内卢等大城市到处可见日本餐馆。目前，继续留在日本的巴西移民不到10万人。

里约热内卢贫民窟——是地狱还是天堂

里约热内卢是巴西第二大城市,在这个城市的城区和市郊结合部,盘踞着一些贫民窟,里面居住着大量贫困人口以及贩毒集团和大量犯罪分子。里约热内卢的贫民窟最先出现在 19 世纪末,大量被解放的非洲黑奴来到里约热内卢等大城市谋生,由于在市区租不起房子,他们就在城里的悬崖峭壁上搭建安身立命的窝棚。

第二次世界大战结束后,由于农村大量土地开始集中在大地主和大庄园主手里,再加上巴西踏上城镇化的进程,大量无地农民从农村涌向里约热内卢等城市,他们没有工作、没有住房,于是占据了市区和市郊结合部的无主空地、陡峭的山坡、河岸、沼泽、高速公路隔离带,在上面搭建一间间违章的小屋,久而久之自成一体。尽管政府设法把贫民赶走,但贫民们组织起来与政府进行对抗,为自己的生存而战斗。由于里约热内卢缺乏公共住房,政府也无法解决贫民窟的问题,后来索性放弃了驱赶的努力,让贫民窟在当地自生自灭。

1. 贫民窟是贩毒集团的独立王国

里约热内卢的一部分贫民窟是被毒贩集团完全控制的独立王国,长期以来里面毒品泛滥,暴力犯罪事件层出不穷。从 2006 年至 2017 年,10~12 岁加入里约热内卢贩毒团伙的儿童人数增加 50%。根据一项调查,青少年参与贩毒的动机与家庭经济情况有关。62% 的受访者表示为了帮助养家糊口,近半数的受访者表示为了快速赚到更多的钱。78% 的受访者表示,他们没有钱上学。贫民窟多半盘踞在地势险要的半山腰,通往外界的通道非常陡峭和狭窄,政府和军警对里面发生的事情鞭长莫及,而且知之甚少。

贫民窟里没有水电供应、下水系统、学校和医院等公共服务,在里面发号施令的是各个贩毒集团,几乎所有的公共服务都由贩毒集团提供。从 20 世纪 80 年代开始,里约热内卢成为南美洲安第斯山区向美国和欧洲走私毒品的最重要枢纽。贩毒集团把大量毒品走私到欧美国家,从欧美人身上赚了大量美元。有了金钱后,贩毒集团就有钱大量购买武器弹药,为贫民提供基本服务,包括提供廉价的电费、水费和燃料费,发挥着政府不能发挥的作用。时间久了,贫民窟成了贩毒集团的独立王国,对政府来说是针插不进、水泼不进,警察也进不去。警方如要进入贫民窟,必须兴师动众要求联邦政府派遣军队支援。

2. 政府兴师动众派军队镇压贩毒集团

2018年8月20日,4 200名全副武装的巴西军人在直升机和装甲车的掩护下,冲进里约热内卢市北部地区彭哈社区、阿莱芒街区及马雷贫民窟等,以平息这些地区两个贩毒集团之间愈演愈烈的枪战暴力活动。扫毒行动中,2名士兵丧生、11名毒贩分子被打死,军方缴获了4把手枪、2枚手榴弹和430公斤大麻。

对这次打黑扫毒军事行动,当地贫民贬褒不一。当地贫民一大早就被直升机、爆炸声和枪声吵醒,天亮后他们不敢上班,孩子们也不能上学。他们认为,这样的行动不会给他们带来任何改变,不会触动犯罪团伙的根本利益,最大的后果就是导致当地民众更穷。当地人说,他们最需要的是教育、医疗以及生活的改善,需要政府雪中送炭。

2017年9月17日凌晨,大约70名黑帮团伙成员携带冲锋枪和手榴弹,同原先盘踞在里约热内卢罗西尼亚贫民窟的敌对贩毒团伙交火,整个过程持续了5个多小时,导致4人死亡,多人受伤。持续多日的黑帮暴力活动让贫民窟的百姓苦不堪言,大家心惊肉跳。由于警方无力控制局势,里约热内卢州政府不得不向联邦政府搬救兵。

9月22日,巴西军方出动950名全副武装的军人乘坐装甲运兵车、军车和直升机进攻罗西尼亚贫民窟,镇压贫民窟里两个贩毒团伙并设法恢复秩序。9月28日,巴西联邦政府再次出动了6 000人大军向里约热内卢贫民窟的犯罪分子发起了突然袭击。值得指出的是,在这次行动中,只有300多名警察,其他都是巴西正规军。原来,里约热内卢的个别警察经常也会接受贩毒集团的贿赂,不少警察因此参与到犯罪活动中去。

3. 谁是里约热内卢暴力犯罪的受害者

位于里约热内卢南区的罗西尼亚被认为是南美洲最大的贫民窟,大约拥有25万贫民。为确保2014年世界杯和2016年夏季奥运会顺利举行,巴西从2011年开始向贫民窟派驻警察,整顿贫民窟内治安。此前,地方政府已向罗西尼亚贫民窟派遣了700名警察维持治安,但并未从根本上消除黑帮团伙的暴力犯罪活动。奥运会结束后,里约热内卢贫民窟没有任何变化,毒品贩卖和暴力犯罪活动有增无减,枪战已成为里约热内卢贫民窟的家常便饭。

2017年,里约热内卢的凶杀案激增到5 346起,达到8年来的最高水平。自2011年以来,盗窃和抢劫案增加了一倍。仅2018年1月份,里约热内卢就发生了688起枪击案。

里约热内卢的暴力犯罪是巴西社会治安恶化的一个缩影。2017年,发生在巴西的凶杀案导致63 880人死亡,平均每天有175人被谋杀,几乎相当于一个国家发生内战的死亡人数。

  局外人通常认为贫民窟里的治安不好,但对贫民窟里的贫民来说,出了贫民窟才不安全,因为绝大多数抢劫案发生在贫民窟之外的闹市区。据说贩毒集团内部有"规矩",你在贫民窟外面怎么无法无天都可以,但绝不允许在贫民窟里进行偷盗和抢劫。如果有人抢劫贫民窟内贫民的财物,他可能会被众人用乱拳和棍棒揍死。信不信由你,居住在里约热内卢贫民窟的穷人生活虽然艰难和不方便,但他们自得其乐,据说90%的穷人表示他们的幸福指数很"高"。

在警方护送下探访里约热内卢贫民窟

2014年世界杯和2016年夏季奥运会的部分比赛项目安排在里约热内卢举行,该市为此大兴土木修建旅馆和体育场馆,这给当地经济和旅游业带来了机遇。为了摘除"巴西犯罪之都"的帽子并确保一方平安,里约热内卢州政府要求联邦政府派遣军队配合警方,多次围剿盘踞在贫民窟的有组织犯罪团伙,至少有69个被毒贩集团控制的贫民窟回到了政府和警方的手里,受惠的贫民人口多达30万。

1. 贫民窟建在悬崖峭壁上

圣达玛塔是里约热内卢第一个被解放的贫民窟,时间是2008年12月。我在警长马西亚·罗查的陪同下盘山蜿蜒而上,来到半山腰的圣达玛塔贫民窟。通往这个贫民窟有两条路,一条是崎岖的小路,要爬560级台阶;另一条就是开车盘山而上,道路一旁是里约热内卢富人们居住的豪门深宅,另一旁是坡度很陡的树林。警察局设在半山腰,我们抵达那里后,警长罗查要我稍等片刻,因为他的上司路德里奥·马丁斯上校也要参加接待工作并陪同我参观访问。

据警长罗查介绍,圣达玛塔贫民窟拥有70多年的历史,现居住着8 000多居民。贫民窟约有500间木质结构的房屋和2 000间非常简陋的砖头房屋,还有2个体育设施、1所桑巴舞学校、3个警察派出所以及1个超市。在里约热内卢的每个贫民窟,医院学校等设施可以没有,但是桑巴舞学校不能缺席。我在警察局参观时注意到,警方在贫民窟主要街道和活动中心安装了9个摄像头,警方值班人员在控制室可以随时监控贫民窟里发生的情况。

步出警察局,我在警察上校马丁斯和警长罗查的陪同下拾级而上,爬上蜗居在半山腰的贫民窟街道。这里居住着52户贫民,他们的二三层楼房杂乱无章,一家紧挨一家。由于地处海拔1 000多米的山坡上,根据政府规定不能在上面建有任何公共设施,因此无法修筑道路和其他建筑。贫民窟街道高低不平,而且非常狭窄,有的台阶很陡,稍不注意就会滚落下来。由于住房紧张,有的贫民还顶着烈日在二层楼房顶上面违章加盖房子。

2. 贩毒集团在贫民窟乱作为

怎样定义贫民窟？我问道。警长罗查说，里面没有水电供应，没有政府提供的服务，没有学校、没有医院。即使有的贫民窟里有水电，当地贫民在毒贩控制时期也拒付水电费。在警方和平队进驻贫民窟之前，这里是毒贩集团控制的一统天下，一切由毒贩集团说了算，就连夫妻吵架也要到毒贩头目那里评理裁决。当地贫民要是把警察招惹进来，毒贩集团对他们毫不客气。因此，当地老百姓害怕与警方接触。毒贩见了警察就开火，警察不敢轻易进去执法。

在贫民窟，多数贫民没有工作，孩子们不上学，不接触外部世界，他们不知道外面有动物园和游乐场。人们进出贫民窟交通非常困难，更换煤气罐等只好乘坐摩托出租，但价格很贵。为了谋生，贫民们帮助毒贩集团向附近有钱人家兜售大麻和可卡因等毒品。毒贩们在兜售毒品时通常携带枪支，如果这个帮派成员到其他毒贩控制的地盘上贩毒，双方经常发生枪战，造成头破血流的伤亡事件。警长罗查说，在圣达玛塔贫民窟，过去每个月都会发生枪杀事件。

2008年11月，根据里约热内卢州长的指示，200多名特种兵部队和警方参加收复圣达玛塔的军事行动，逮捕了毒贩大头目V.P.马尔西尼奥。夺回圣达玛塔贫民窟后，警方不像以前那样逮捕毒贩并没收毒品后就走。如果这样过不了多久，贩毒集团又会卷土重来。这一次夺取圣达玛塔后，警方在贫民窟安营扎寨，而且把警察局设在毒枭马西尼奥的豪华住宅内。圣达玛塔警察局现有125名执行和平任务的警官（UPP），设法为贫民排忧解难，市政府还想办法为贫民窟居民适当提供一些就业机会。

3. 政府设法为贫民窟排忧解难

与我一起搭车上山的是里约热内卢市政府社会福利部门官员达尼尔，5个月前她还不敢上山，如今她上山与当地贫民进行座谈，设法了解对方有什么需求，然后根据实际情况为贫民制订计划并提供必要的服务。她说，市政府在这里兴建了一些医疗卫生设施，鼓励当地贫民开设销售旅游纪念品的小店。市政府还计划帮助当地饭店提高烹饪质量和改善卫生环境，以便游客今后在这里吃饭，让当地贫民直接分享旅游带来的红利。

自从圣达玛塔贫民窟获得解放以来，这里很少发生暴力犯罪案件，要比里约热内卢的卡帕卡巴纳海滩更安全。警察日夜在贫民窟巡逻值班，几乎没有碰到携带枪支的毒贩。警长罗查说，毒贩们现在也贩毒，但都是小打小闹，兜售毒品后马上转移阵地，防止被警方抓住。尽管贫民窟内仍有贩毒现象,但毒贩集团不再控制这里的地盘,不再使用武器枪支,最多在作案中使用刀具。

圣达玛塔贫民窟如今成为里约热内卢最出名的旅游景点,人们除了站在半山腰可以俯瞰市区风景优美的瓜纳巴拉海湾,还可以寻访美国已故摇滚乐巨星迈克·杰克逊的足迹。1996年,杰克逊在这个贫民窟拍摄了音乐DVD歌曲——《他们从来不关心我们》。当时在这里拍摄DVD录像时,杰克逊还得向毒贩头目马尔西尼奥申请许可,而且还要破费。2010年6月25日杰克逊去世一周年,这个贫民窟为杰克逊竖起了一尊全身铜像,纪念巨星给这里的贫民窟带来了名声和好运。

为了方便半山腰里贫民的进出,里约热内卢政府近年来修建了一套供人们免费乘坐的电车设施,每隔10分钟发一个班次。解放贫民窟前,贫民们集体抗交水电费。解放贫民窟后,有94%的贫困家庭支付水电等费用。一路上,陪同我参观的两名高级警官不时与一些迎面而来的贫民打招呼。搭乘电车参观贫民窟时,我们碰到七八名肤色黝黑的妇女。经询问,他们中多数人在山下的公司上班,或在山下有钱人家当佣人,打扫卫生或照顾老人小孩。也有一些妇女没有任何工作,她们只是偶尔在街头摆地摊或兜售饮料,赚几个小钱养家糊口。

4. 中国游客在里约热内卢不要露富

里约热内卢海滩的治安不好,许多中国游客来这里旅游时,有手机、相机和手提包被抢走的情况。马丁斯上校说,个别贫民窟的治安现在非常好,人们可以自由串门,孩子们也可以在自己家门口玩耍。从某种意义上来说,这里的治安比里约热内卢海滩好。他特别提醒外国游客在里约热内卢街头不要公开露富,不要把值钱的东西拿在手里。他还建议外国游客出门游玩时不要穿花格子衣服,脚上不要穿袜子和皮鞋,最好穿短裤T恤衫和趿拖鞋。他说,里约热内卢街头的青少年通常骑车抢劫外国游客,他们发现目标后抢了就逃。要改变里约热内卢的抢劫偷盗文化,只能通过学校和家庭的教育,至少需要一代人的努力才能有根本好转。

里约热内卢的犯罪分子为什么喜欢偷抢中国游客的东西呢?警方陪同人员说,一是中国人有钱,二是中国人出门喜欢带现金。如果犯罪分子偷抢欧美人的钱包,里面都是一些信用卡和证件,没有现金,犯罪分子偷抢了也没有用,因为不知道银行密码。但是中国人身上有的是现金,至少几百美元,多的身上有几千美元,而且手里还有高级手机、照相机和其他值钱的东西。

罗查警长今年27岁,穿上警服已有9年时间。在他的警察生涯中,他在执勤中曾受到歹徒 50 多发子弹的攻击。我问他总共向歹徒发射出多少子弹,他说至少 30 发。里约热内卢的警察每人配备一支手枪和大约 50 发子弹。他说,警方使用枪支的原则是不得首先开枪。只有当罪犯向你开枪的时候,警方才有权拔枪进行还击。他自豪地说,他迄今共抓获了 20 多名犯罪分子。

圣保罗——巴西"堵城"大特写

某星期五晚上,我从智利首都圣地亚哥返回巴西首都巴西利亚,中途必须在圣保罗国际机场换乘飞机。航班本来应该在晚上 10 点起飞离开圣保罗,可是有 26 名乘客迟迟没有在机场露面。这些乘客上午就在机场托运了行李,然后到圣保罗市区旅游观光,结果正好赶上周末交通大拥堵,他们被卡在前往机场的路上,进退两难。这些乘客误了班机不说,约有 160 名乘客在机舱里还被耽误了一个多小时。原来,地勤人员在机舱里翻箱倒柜,把那些未能赶上航班的乘客行李箱一件件挑出来。

从圣保罗市中心到国际机场约有 25 公里,因为天空下起中雨,坐在我旁边的一名巴西乘客在下午 4:30 分就提前 5 个多小时前往机场,路上用了 2 个小时。她一脸焦虑地说,那些在下午 5:00 过后出发前往圣保罗国际机场的乘客,在路上需要三四个小时,有时汽车根本挪不动。在周末,圣保罗国际机场售票厅因为市区交通拥堵而耽误航班正在排队等候改票的乘客,有时比正常办理登机手续的乘客还要多。

1. 上下班之路变得越来越漫长

圣保罗是南美地区的商业、设计和工业中心,也是世界"堵城"之一,知名度仅次于印度的新德里和拉美的墨西哥城。据圣保罗交通部门透露,上下班高峰期,圣保罗市街道上大约有 800 万辆小汽车、卡车和摩托车。这个城市每天正常堵车的长度加起来有 100 公里,人们每天上下班开车在路上需要花费三四个小时。尤其是星期五晚上、星期六上午和星期天晚上,这是人们下班、出行或外出归来的高峰期,市区通往外地的主要交通要道拥堵不堪,被困在马路上前后动弹不得的汽车首尾相衔绵延两三百公里。

马路严重拥堵已成为圣保罗市民日常生活中不可回避的现状,人们外出办事一定要掐算时间,赶早不赶晚。圣保罗大学工程与交通专家克劳迪奥·巴贝利教授估算,一辆货车本来每天可以在市区跑 20 个来回,因为堵车现在只能来回跑 8 趟,大大增加货物的运输成本。汽车拥堵使条条马路变成临时停车场,这给巴西无忧无虑的小商小贩带来了商机。他们趿着拖鞋快活地穿梭在车辆之间,向颇有耐心而且不按喇叭的巴西司机和乘客兜售饮料与小吃。有些司机在车内等得心慌意乱,不断给家人和朋友发短信,有的乘机观看DVD、刮胡子、化妆、看书、学习外语,没有片刻清闲过。

还有的司机闲得无聊,就摇下车窗跟隔壁车道上的年轻女司机搭讪,双方眉来眼去互相调情,有的还擦出浪漫的爱情火花。法比安·克雷斯波就是在大堵车时认识她的丈夫的。如今他们的孩子已好几岁了。由于孩子的原因,法比安与父母住在一起,每天从圣保罗南区开车到北区上班,路上来回至少需要4个小时。每天在路上等候的垃圾时间多了,与孩子和家人在一起的宝贵时间就少了。尽管每天上下班的路程是那样的熟悉,但对许多年轻妈妈来说,上下班之路变得越来越漫长,越来越痛苦。

2. 公交服务欠佳 基建速度慢

进入21世纪,特别是自2008年国际金融危机爆发以来,巴西政府为了刺激经济和国内消费,通过降低汽车税和工业产品税的方法来鼓励人们购买住房、购买汽车和家电。随着巴西经济的发展和人们工资水平的提高,人们拥有的汽车数量也越来越多。圣保罗市目前每天有420万汽车行驶在街头,而且还在以每月投放3万辆新车的速度不断增加。

圣保罗市坐落在一个又一个高低起伏的丘陵地带,市区主干道没有方向性,它们都是根据山坡的自然走向弯弯绕绕,没有一条平坦笔直的马路。市区的小马路都是单向道,有时开车走着走着前面就断了路,只好左拐而行。有时眼睁睁地看到已经抵达目的地附近,但就是没有汽车能掉头的道路,绕来绕去司机就迷了路。正因为市区交通道路复杂,因此它常以大塞车而闻名于世。

作为巴西人口最多的大城市,圣保罗拥有1.7万辆公共汽车,但是公共汽车经常不准点,很不靠谱。此外,市区有6条地铁线(长62公里),郊区有6条高架铁路(长200公里),每天有470万辆人次乘坐地铁和轻轨。但是,由于市区地铁站太少,地铁车站与公交车站衔接不好,公交系统服务质量不高,大多数人还是选择自己开车上下班。圣保罗目前不仅马路交通拥堵不堪,空中交通也越来越拥挤,圣保罗修2个机场一直在超负荷运转。

日益恶化的马路拥堵给出行的人们带来时间方面的浪费,而且在汽油方面的浪费也是巨大的。据圣保罗交通部门估计,拥堵使圣保罗市民每年损失近200亿美元,相当于当地10%的GDP。巴西人热情友好,但是办事慢悠悠,缺乏长远规划,圣保罗市区许多公路、地铁建设项目进度往往比规划落后3～5年时间。一些通往富裕居民中心的地铁和轻轨,人们只听雷声响,不见雨下来。圣保罗市有关当局计划在10年内把地铁和高架铁路发展到500公里长。

3. 市区直升机需求成倍增长

保利斯塔大道是圣保罗市最繁华的商业和金融大街，全长 2 800 米。大街两旁高楼大厦的屋顶上，有着许多停机坪，可以随时起降直升机。对有钱人来说，马路拥堵难不倒他们，他们可以选择租用直升机出行。从事法律咨询的塞尔吉奥·艾尔西拜德思每月都要租用几次直升机，从一个楼顶飞到另一个楼顶，一天能出席三四场活动。他说，时间就是金钱，如果靠汽车出行，这根本办不到，而且得不偿失。由于需求量大，圣保罗市的直升机租赁业务非常红火。一般来说，租用一架直升机每小时租金是 700 美元，另外每次起降需要额外支付 175 美元。

因此在圣保罗市区，人们可以看到许多高楼大厦的屋顶上都建有直升机停机坪，一些大公司的老板每天上下班或外出办事都离不开直升机。据巴西空军透露，圣保罗市目前拥有 400 多个停机坪和停机场，注册登记的直升机公司接近 500 家，共拥有近 700 架民用直升机。HELIMART 直升机公司目前拥有 16 架直升机，每天运载固定客户飞行在圣保罗城市区上空或穿梭在圣保罗与里约热内卢两大城市之间，载客业务量每年以 10% 的速度在递增。

在城市交通使用直升机虽然速度快，避免塞车，但风险也大。2019 年 2 月 11 日，巴西著名记者里卡多·博查特乘坐直升机进行采访时，飞机失事坠落，当场身亡。据报道，自 2008 年以来，巴西已有 58 架直升机发生机毁人亡的事故。

4. 有了汽车反而不能到想去的地方

面对圣保罗市的交通拥堵难题，圣保罗大学经济系教授吉尔马·马瑟罗在聊天中对我说，当年人们发明汽车的目的是奔向自由，可以驾车到自己想去的任何地方，可以自由自在地驾车到处游。现在可好，拥有汽车在大城市却成了累赘，人们有了汽车却不能到自己想去的地方，而且常常因为拥堵而生闷气。马瑟罗教授指出，圣保罗等大城市交通严重拥堵给一些国家的政府和人们提供了这样一个反思机会：应该把更多的资金投向公交系统，鼓励人们进出多乘公交车，少开私家车。

问题是，各国和各地政府为了刺激经济发展拼命招商引资，鼓励外国和本国汽车制造商生产更多汽车，鼓励人们贷款购买汽车。这种情况同各国对烟叶生产的矛盾立场一样。吸烟对人们的身体健康有危害，卫生部门教育人们远离烟叶，但各国政府为了回笼货币和增加财政收入，对烟叶生产和消费从来都是采取睁一眼闭一眼的态度。

四、旅游篇

亚马孙热带雨林所见所闻

亚马孙州是巴西面积最大的一个州,拥有 300 多万人口,其中 150 万人居住在州府玛瑙斯市,距离巴西首都巴西利亚 2 200 公里,它是巴西北部地区的心脏,也是一座与外界没有陆路联系的孤城。玛瑙斯与外界的联系,只能通过船只和飞机。从机舱往下俯瞰,只见一条条纵横交错的河流蜿蜒曲折,河流两岸一道道绿色的丛林像一条条绸带,把玛瑙斯市紧紧拥抱在亚马孙热带雨林的怀里。

1. 出租车费贵得出奇

走出机场,一股热浪扑面而来,人们明显感受到这里的潮湿与闷热。坐上出租车刚出机场,天空下起了雷阵雨。车行几分钟后,雷雨戛然而止。司机说,东边日出西边雨的景象在这里时时刻刻有,而且到处可见。从机场到下榻的旅馆,短短 10 分钟的路程,司机向我收取 58 雷亚尔出租车费。我暗暗吃了一惊,怎么这么贵,莫非司机想敲我竹杠?但是,出租车上没有计程器,我事后向旅馆工作人员核实收费。对方告诉我,这里带有空调的公务出租车都是这个价,收费很高。他说,要是乘坐便宜一些的出租车,里面不带空调,游客一般都热得受不了。

2. 乘坐公交汽车活受罪

乘车在市区兜风,州政府陪同人员罗西阿妮眉飞色舞地说,每年 11 月下旬是这里雨季的开始,一直要持续到翌年 5 月,然后就是旱季。尽管目前是雨季,可是这里的温度居高不下,天气潮湿闷热,令人难受。由于玛瑙斯市发展过快,大量移民从外地涌入市区,市区人口在最近 10 多年里猛增了 50%,道路交通因此拥挤不堪。市区公共汽车很少,车上本来装有空调,可是天热拥挤,车厢内温度过高,人们挤在里面挥汗如雨,叫苦连天。因此,公交公司后来干脆拆除了公交车上的空调,打开车窗让里面的乘客享受一点自然的热风。

3. 玛瑙斯自贸区发展很快

玛瑙斯原是一座旅游城市。从1967年开始,这里建立起一个方圆1万平方公里的自贸区。自贸区由工业区、商业区和农牧区三部分组成,就业人口大约10万人,是拉美地区唯一的综合性经济特区。经过几十年的发展,玛瑙斯已经成为巴西北部地区的重要工业枢纽。尽管这里没有公路和铁路,但是万吨远洋巨轮可以通过黄金水道直接抵达亚马孙河港口的集装箱码头。

据州政府官员介绍,目前有550多家来自日本、美国、韩国和欧洲国家的外资或合资企业在这里扎根落户。中国也有一些企业在这里投资,包括格力电器和嘉陵摩托在内,总投资超过7亿美元。外商在这里的投资主要集中在电子、通信、汽车、塑料、化工、冶金、包装材料等。巴西联邦政府规定,凡是在玛瑙斯落地生产的商品转运到巴西其他地区销售,不仅可以免除工业产品税,还可以享受原材料进口税率的优惠政策。

巴西在2015—2016年发生的经济衰退严重影响了玛瑙斯工业园区的生产活动,雷亚尔对美元的严重贬值也使玛瑙斯工业园区雪上加霜,美元收入减少35.75%。2017年,玛瑙斯工业园区的业务量开始回升,全年收入达到820亿雷亚尔。2017年,玛瑙斯工业园区向联邦政府缴纳的税收为8.56亿雷亚尔,基本恢复到危机前2014年的水平。

4. 世界杯带来的惊喜与负担

为了推动全国经济的平衡发展,巴西政府在赢得2014年世界杯主办权后,宣布在全国东南西北12个城市兴建12座体育场馆和设施,玛瑙斯市也有机会分享这一盛宴。根据比赛程序,有4场世界杯小组赛在玛瑙斯市体育场举行。玛瑙斯市为此进行城市改造,兴建了一座国际一流水平的体育场,扩建了机场和港口,兴建了旅馆和修筑道路。与此同时,州政府在市区开工新建一条高架铁路。围绕世界杯的这些工程项目,巴西联邦政府和亚马孙州政府在玛瑙斯市总投资超过35亿美元。

世界杯期间,有8支外国足球队被安排在玛瑙斯市举行比赛。这些国家的球员到玛瑙斯市后怨声载道,认为这是上帝对他们的惩罚。在闷热潮湿的天气下走路都要出一身汗,更不要说进行剧烈运动和踢球了。比赛期间,外国运动员们挥汗如雨,很难发挥出正常水平。世界杯的热潮过后,玛瑙斯市体育场馆的利用率很低,很少有外国球队或其他地方的俱乐部队前来这里进行"桑拿浴"比赛。体育场馆利用率低,维修管理成本很高,这是世界杯留给当地的一大经济负担。

5. 修建过河大桥发展当地经济

为了缓解玛瑙斯市区人口和交通压力,巴西联邦政府和亚马孙州政府10年前共同投资修建了一座全长3 505米的大桥,共有4个车道,从而把玛瑙斯市与河对岸的伊朗杜巴市连接起来。以前从玛瑙斯市区到伊朗杜巴市需要坐船摆渡,路上需要花费不少时间,现在开车只要10分钟时间。州政府国际关系局局长朱莉安娜女士说,大桥修好通车后,桥对岸的房地产价格暴涨,人们纷纷到对面购房定居。伊朗杜巴市规划的目标是建成一所大学城,计划把联邦大学和州立大学的一些校园、培训和函授教育中心整合起来,人们今后在这里不仅可以学习,而且还可以工作和居住。同时,伊朗杜巴市注重对生态环境的保护,细浪拍岸的海滩成为人们休闲度假的好去处。

朱莉安娜说,玛瑙斯市的风土人情和自然景观不仅独特,而且非常迷人。每年3月至11月,这里有丰富多彩的文化节,比如狂欢节、戏剧节、爵士音乐节、民间舞蹈节、亚马孙电影节、亚马孙地区国际展览会等。这里还有生态旅游,游客们可以坐船前去观赏上百个瀑布,可以下榻在丛林深处的旅馆,也可参观访问印第安人部落。垂钓在这里是非常受欢迎的体育项目,玛瑙斯市经常举行钓鱼比赛。

6. 在雨林坐船观赏大河"婚礼"

到玛瑙斯市旅游访问,坐船到黑河(又译内格罗河)与索里芒斯河(亚马孙河支流)汇合处观赏"大河婚礼",是神秘而难得的一景,非常值得一游。

黑河是亚马孙地区北岸的最大支流,河面最宽处可达几十公里,该河在玛瑙斯城外与亚马孙河的支流索里芒斯河会师。由于土壤中矿物质的原因,黑河河水是酸性的,把长期浸泡在河水中的树木和各种植物根部腐蚀成黑色。因为长期饮用黑河河水,当地老百姓大多生的是女儿。索里芒斯河有白河之称,水的颜色泛黄。黑黄两股河水从不同方向纵横奔腾汇合在一起,但是双方泾渭分明,黑水不犯黄水,一直缠绵前行十几公里后才慢慢接受对方并相互拥抱在一起,完成大河合二为一的壮观"婚礼"。

7. 保护亚马孙热带雨林刻不容缓

由于全球气候异常变化明显,保护亚马孙热带雨林生态环境如今成为人们共同关注的话题。亚马孙州政府国际关系局局长朱莉安娜对我说,州政府出台了一项政策,鼓励印第安人继续驻守在森林地区正常生活，政府每月为每个家庭提供 100 雷亚尔的补贴。有了这些补贴，当地人可以过着低标准的生活，从而不必出卖祖上留下来的土地，开发商们也就失去了毁林放牧和垦荒种田的机会。与此同时，玛瑙斯市大量吸引外资前来投资创造就业机会，让祖祖辈辈生活在热带雨林的居民到玛瑙斯市寻找工作，从而减少对热带雨林的破坏。因此，亚马孙州对原始雨林的保护要比邻近一些州做得好。

亚马孙地区合作条约组织主任卡洛斯·阿拉冈在玛瑙斯市对我说，南美各国政府近年来制定的公共政策减缓了对亚马孙森林砍伐的速度，但问题是需要提高原始森林资源的价值。只要原始森林价值低于放牧和种植农作物的价值，人们就会继续破坏森林。他认为，今后的环保必须坚持两个原则，一是促进可持续发展，二是造福于当地土著居民。此外，仅依靠巴西和南美相关国家保护亚马孙热带雨林是不能解决问题的，还需要改变世界经济的发展模式，今后世界经济发展的模式应该有利于保护热带森林。他说，圣保罗等少数几个下游州采取用水付费的制度，费用将用于上游各州的森林保护。

巴西亚马孙问题研究所所长 A.瓦尔教授说，如何平衡好经济开发与环境保护的关系，这是亚马孙流域各国政府面临的共同挑战。各国政府一方面要为当地老百姓提供就业机会和增加收入，另一方面要为子孙后代保护好自然生态环境。解决方案应该是加大对教育和科技的投入，让学童从小开始接触科学知识和获取相关信息。他说，巴西在亚马孙地区有 10 所联邦大学，5 所州立大学和上百所私立大学。南美其他国家在亚马孙地区也有一些大学，但相互之间交流很少。他认为，各大学之间今后应该加强相互学术交流，为当地社会提供更多的信息和服务。

瓦尔教授说，亚马孙热带雨林的乱砍滥伐现象已经减少，但巴西在环保道路上仍有很长的路要走。为了保护亚马孙热带雨林，巴西的目标是零砍伐，希望到 2050 年能实现这一目标。他说，在应对全球气候变暖问题上，亚马孙地区需要减排，需要在科技、通讯、交通等领域有更多的投入，需要为当地印第安人学生提供更多的助学金，亚马孙地区也需要世界更多的关注与帮助。

巴西食人鱼攻击能力特别强

到亚马孙热带雨林旅游前,我曾听说亚马孙丛林里潜藏着八大危险:毒贩、反政府游击队、传染病、鳄鱼、毒蛇、毒虫、钻洞鱼和食人鱼(水虎鱼)。在亚马孙河流域,生长着一种生性凶猛可怕的钻洞鱼。钻洞鱼是一种食肉的淡水鱼,身体很细,大约有小手指这么粗,十分光滑,身上有倒刺,它们喜欢闻人类和动物的尿味,一旦钻入人体有孔的部位就拉不出来。有人喜欢在河里游泳时小便,尿味就会吸引大量钻洞鱼,它们顺着人体的七窍往里钻,无孔不入。遇到其他猎物时,它们也会顺势钻洞,从内部把五脏六腑吞噬掉。

中国人对食人鱼比较熟悉,别看它们仅有15~25厘米长,体积与鲫鱼差不多大,但它们却被称为"水中狼群",攻击力极强。如果你在河里游泳皮肤不小心被树枝和石头刮破出血,食人鱼就会闻腥从四面八方游过来对你发起进攻,你无法摆脱它们的攻击。与此同时,闻到尿腥味的钻洞鱼也会前来狼狈为奸。在食人鱼和钻洞鱼的联合攻击下,一个好端端的活人在不到20分钟时间内就会被彻底吞噬掉。食人鱼牙齿锋利,我们在亚马孙河支流用牛肉垂钓时,用不了几分钟,鱼钩上的牛肉就不知去向。食人鱼吃鱼钩上的牛肉就像吃奶酪一样轻松,我们花了半个多小时钓到3条巴掌大的食人鱼。

对外人来说,食人鱼和钻洞鱼都非常可怕。但对当地印第安人来说,他们有足够的办法来对付这些人类的天敌。印第安人部落的孩子从小就知道有伤口不能下河游泳,有尿不能在河里撒。因此,很少听说印第安人被食人鱼和钻洞鱼吞噬的消息,只有那些外来的游客才会遭受食人鱼的攻击。生活在亚马孙草原,随着气候和草原季节的变化,牧场主经常要赶着牛群过河搬家,免不了要与食人鱼打交道。在长期生活实践中,牧场主掌握了对付食人鱼的办法。

据巴西导游介绍,牧场主赶着牛群过河前,通常会在牛群中寻找一头病弱老残没有用的牛,把牛牵到河边,在它身上猛砍几刀,然后赶到河里"扑通扑通"折腾几下。食人鱼闻到血腥味后,立即成群结队地从四面八方扑向在水中挣扎的病牛。此时,牧场主手忙脚乱地赶着健康的牛群以最快的速度"暗度陈仓",用最小的代价保护最大的利益。在巴西政治生活中,有些总统为了在丑闻暴露后进行自保,通常会牺牲一两个不太重要的政客来转移公众视线。因此,巴西人喜欢把这些被牺牲的政客比作一头被赶入亚马孙河喂食人鱼的病牛。

　　在巴西东北部的皮奥伊州,由于过度捕捞,水中食物链平衡被打破,凶猛的"食人鱼"(水虎鱼)频繁攻击人类。2011年9月,100多名游泳者在游泳时脚跟和脚趾被咬伤,不得不到医院接受治疗。为了重建食物链的平衡,当地环保部门在皮奥伊州水域投放了30万条罗非鱼和其他鱼类。罗非鱼一方面可供水虎鱼食用,另一方面它们也特别喜欢吃水虎鱼的卵,从而可以使自然生态保持平衡。

热带雨林深处惊险故事多

在我们乘坐的游船缓缓漂流在食人鱼和鳄鱼出没的亚马孙河支流的时候,当我们下船漫步在热带雨林的羊肠小道之际,见多识广的女导游给我们讲述了许多发生在亚马孙热带雨林中的神秘而恐怖的故事,我们听得如痴如醉,几乎流连忘返。我们被告知,在亚马孙河流域,在热带丛林和河流之间,潜伏着许许多多恐怖与威胁。除了鳄鱼、食人鱼、登革热、黄热病、毒蛇、猛兽和昆虫,还有贩毒者、食人族和食人花,等等。

1. 捕捉毒蛙治伤以毒攻毒

亚马孙热带雨林孕育着众多印第安人部落,其中有一个部落成员都打扮成猫的样子,因此素有猫人部落的称号。猫人部落之所以出名,原因之一是他们可以赤手空拳捕捉亚马孙的剧毒树蛙,并利用树蛙的毒液为部落成员进行排毒治疗。女导游介绍说,猫族人只有在晚上才去捕蛙,因为树蛙在夜间的某个时段会发出咕咕咕的叫声,从而暴露了自己在树上的藏身之处。

树蛙几乎全身碧绿,趴在树叶上很难辨认出来。猫族人手拿一把锋利的劈柴刀,有人拿着手电筒,埋伏在树林里聆听树蛙的叫声,以此判断它们的方位。发现树蛙的藏身之处后,猫族人挥刀砍断树蛙盘踞的树枝,树蛙随之一起滑落在地。猫族人熟练地把树蛙落脚的树枝抓在手上,随后带回村里。

在村里,猫族人用棕榈叶编织的绳子把树蛙四腿绑在树杈上,用五马分尸的方法把它悬空起来,树蛙因为紧张和恐惧皮肤开始分泌出一种白色液体。部落巫师马上拿着竹签把这些白色液体收集起来。若是有人被毒蛇或剧毒昆虫叮咬,树蛙的毒液可以毒攻毒。当树蛙的毒液流进人体伤口时,伤者会非常痛苦,有的当场昏死过去。第二天早晨一觉醒来,伤者身上的毒素全部消失,此时会感到非常轻松。

2. 男孩成人要吃一番苦头

亚马孙丛林中生存着许多有毒的青蛙、传播疟疾的蚊子、蟒蛇和老虎等,每一种动物和昆虫对人类来说都是致命的威胁。其中一种名叫"子弹蚁"(bullet ants)的黑色毒蚂蚁,成年人只要被几只子弹蚁叮咬,24小时之内就会死亡。如果你要到亚马孙热带雨林旅游甚至生活一段时间,你必须要经受住子弹蚁的攻击与考验。

为了考验土著部落男孩的勇敢并步入成年行列,男孩的父亲会到森林里捕捉几百只子弹蚁,放在用树枝编织的土制手套里,然后让男孩带上这副手套。男孩被子弹蚁咬10分钟,哇哇乱叫,场景惨不忍睹。10分钟后,父亲把男孩的手套解下来,马上敷上一种解毒的草药。此时,男孩已是昏死状态。一个星期后,男孩的伤口愈合。这是部落男孩举行成人仪式的最后一道程序,只有吃过这番苦头后,男孩才能正式跨入男子汉的行列并成为勇士,今后知道如何在条件十分恶劣的亚马孙热带森林里生存下来。

3. 食人花草芬芳诱人又歹毒

亚马孙热带雨林里生长着一种食人树,由于土壤贫瘠,它们依靠捕食动物和昆虫来补充营养。食人树开花时芬芳四溢,有的游客闯进亚马孙雨林探险,吃干粮睡吊床,半夜醒来微微闻到远处飘来的花香,亢奋不已,试图闻香寻源。当游客接近食人树发现美丽芳香的花朵时,情不自禁地想伸手触摸欣赏它。此时此刻,恭候已久的花瓣和带刺的树叶马上把你的手紧紧缠裹起来,无法挣脱。用不了几个星期,人体就会在亚马孙雨林里被食人树的花瓣腐烂吞噬掉。要是游客在掉入"陷阱"时身上有把砍刀,可以立即挥刀砍断树根和花瓣进行自救。对印第安人部落成员来说,进进出出丛林身上佩戴一把砍刀是必备的工具。

传说南美热带雨林的绿色草原上还长着一种巫婆草,非常漂亮。玫瑰好看但有刺,巫婆草漂亮但不能随意践踏。只要你的脚踩上巫婆草,就会被她的红花和绿叶紧紧抓住,越抓越紧,无法挣脱。最后,你会牺牲在巫婆草的怀抱里,被蚂蚁和昆虫一口口吞噬掉。导游因此告诫我们,在亚马孙热带雨林,千万不要拈花惹草,越是漂亮的东西,你越是要远离它们,轻举妄动往往是要付出沉重代价的。

原始雨林风情万种深藏不露

玛瑙斯市是巴西亚马孙州的首府，也是亚马孙热带雨林的腹地。从玛瑙斯市出发，我们的小船冒雨顺着索里芒斯河（黄河）往东行驶。在市区河段，河中央有好几家水上加油站，为过往的机动船只提供加油服务。东驶18公里，我们来到索里芒斯河与内格罗河（黑河）的交汇处。两河水流交汇，一黄一黑，泾渭分明。由于水质、流速、水温和光学作用的千差万别，两河之水并肩漂流17公里后，才天衣无缝地融合在一起。

在索里芒斯河岸，我们看到许多非常简陋的高脚屋，这是印第安渔民的家。亚马孙流域每年只有雨季和旱季之分，索里芒斯河水位在雨季和旱季竟然相差8～20米。每年1月是索里芒斯河最低汛期，河边泡在水里的高脚屋高高在上，显得影单形只。但是到了每年两三月份，据说河水就会上涨10来米，高脚屋刚好高出水面。玛瑙斯当局试图劝说印第安渔民搬迁到市区居住，但他们死活不从。对他们来说，亚马孙河支流是他们赖以生存的命根子。

1. 玛瑙斯人激情多于感情

玛瑙斯市区人口160万，其中1/3是印第安人。由于距离赤道近，紫外线强，玛瑙斯人的特点是个子矮，身材胖，皮肤黝黑。在玛瑙斯市工作和生活压力小，人们生活悠闲自得。据当地人介绍，由于天气热，印第安人女孩发育早，七八岁就开始谈情说爱，女孩子往往是10岁来例假，11岁开始怀孕，12岁就当上妈妈。因此，30来岁的女人当奶奶在玛瑙斯一点也不稀奇。

潮湿闷热的天气，再加上内格罗河（黑河）水质酸性，当地新生儿中女婴占68%。由于玛瑙斯市女多男少，男人因此非常抢手。据当地人说，许多男人有好几个妻子或在外面至少有一两个情人。当地华人女导游笑着说，玛瑙斯人热情奔放，他们的激情来得快，消退得也快。

2. 狂欢节期间女性要注意自我保护

巴西最出名的狂欢节庆祝活动在里约热内卢,但玛瑙斯的狂欢节据说不比其他地方逊色。巴西人性观念开放,人们男扮女装,女扮男装,从狂欢节前一周就开始狂欢作乐,到狂欢节的那一夜最为疯狂。在狂欢节期间,如果你入住玛瑙斯旅馆,旅馆工作人员在发给你房卡的同时,也会免费送你几个安全套。巴西大多数旅馆服务质量不太好,但在这方面的服务倒是很周到。当地女导游介绍,避孕套在狂欢节期间畅销,使用量非常大。

狂欢节期间,假如女性上街看热闹,立即就会被疯狂的人群包围,人们会对她们动手动脚,肆无忌惮。要是女性没有胆量和思想准备,千万不要上街。女导游说,曾经有国内来的一个代表团非要上街看热闹,刚一出旅馆大门,团里的一位年轻女士立即受到街头众多男子的性骚扰。在女导游的奋力保护下,这名女团员才得以脱险并安全返回旅馆。在狂欢节的这一晚,男男女女狂欢放荡,毫无节制约束,因此不少女孩被绑架被强奸。如果你在狂欢节期间到警察局报案,警方一般不会受理。

3. 毒品是玛瑙斯市的主要社会问题

吸毒贩毒是玛瑙斯市面临的一个主要社会问题。漫步在一些街区,人们可以在空气中闻到随风飘来的毒品味。为了尊重犯人们的权利,玛瑙斯当局在2014年圣诞节前夕从监狱里放出4 000多名囚犯,让他们回家与家人们欢聚圣诞节。结果囚犯们不讲什么仁义道德和人权,他们一出监狱就在大街上公开进行抢劫和强奸妇女。警察在巡逻抓捕行动中,当街开枪打死了好几名试图反抗的囚犯。玛瑙斯监狱如今人满为患,主要原因一是当地贫富悬殊,许多穷人铤而走险走上犯罪道路;二是巴西没有死刑,人们杀人放火付出的代价太小。由于犯罪活动猖獗,玛瑙斯如今成为巴西犯罪率最高的第三大城市。

在亚马孙河流域的玛瑙斯旅游参观期间,我们的女导游是个热心肠的人,快人快语,诙谐幽默。她从玛瑙斯市正规导游学校毕业,在校学习培训了1年时间,因此,她对亚马孙河流域的风土人情和一草一木了如指掌,如数家珍。在亚马孙河流域坐船期间,她不停地讲述发生在这一带种种有趣的风情和故事,我们的思绪随着她娓娓道来的动听故事漫游。时至今日,我们对发生在那里的恐怖刺激故事记忆犹新。

4. 原始部落少女的试婚

亚马孙原始森林里居住着 400 多个印第安人土著部落,他们与外界少有接触,部落之间也很少来往,许多部落迄今还保持着原始的风俗习惯。人们晚上睡觉用吊床,女孩的吊床下面铺上一块凉席。女孩来初潮时,处女血滴在凉席上。父母看到后,认为女儿可以谈情说爱了,于是就为她单独搭建一间草屋,让她在里面独处 1 个月。与此同时,父母到森林里找一种草药熬成汤,女儿每天喝下去后可以自然避孕 1 个月。

在这 1 个月内,女孩待在草屋里,通过一个小小的窗口窥视窗外前来求亲男子的身材和相貌,看谁的肌肉更发达。如果女孩看中了哪个男子,就开门让他进屋。第二天,如果女孩看中其他男孩,她可以继续选择。1 个月过去,当女孩的第二次月经来临时,成人仪式宣告结束。父母让女孩从众多已接触过的男子中挑选一个自己中意的,随后举行婚礼。

5. 亚马孙女儿国征战无不胜

玛瑙斯在印第安语中的意思是"神之母"。在茫茫的亚马孙原始森林里,有一个女儿国,妇女们独立自主,不允许任何男性干预她们的事务。为了传宗接代,女儿国的成员经常对附近部落发动战争,然后把男俘虏押送回国。在女儿国与附近部落的历次战争中,女儿国的军队总是无往而不胜。男人部落经不起女儿国战士的进攻和诱惑,他们丢盔卸甲放下武器,心甘情愿成为女儿国的战俘。

在女儿国,进入青春期的姑娘习惯在身上喷洒用鲜花泡成的香水,她们晚上睡觉敞开大门,而且不穿任何衣服,诱惑在外面闻到花香前来求爱的男性俘虏。被相中的男子可以与女儿国成员相处 1 个月。1 个月后,男人被迫离开女儿国。

翌年,相中的男子再次来到女儿国造访,如果发现女人怀孕生下的是男孩,男孩归男方所有并立即带离女儿国,从此不再相互纠缠来往。若发现生下来的是女婴,男子立即打道回府,女婴随母亲一起留在女儿国生活。在女儿国,一切事情都由女人当家做主,男人绝对不能发号施令。

6. 雅马拉比底部落一夫多妻制

在亚马孙热带雨林里,居住着 400 多个印第安人部落,有些部落人口不到 50 人。其中有一个名叫"雅马拉比底人"的部落,只有 240 多名部落成员。这个部落成员居住在茅草屋里,村里的印第安人无论男女老幼都是赤身裸体。为了保护这些濒临灭绝的印第安人部落,巴西政府禁止外人前去采访。

雅马拉比底人部落所处的亚马孙河支流,渔业资源非常丰富。年轻人捕鱼不用钓鱼竿,也不用叉子,他们用当地一种树枝里流淌出来的白汁"钓鱼"。这种树汁具有麻醉作用,年轻人把树汁倒入河里,使河里的氧气变得稀薄。用不了几分钟,吸入麻醉树汁的鱼群就会翻着白肚漂浮出水面,部落男子用手或其他工具把鱼收入箩筐。除了捕鱼狩猎外,这个部落的人也学会了开荒种植粮食和蔬菜。

这个部落成员之间没有严格的亲属关系,一夫多妻是这个部落家庭关系的基础,男人们总是通过妻子的多少来彰显自己在部落里的政治地位和威望。对男人来说,多一个妻子就多一份联盟的力量。男人可以娶姐妹为妻,也可以娶其他部落的女子为妻。多妻家庭中,妻子们之间没有嫉妒和争风吃醋。相反,她们乐意为提升丈夫的权威与地位而努力奋斗,她们为自己成为多妻家庭中的和谐成员而感到自豪。

7. 瓜拉纳使印第安人健康长寿

巴西有一种名叫瓜拉纳的饮料,这种果子来自亚马孙热带雨林。据导游介绍,亚马孙热带雨林里居住着两个不同部落,相隔不远。一个部落成员平均寿命只有 40 岁,另一个部落成员平均寿命 80 岁。这究竟是什么原因造成呢?原来另一个部落盛产一种叫瓜拉纳的果子。这种果子呈红色,成熟后自然裂开,里面露出白色内衣,内衣里面是黑色的种子。瓜拉纳需要种植四五年才能开花结果,7~9 年后才进入盛产期。

瓜拉纳最早由印第安人种植,印第安人把瓜拉纳种子视为"神果",他们习惯在狩猎和搏斗时咀嚼瓜拉纳种子,以此获取必要的能量。1907 年,巴西开始用瓜拉纳生产饮料。由于瓜拉纳具有浓烈的热带特色风味,很快就流行起来。自 1940 年以来,瓜拉纳已成为巴西的"国饮",口感胜过美国的可口可乐,营养价值也超过其他许多饮料。为了保护这一国宝,巴西政府禁止人们把瓜拉纳果子和树苗带出国门。

亚马孙热带丛林里充满瘴气、洪水、毒蛇、猛兽及各种热带病,在非常不利于人类生存的自然条件下,在没有医疗设施的原始森林里,人们能活到 50 岁相当不易。然而在此恶劣环境下,瓜拉纳野生地的茂埃斯地区,印第安人平均寿命高达 80 岁,比巴西及世界其他文明城市还要长寿。经调查,这与印第安人每天食用瓜拉纳有关联。印第安人深信,瓜拉纳使他们保持青春、美丽和健康长寿。如今,瓜拉纳成了巴西的国宝。

谁是亚马孙热带雨林的杀手

令人神往的亚马孙热带雨林横贯南美巴西、秘鲁、哥伦比亚和委内瑞拉等8个国家，占地面积700万平方公里，其中60%的雨林坐落在巴西境内。亚马孙热带雨林自然资源丰富，气候多雨湿润高温，雨林里面的哺乳动物超过400种，植物品种多达4万余种，鸟类1 300多种，昆虫数百万种。因此，亚马孙热带雨林在世界上素有最神秘的"生命王国"之称。

由于地球上20%的氧气来自亚马孙热带雨林，人们因此把它称为"地球之肺"。亚马孙流域每年降水量巨大，淡水资源占全球的1/6之多。热带雨林地区土壤中的无机盐含量很低，许多植物含水量大，其本身就是营养主体。但是，一旦热带雨林的植被遭到破坏，本来就很贫瘠的土壤就会更加贫瘠下去，难以支撑植物的恢复，而且许多物种就会消失。据统计，最近50年来，南美的亚马孙热带雨林面积减少了76万平方公里。巴西境内有20%的亚马孙原始雨林被毁，前后经历了几个重要历史阶段。

1. 放火烧林大面积垦荒种粮

从16世纪起，葡萄牙和西班牙殖民主义者就开始掠夺亚马孙热带雨林的资源，放火焚烧雨林，开垦种植粮食，全然不顾当地印第安人的死活和反抗。在殖民主义者的掠夺过程中，大量印第安人遭到残酷杀戮。进入20世纪后，巴西政府为了发展农业生产，鼓励农民到亚马孙热带雨林垦荒种田。当时的政策是，只要在亚马孙热带雨林垦荒种地生活366天以上，这片土地在5年之后就归他所有。这一政策吸引了无数农民前来谋生，大量热带雨林遭受破坏。可是，这一地区土地贫瘠，不适合长期发展农业，农民于是继续扩大垦荒面积，亚马孙热带雨林进一步遭殃。

1970年，巴西军政府为了解决东北部地区的贫困问题和加速城镇化建设，做出了一项不明智的决策，鼓励人们向亚马孙热带雨林要地，大规模开发亚马孙地区，并在亚马孙热带雨林修建高速公路，把散落在雨林中的一些城镇连接起来，大片原始森林遭到破坏。高速公路全线还没有修成通车，经费已出现严重危机，一些高速公路只好凑合使用，尚未连接的地方用土路连接。每到雨季,贯穿热带雨林的高速公路坑坑洼洼,到处是污泥。20世纪80年代,巴西遇上债务危机,政府为了偿还债务,允许伐木公司进入热带雨林地区进行大规模伐木作业,大片的原始森林毁于一旦。

2. 要大豆和牛肉,不要热带雨林

1993—1998年是巴西经济发展的快速增长期,牧场主和开发商手头的钱多了,他们在政府的政策导向下大量砍伐热带雨林,迅速扩大牧场和种植大豆等农作物。开发商们认为,放牧的经济利润已经超过保护热带雨林的价值,因为毁林种植大豆等农作物还可以得到政府的财政补贴。为了把粮食和加工的牛羊肉运出来,开发商们在热带雨林砍伐原始森林修筑高速公路,这降低了牛肉和粮食的运输成本,同时更方便人们进进出出,进而加速对热带雨林的破坏。2003年和2004年,亚马孙热带雨林被破坏的面积巨大。

巴西货币雷亚尔的不断贬值不仅使牛肉的价格成倍增长,而且也使巴西牛肉出口欧亚市场更具竞争力。2009年,巴西在亚马孙流域饲养了大量肉牛,而这些牛被屠宰后主要销往欧洲市场。2018年,巴西成为世界最大的牛肉出口国,亚洲也成为巴西牛肉出口的重要市场。有人说,巴西牛肉在国际市场上的崛起,在某种意义上是建立在牺牲热带雨林的基础之上的。

3. 西方公司在毁林方面难辞其咎

西方石油公司在污染和破坏亚马孙热带雨林资源方面也扮演了十分不光彩的角色。美国雪佛龙石油公司在采油过程中,长期向亚马孙河倾倒有毒废料,破坏了亚马孙流域的生态环境和河道,严重污染了当地印第安人的饮水资源。为此,雪佛龙石油公司在2011年被巴西政府罚款。在邻近巴西的秘鲁,许多公司不仅在印第安人赖以生存的地盘上作业,而且还在摧残当地居民的健康。因此,巴西亚马孙流域的外国企业、大地主、贫穷贪婪的移民与当地土著印第安人部落之间经常爆发冲突,每年少则几百起,多则上千起。

过度放牧、大肆毁林造地、开采石油矿产资源以及森林火灾,使亚马孙热带雨林面积迅速减少。亚马孙热带雨林的退化不仅意味着森林资源的减少,而且大量土壤在雨季被洪水冲走,造成植被的严重流失,今后永远无法修复,全球范围内的生态环境进一步恶化。由于大量毁坏森林和稀树草原,巴西东北部地区如今变成了这个国家最干旱、最贫穷的地方,昔日潮湿闷热的热带雨林已经进入沙漠化的边缘。

4. 环保组织与巴西政府针锋相对

最近一二十年来,巴西国内的环保组织和欧美一些非政府组织、基金会在南美地区非常活跃,他们出钱雇人在亚马孙地区的印第安人部落甚至在巴西一些大学鼓动宣传,以保护热带雨林的生态环境和印第安人传统文化为由,反对本地开发商和跨国公司在亚马孙流域挖矿和开采石油,要求停止乱砍滥伐热带雨林的行为,给开发商和南美各国政府带来了很大压力。由于加强立法和执法力度,再加上卫星图像监测,自 2004 年以来巴西境内热带雨林被毁的面积基本上在逐年减少。

在巴西境内的亚马孙热带雨林占地面积大约 300 万平方公里,政府划出 462 块印第安人与非洲黑人后裔的保护地,保护区内的总人口加起来约有 100 万人。此外,亚马孙热带雨林地区目前仍有几十个部落与世隔绝,他们有自己的生活方式,孩子们从不上学。换言之,巴西的土著部落占有全国 15% 以上的面积,真是辽阔天空,地广人稀,好一个世外桃源。

然而,巴西总统博索纳罗 2019 年 1 月 1 日上台执政后,立即签署总统行政令,将印第安人和非裔黑人保护地的管理权划归农业部,并授权伐木公司任意进行伐木、农民任意垦荒种地和跨国公司从事开矿活动。与此同时,巴西环保局的权力被架空,经费被削减。据巴西太空研究院的卫星监测图像显示,2019 年头几个月,巴西砍伐热带雨林的面积比去年同期有了大幅上升。

雪上加霜的是,亚马孙热带雨林在 2019 年 8 月发生了一场前所未有的森林大火。在国际社会和巴西国内的压力下,博索纳罗政府在大火发生两个多星期后才派遣军队进去帮助灭火,而且拒绝欧美国家的国际援助。造成这场森林大火的主要因素,一是气候比较干燥,二是与人为的开垦活动有关,而且后者是更主要的因素。巴西学者认为,在政府政策的鼓励下,亚马孙流域的开发商和农民在雨林中开垦适合种植粮食的土地,放火焚烧成片成片的雨林,然后用于放牧和种植大豆。

2019 年 8 月的大火对亚马孙热带雨林造成的伤害是长期性的,一般需要 20～40 年才能得到再生并逐步修复。然而,巴西政府长期以来重经济发展轻环保的政策,一次又一次地伤害了亚马孙热带雨林,而且造成的伤害是永久性的,亚马孙热带雨林再也回不到从前的模样。

热带丛林居民到城市看病难

亚马孙热带雨林地区是世界上最大的盆地。亚马孙热带雨林地区没有学校，人们缺医少药，生活极其贫困。巴西亚马孙州的每个城镇都有一两家医院。但是，亚马孙地区的医院设备简陋，医生的专业水平有限，只能医治一些小毛小病。碰到危急重病号，当地医院应付不了，大多数患者只能坐船千里迢迢到亚马孙首府玛瑙斯市的医院求医。

从亚马孙丛林到玛瑙斯市就医可不是一件容易的事情。如果是危急重病号，坐船进城看病会耽误时间，因此只能乘坐飞机。地方机场到玛瑙斯市通常每周只有两个航班，若是患者病急等不及下一个航班，只好打电话求救。亚马孙州卫生局接到紧急呼叫后，马上派直升机前去接病人。若是碰上瓢泼大雨天，有时连飞机都进不去，人们只能跺脚干着急。

对那些不是心急火燎的重病号来说，进城看病坐船慢悠悠，可以沿河散散心。船是当地最普遍的交通工具，亚马孙各地都有一些接送病人的救护船。亚马孙州卫生局局长阿布克尔凯说，老乡们到玛瑙斯市看病坐船需要多长时间取决于不同季节。如果在旱季到玛瑙斯看病，由于一些地方的河水很浅，大船进不去，小船走得慢，一个来回路上需要20天时间。若是赶上雨季，河水满，船速快，到玛瑙斯市看病可以在路上少耽误几天时间。

阿布克尔凯介绍，为了解决亚马孙热带丛林居民就医难的问题，地方医院的医生每隔一段时间就要到玛瑙斯市医院预定一个星期的床位，然后把当地需要手术的病人集中到那里，由玛瑙斯市区的专科医生为他们进行手术。此外，海军陆战队也有一些巡回医疗船，为边远偏僻地区的居民提供不定期的医疗服务。为了从根本上解决就医难的问题，州政府把亚马孙州按照河流分布情况划成9个大区，每个大区兴建一所条件好的医院，就地为病人提供所有的医疗服务，减少人们遇到重病和大病非到玛瑙斯市医院治疗不可的情况。

到大城市看病做手术费用很贵，穷人根本支付不起医疗费和手术费。好在巴西的公共医疗服务相当不错，全国各地看急诊不用花钱，穷人在公立医院看大病重病虽然在预约过程中要排队等候很长时间，但也不要花钱，巴西政府为所有公民提供免费医疗。阿布克尔凯说，一些富裕的城镇还在玛瑙斯市购置了一些房产，供病人家属居住。如果遇到一些疑难重症病号，玛瑙斯市没有开刀做手术的条件，病人就被转送到千里之外的圣保罗或里约热内卢的大医院接受治疗，来回机票由政府提供，病人每天的吃住和医疗费也由政府负担。

巴西的亚马孙州与委内瑞拉、秘鲁和哥伦比亚等7个国家接壤，边界地区拥有几千万人，分布在热带丛林中。那里人口稀少，流行疟疾、急性腹泻、肺病、肝炎、麻风病、登革热和利什曼等热带流行病。世界卫生组织泛美办事处主任菲勒克斯·里戈利对我说，以前很少有人关心土著印第安人的生死与健康，但是巴西政府在预防和阻止热带流行病蔓延方面做得非常好。

亚马孙地区流行查加斯病（Chagas病），它通过蚊虫叮咬传染，也可通过饮食传染，巴西每年发生一二十起。这种流行病的症状是，若是寄生虫生长在病人的消化系统，不仅影响消化，而且病人难以进食。如果这种寄生虫生长在心脏，心脏就会出毛病。若是生长在肠胃系统，人们大便会非常困难。如果这种寄生虫隐藏在皮肉里，皮肤就会松弛耷拉下来。西方国家无人关心此病，药厂也不愿意生产有关药品。菲勒克斯说，巴西前些年从瑞士一家公司获得技术专利，与泛美卫生组织一起生产药品，供亚马孙地区病人免费使用。

从亚马孙最远的边境地区到玛瑙斯甚至圣保罗和里约热内卢看病，不仅费时费力，而且成本也很高。从2009年开始，巴西政府在整个亚马孙地区推广网络视频看病项目，在各个偏远地区的中心点安装了上千个装有可视镜头的医疗卫生网点，把各地的卫生服务网点通过电视和电脑连接到里约热内卢和圣保罗的大医院。病人坐在丛林地区的卫生站就可以做心电图、X线等检查，医生在遥远的大城市进行远距离问诊、写出诊断报告并开出处方。

在亚马孙边远地区卫生站工作的巴西医护人员，都由世界卫生组织泛美办事处和巴西政府负责培训。这一医疗计划效果很好，受到居住在热带丛林居民的欢迎。巴西政府计划进一步增加卫生服务站。亚马孙热带丛林的居民今后看大病不再需要搭乘飞机或坐船，只要通过手机电话就可以接受专业医生的诊断和分析评估。菲勒克斯笑着说，现在亚马孙丛林里流行这样的说法，最好的远程治疗就是手里拥有一部手机。

伊瓜苏大瀑布名闻全世界

伊瓜苏大瀑布位于巴西、阿根廷和巴拉圭三国交界的巴拉那河与伊瓜苏河的交汇处,瀑布两侧分属巴西和阿根廷,两侧的城市都叫伊瓜苏,但巴西伊瓜苏的人口比阿根廷一方的人口多得多。巴拉圭与巴西伊瓜苏市接壤的城市叫东方市,东方市是巴拉圭最大的城市。凡到巴西旅游的人们,最喜欢参观游览的三个地方就包括伊瓜苏(还有里约热内卢和亚马孙热带雨林),伊瓜苏目前是巴西第二大旅游和度假目的地。

巴西伊瓜苏是一个只有 27 万人口的小城市,同时也是中东移民尤其是黎巴嫩移民的聚居地,那里居住着好几万穆斯林移民。

从里约热内卢或圣保罗乘飞机到伊瓜苏,空中飞行需要一个半小时。自 1984 年伊泰普水电站建成投产以来,伊瓜苏国家公园大约接待了 2 500 万游客。最近 10 年来,伊瓜苏投资 10 亿美元发展旅游业和基础设施建设,同时加大了对外宣传与促销力度。目前,伊瓜苏每年吸引大约 200 万国内外游客,其中近半数是外国人,他们主要来自阿根廷、巴拉圭、美国、西班牙、法国、德国、英国以及中国。

据介绍,旅游业为巴西伊瓜苏市大约提供了 12 000 个直接就业机会。此外,全市还有 30% 的工作与旅游业有间接关系。由于生态环境保护得好,自然景色迷人和瀑布气势磅礴,伊瓜苏市政府一直在奔走呼号,争取为大瀑布申请并竞选当代世界七大自然奇迹之一。为了便于统一管理和促销,伊泰普水电站从 2005 年开始对旅游、国际会议和国家公园实行一元化管理,对外积极推介伊瓜苏大瀑布和伊泰普水电站,对内加紧培训导游等服务性人才。

我们坐车进入伊瓜苏国家公园大门后,隐约听到远处传来的瀑布轰鸣声。来到观景点,我们沿着河边的小径往里走,一边是郁郁葱葱的原始森林,另一边是几十米深的河谷和奔腾不息的伊瓜苏河流。站在绿树环绕的峡谷这边凝望对岸的阿根廷,悬崖峭壁上舞动着 275 个大大小小的不同瀑布,它们挟着雷声轰鸣般飞流直下,喷烟吐雾,犹如大海泻入深渊,气势磅礴,给每一位到访的游客留下难忘的印象。

我曾多次游览位于美国与加拿大边界的尼亚加拉大瀑布,相比之下,尼亚加拉大瀑布宽度窄,从美国伊利湖奔腾而来的激流在进入美加两国交界处时飞流直下,水势澎湃,声震如雷,最大流量每秒可达 6 000 立方米。伊瓜苏大瀑布则站位更高,平均落差 75 米,雨季的瀑布流量每秒达到12 750立方米,是尼亚加拉大瀑布流量的两倍。此外,伊瓜苏大瀑布分布在2.7公里长的马蹄形悬崖峭壁上,宽度是尼亚加拉大瀑布的4倍。难怪当年美国第一夫人埃莉诺·罗斯福看到伊瓜苏大瀑布时,情不自禁地感叹起来:"尼亚加拉大瀑布太可怜了"。

凡是重游伊瓜苏大瀑布的巴西人,绝大多数人还会到只有一桥之隔的巴拉圭东方市采购走私货,然后运到巴西其他地方进行高价兜售。因此,巴西人过去到伊瓜苏旅游的附加值很低。旅游部门负责人皮奥利亚说,类似这种低附加值的旅游目前仍在不断发生,但比过去明显少多了。他说,巴西人现在游览伊瓜苏除了到巴拉圭购物,还有一个目的就是到大自然里去探险,比如参观鸟类公园,坐船在伊泰普水库区游览世界上最大的地热公园。

游览伊瓜苏的最佳季节是每年的1~3月份,观赏瀑布的最佳时间是雨过天晴后的一个星期,这时晶莹透彻的瀑布飞流直下,在蓝天白云和绿树的衬托下,仿佛就是一幅幅巨大无比的山水画,充满田园风光和诗情画意。伊瓜苏国家公园里的原始生态环境保护得非常好,景区内仅有少数必要的人工设施(比如一家五星级旅馆),游客不拥挤,人们在里面游览时非常悠闲放松。

阿根廷一侧的伊瓜苏市只有8万多人口,该国的国家大瀑布公园每年也要吸引大约100万游客,为当地政府和人民带来不菲的旅游收入。如果到阿根廷一侧的伊瓜苏国家公园观赏瀑布,需要在公园里走很远的路。那边的瀑布非常开阔,大瀑布旁边依偎着众多小瀑布,小瀑布隔壁又奔腾着日夜轰鸣的大瀑布,整个瀑布区十分喧闹。

如果时间有限,人们在巴西一侧观赏伊瓜苏大瀑布就已足够,因为大瀑布最精彩的部分在阿根廷一边。但由于身临其境,在阿根廷一侧只能在近距离雾里看花,人们看到的只是伊瓜苏大瀑布的一小部分。而在巴西一侧,人们登高望远,可以看到大瀑布的全景。因此有人说,阿根廷人不如巴西人机灵,因为阿根廷为伊瓜苏大瀑布搭建了唱戏的大舞台,但看戏的多数观众却在巴西一侧。在巴西一侧观赏伊瓜苏大瀑布,无限美景和风光尽收眼底。

在巴西伊瓜苏国家公园顶端,我们来到公园的主瀑布,一条延伸在河谷中央的栈桥距离瀑布只有三四十米,飞流直下的大瀑布夹带着水珠和雾气在阵风的吹拂下扑面而来,好像天上下起了一阵阵大雨,一下子打湿了游客们的衣服。在这里,游客们分秒必争在烟雾弥漫的栈桥上拍照留念,把这一美好迷人的景色永远定格在一张张沾着水汽的照片上。

近年来,伊瓜苏大瀑布和国家公园成为中国游客到巴西访问的一个热门旅游景点。2017年,大约15 000名中国游客游览了伊瓜苏国家公园,2018年增长到18 000名左右。伊瓜苏旅游推广机构执行主管巴西莱乌·塔瓦雷斯表示,自2018年以来,巴西各旅游机构经常组团到中国推广旅游活动。由于旅途遥远,南美地区目前还不是中国人出国观光主要的旅游胜地,但随着时间的推移,相信会有更多的中国游客到巴西观光旅游,欣赏这里美好的人文和自然景观。

伊泰普水电站肩负三大使命

巴西与巴拉圭共享并共同管理的伊泰普水电站,与中国的三峡发电站一样是世界上数一数二的发电站,它的最初使命是为巴西和巴拉圭两国的经济发展和人民的生活提供电力。随着全球气候的变化,南美地区的雨量在逐步减少,伊泰普水电站目前的发电量虽还没有受到明显影响,但人们不能再熟视无睹下去,伊泰普水电站的使命因此发生了一些变化。

从 2003 年开始,伊泰普水电站肩负三重使命,从单纯发电扩大到保护生态环境和承担更多的社会责任。我在伊泰普采访时,水电站环保项目总协调员内尔顿·弗莱德里克说:"如果我们不在环保方面承担更大社会责任,今后没有一家大型企业会获得成功。"他认为,人们不仅要防范全球气候变化带来的影响,也要培养农业生产的环保文化。

1. 水电站成为国际合作的典范

在印第安人语中,伊泰普就是"会唱歌的石头"。在伊泰普水电站开工建设前,巴拉那河原址中有一块大石头,在激流的冲击下会发出悦耳的声音。如今,这块"会唱歌的石头"已经被水电站飞流直下的洪水埋在河底。

1974 年,巴西和巴拉圭经过多年谈判签署了《伊泰普条约》,双方根据条约和国际公共法规法则创建了伊泰普两国合营公司,共同开发两国的界河——巴拉那河的水力资源并修建一座大型水电站。水电站生产的电力由两国平分,如果巴拉圭用不完,剩余电力将以国内价格卖给巴西政府。伊泰普两国合营公司管理委员会成员由两国总统提名,下面的具体负责人由双方人员组成,首席行政官轮流担任。1975 年,伊泰普项目正式开工建设。巴西和巴拉圭携手共建的伊泰普水电站被视为国际合作的典范。

从 1984 年伊泰普第一台发电机组投入运转到 2007 年完成最后两个发电机组,伊泰普水电站共有 20 台发电机组,总装机容量 1 400 万千瓦,分别有 4 条输电网通往巴西和巴拉圭境内。伊泰普水电站每年生产出来的电力,如果按照条约 50% 的电力供应巴西,另 50% 的电力供应巴拉圭,伊泰普水电站只能满足巴西国内 20% 的电力供应,而人口稀少的巴拉圭则可以使用9年时间。因此,巴西按照协议以优惠价从巴拉圭回购多余的电力。

伊泰普水电站坝高196米,大坝全长7 744米,水库蓄水面积1 350平方公里,最深处250米,蓄水能力达290亿立方米。在我国三峡水电站全面投产之前,伊泰普一直是世界上装机容量最大的水电站。单从发电量来说,伊泰普仍是世界上最大的水力发电站,每年生产大约980亿度电,比三峡水电站还多1亿度。但是,伊泰普水电站技术部门负责人马里奥·奥奇拉米说,由于巴拉那河上游流域出现干旱导致水量减少,有些年份伊泰普的发电量不及中国的三峡水电站。

2. 水坝全部投资由巴西贷款

拥有680万人口的巴拉圭国土面积小,经济封闭落后,无法在国际上借贷,也无力承受巨额投资。因此除了提供启动资金外,伊泰普水电站的全部建设费用和运营水电站的资金都由巴西承担,巴西资金来自银行贷款。巴拉圭目前的经济发展水平只能消耗伊泰普水电站10%的发电量(占该国用电量的72%),剩余的40%电力按照国内电价通过输电网卖给巴西圣保罗地区,每千瓦电费的价格从原来的3美元提高到9美元。

据介绍,从1984年建成到2017年,伊泰普水电站已累计发电量达到25亿兆瓦,创全球最高纪录。到2011年为止,伊泰普水电站的总收入超过90亿美元,其中75%被用来偿还债务,另外20%用来向两国政府支付税收和开采使用费。由于电价的上涨,2011年伊泰普水电站的电力生产年收入超过32亿美元。如今,伊泰普水电站每年的发电量与中国三峡水电站不相上下。

奥奇拉米给我们算过一笔账:1974—1998年期间,伊泰普水电站的投资成本为117.6亿美元。截至2012年,伊泰普水电站耗资成本攀升到170亿美元。奥奇拉米说,伊泰普水电站的银行贷款计划到2023年全部还清。到那时,伊泰普水电站的投资总成本将上升到200亿美元。

巴拉圭则凭借海量富余电力成为世界第三大电力出口国。自1984年伊泰普水电站开始运营以来,巴拉圭每年都向巴西大量出口电力,由于出口价格过低,而且多余电力无法向巴西之外的国家出口,巴拉圭人对此颇有怨言。按照当时双方的约定,巴拉圭出口巴西的电价仅为每千瓦时25美分,用巴拉圭人的话说,巴西人就像"二道贩子",以极低的价格进口巴拉圭电力,然后以10倍于进口的价格在国内销售。

3. 伊泰普水电站将承担更多使命

投入运营 30 多年来，伊泰普水电站在技术方面仍保持很高水平，但目前面临的挑战是需要更新发电设备、电脑系统以及技术人员。奥奇拉米已在水电站工作 32 年，他称自己快成为伊泰普水电站的"恐龙"了，因为再过两年就要退休。他说，再过几年，伊泰普水电站所有元老都将出局。在老人们退休前，他们需要把伊泰普文化传授给新来的工人。奥奇拉米乐呵呵地说，值得庆幸的是，巴西在 200 多年前就已解决了与邻国的战争，水电站目前不会受到战争或大地震的威胁。

伊泰普环保项目总负责人弗莱德里克在采访中告诉我，伊泰普水电站以往的使命就是简单地发电。但是，随着全球气候变化带来的冲击和影响，伊泰普水电站上游出现两极化现象，许多地区旱季时间越来越长，雨季的水流量则越来越大。巴拉那河上游的水流量现在在减少，虽还没有影响到伊泰普水电站的发电量，但是长此下去将对水电站构成严重威胁。因此，伊泰普水电站需要转变使命，不仅需要发电，而且需要承担保护生态环境和社会责任的双重任务。

4. 伊泰普水电站多种经营全面开花

从 2003 年开始，卢拉政府上台后大力敦促企业承担更大的环保和社会责任。伊泰普水电站积极响应，在促进水电站旅游业的发展和经济的可持续发展方面下了大功夫。为了保持伊泰普水库和巴拉那河上游的绿化和获得良好水质，伊泰普水电站在水库区湖边种植了宽 200 米的林带。此外，伊泰普水电站与地方政府还在水库流域 29 个城市 100 万人口中开展"好水计划"，迄今投资了大约 5 000 万美元在河边修复和种植了 4 400 万棵树木，受保护的土地面积达 10 余万公顷。

弗莱德里克在谈到"好水计划"时说，这一计划的重点是保护伊泰普水库流域的水源和土壤，防止农牧场的牛群污染水质和水土流失。为此，伊泰普环保部门采取措施保护 3 万公顷土壤，比如在农村地区重修了大大高出地面的 881 公里长的道路，在山坡和地面顺势修筑了许多弯道和筑高路面，防止洪水带走大量泥土。在大大小小的河流两旁，"好水计划"动员人们种植 30 米宽的绿化带，并修建铁丝网围栏，不让牛群污染河道水质。

巴西大多数农场主拥有的农场面积不到 50 公顷，土地对他们来说就是生命。弗莱德里克说，要让农民在水库上游河流两旁部分弃耕种植树林，而且没有经济补偿，这是非常困难的事情。但是，伊泰普水电站与各级政府、企业、非政府组织、学校和社区在推行绿化计划和保护水源方面结成合作伙伴,通过举办各种讲座、学习班或登门拜访说服当地农牧民执行环保的绿化计划,培养人们的"好水"文化,让每个人在解决问题面前分担环保和社会责任。

在水电站上游流域的农村,伊泰普水电站教育农民改变农场的生产方式,提倡种植更多的有机作物。巴西政府还直接从农场购买有机食品,供中小学校师生午餐食用。在伊泰普水电站所在的伊瓜苏地区,有2.8万名学生每天中午可以在学校吃到免费的有机食物。政府现在不仅鼓励农民生产健康食品,而且也鼓励人们消费健康食品。伊泰普环保当局竭力反对麦当劳等垃圾食品走上餐桌,鼓励农民种植药用作物,还敦促政府公立医院医生在看病时为病人推广药用植物,帮助治疗高胆固醇、糖尿病、高血压和消化系统等疾病。

由于伊泰普水电站拦路切断了水上自然交通,巴拉那河里25种迁徙鱼类繁殖受到影响。伊泰普水库区有近700户渔民,捕鱼是他们世代的职业,迁徙鱼对他们的生存非常重要。为了确保渔民的生活不受影响,伊泰普水电站在巴拉那州与伊泰普之间开通了一条长达10公里的运河,其中1/3的河段是人工开凿的,宽12米,从而使迁徙鱼类在每年11月至翌年2月的繁殖期间逆流而上到水库区进行繁殖,从而保护了大自然的生态平衡。整个伊泰普水库区年产鱼类可达40万吨。

5. 多种经营利在环保事业

目前,伊泰普水电站非常重视可持续能源的开发,先后与一些国际知名电力公司、汽车公司、水电公司以及研究机构结成合作伙伴,共同研发电动车的发展。在外行人眼里,伊泰普这样做有点"不务正业"。但伊泰普水电站电动车研发和装配中心经理马西奥说,这不是不务正业,而是多种经营。发展电动车需要电力,伊泰普有的是廉价电力,发展电动汽车是未来发展的方向与需要,是可持续发展的需要,也是环保的需要。

马西奥介绍,国际市场上电动车电池成本刚开始时高达1.5万美元。巴西政府前期投资了1 600万美元,让伊泰普研发巴西版的可回收廉价钠电池。伊泰普在初期装备60辆汽车、卡车和公共汽车,供伊瓜苏政府各部门使用,在实践中不断进行研发和提高。马西奥说,电动汽车晚上用家用插座慢慢充电8个小时,第二天上下班跑60公里不成问题。如要快速充电,需要特别服务设施并把电力集中储存起来。他认为,只要各国政府做出环保的决定并减低钠电池的成本,相信节能环保的电动汽车很快就会满街跑起来。

巴西利亚的雨季妩媚动人

巴西首都巴西利亚是一座别具风格、美丽幽静的高原城市,坐落在巴西中部高原,面积5 802平方公里。巴西利亚市布局井井有条,建筑设计独具匠心,花丛草坪装饰其间,人工湖水微波粼粼,是目前世界上绿化面积最多的都市。然而在1956年以前,这里还是一片荒原。为了开发内地并带动当地经济,巴西政府于1956年决定把首都从拥挤的里约热内卢迁移到内地高原。经过5万巴西工人近4年的奋战,一座崭新的现代化城市奇迹般地矗立起来。1960年4月21日,巴西政府正式迁都巴西利亚,从此这座高原城市成为全国的政治中心。

首都巴西利亚的雨季(夏季)从10月初开始,一直延续到翌年4月,气候非常舒适,室内连空调都用不上。雨季期间,巴西利亚的天气非常有规律,上午几乎都是蓝天白云,下午天气说变就变,黑云压城,呼风唤雨。一阵翻江倒海的雷阵雨过后,天空逐渐放晴,傍晚又出现绚丽多彩的晚霞,美轮美奂。从4月中旬到9月,则是巴西的旱季(冬季),有的年份几乎不下一滴雨,非常干旱。

好不容易送走了9月的最后几天,人们迎来了盼望已久的10月。早晨起床举目眺望窗外,发现外面悄然下起了小雨。远处天边黑压压的浮云,像匆匆赶路的行人,朝着巴西利亚高原排山倒海似地飞奔而来,令人胆战心惊。时密时疏的雨点拍打在玻璃窗上,发出紧锣密鼓的声音。久旱逢甘露的人们,看到此情此景,心里滋润极了。到了下午,老天爷才逐步收住任性的脾气,天空上开始飘浮着轻薄的白云,天幕像水洗一般晶莹剔透。这是巴西利亚高原雨季的开始,雨季的到来意味着夏季的光临。

有人说,巴西利亚的雨季就像一位美丽但又任性的女人,每天上午和中午,高高的蓝天上飘着一朵朵轻歌曼舞的云彩,步态不紧不慢,显得柔媚羞涩。到了下午两三点钟,天空开始阴沉发作起来,傍晚五六点钟下起雷鸣般大雨。大哭大闹一阵之后,天空逐步露出笑脸,随风飘浮的白云在湛蓝的天幕下你追我赶,尽兴地表演着自己。此时此刻,雨季带给巴西利亚的不仅是凉爽清新,更有几分妩媚诱人的舒适和享受。

巴西利亚海拔1 100多米,素有世界高原之都的称号。由于海拔高,气温偏低,土壤贫瘠,这里终年生长着稀疏草原和矮小的灌木,树木稀稀拉拉,长得歪歪扭扭,相貌丑陋。

旱季期间，天上几乎不下一滴雨，白天气候高温炎热，热带树木和高原稀疏草原处于一片干枯状态，很容易失火。开车外出，途中经常可以看到远处火灾冒出的滚滚浓烟，空气中弥漫着焦糊味道，给人一种不爽的感觉。马路旁的热带树木，根部几乎都有被野火烧焦熏黑的痕迹，大多数树木都曾经历过火灾的洗礼和考验。

2011年9月8日，巴西利亚发生一场罕见的森林大火，遮天蔽日的浓烟笼罩了首都的机场，许多航班延误，当局出动了大批消防官兵和飞机进行灭火。翌日晚上，我们应邀到邱小琪大使官邸做客。大使官邸离机场不远，邱大使见到我们就抱怨说，这两天外面吹过来的烟灰熏得他们几乎睁不开眼睛，呼吸都很困难，好在这场大火在傍晚前得到了控制。

到巴西利亚工作前，听外交部的官员们说，这里蓝天飞云，波澜壮阔，漂亮至极。可眼前的旱季，天空总是朦朦胧胧，似醒非醒，多少令我有些失望。朋友劝说我，现在是巴西利亚的旱季，你来得不是时候。好在巴西利亚没有高山峻岭，没有参天密林，任何火灾对自然生态不会造成多大经济损失。稀疏草原植被过火之后，地上留下一片黑乎乎的痕迹。雨季一到，地上马上冒出绿芽，一派万物生机盎然的景色。

由于全球气候异常，巴西利亚现在的季节也出现了极端现象，旱季比往年更干旱，雨季比往年更洪涝，而且持续的时间更长。有人认为这是拉尼娜现象，更有人认为这与巴西最近几年大规模开发中西部的亚马孙热带雨林有关。南部地区长期以来一直是巴西的粮仓，但随着巴西政府加大开发中西部地区的力度，中西部地区已超过南部地区成为巴西最大的粮仓。大量垦荒破坏了中西部的热带雨林和稀疏草原，导致旱季气候更加干燥，经常发生山火。

尽管巴西利亚的旱季非常干旱，空气中弥漫着烟雾味道，但在巴西利亚市区，人们到处可见人工灌浇的树木和花草，这里树木常年葱绿，鲜花常开不败。它们给巴西利亚的旱季多少带来了一丝春意和生机。祝巴西利亚高原的雨季更加妩媚动人与安宁舒适，愿巴西利亚的旱季不要令人过分难受。

里约热内卢狂欢节的疯与狂

巴西狂欢节被称为世界上最狂热的节日,到巴西亲身感受狂欢节的气氛,这是许多外国游客的梦想。在巴西各地举行的狂欢节中,里约热内卢的狂欢节最为热闹。每年2月份(有的年份安排在3月初),人们可以纵情狂欢3天时间。为了筹备狂欢节,里约热内卢市民每年提前两个月推选出一名"狂欢节莫莫王",一名"狂欢节王后"和两名"狂欢节公主"。狂欢节开幕当天,里约热内卢市长把一把象征城市管理权的金钥匙交给"狂欢节莫莫王",从而拉开了一年一度狂欢序幕。这些"王室成员"是里约热内卢狂欢节桑巴舞表演的领军人物,他们负责狂欢节桑巴舞的彩排和正式演出,并在各项狂欢活动中带领市民和桑巴舞学校的学员们载歌载舞,把巴西人民热情奔放和豪爽的民族性格完全释放出来,让世人见识巴西人的浪漫与对未来的殷切期待。

1. 狂欢节方阵都有不同主题

在里约热内卢狂欢节期间,全市进入前14名的桑巴舞学校方阵都要在该市桑巴舞赛场(体育场)的看台前面通过,他们载歌载舞,招摇过市,接受评委们对他们的表演、故事情节以及服饰等内容进行打分排名。进入甲级前几名的桑巴舞学校,还要在最后两天进行决赛。每个桑巴舞学校都会派出强大阵容"迎考",人数少则数百人,多则上千人。各个桑巴舞学校参赛的节目都要突出一个主题,要有故事情节和配唱主题歌曲,还要配有五彩缤纷的服饰。

狂欢节游行的主色调是积极向上的,体现出巴西历史的进步,反映巴西工人农民的现实生活,表达人们对美好生活的向往。但是,狂欢节游行有时也是一些激进组织表达不同政见的好机会。有些参加比赛的彩车上站立着土著印第安人与持枪的葡萄牙入侵者,以此反映出巴西那段不堪回首的殖民历史。彩车上还有人举着牌子,抗议巴西军人实行的独裁统治。

在常驻巴西期间,我有幸在里约热内卢桑巴舞现场进行了近距离采访。那是2013年,狂欢节从2月8日晚上拉开帷幕,到2月12日凌晨闭幕。前两个晚上是乙级组的桑巴舞队进行排名比赛,后两个晚上是甲级组桑巴舞队进行决赛。甲乙两组的每支桑巴舞表演队伍都有数百人,场面非常壮观。表演者穿着代表不同意义的服装,游行方队的彩车体现出巴西社会的方方面面和不同主题。在精细别致的大彩车上,性感火辣的桑巴舞女郎和袒露上身的男演员在上面又唱又跳又喊,给观众席上的游客带来了一浪又一浪的激情和欢乐。

2. 狂欢节是全民的疯狂运动

巴西狂欢节是全民的狂欢节日,不仅年轻人狂欢,老人们也疯疯癫癫,有的孕妇挺着半裸的大肚子也在劲歌曼舞,满头大汗。令我感到惊讶的是,许多 70 多岁的大爷和大妈在游行的方阵里欢快地跳着桑巴舞,沉重和厚实的服饰裹得他们满头大汗。有的因为体力不支跌倒在地,但在同伴的搀扶下,他们爬起来继续一路舞蹈前行,尽管舞蹈的姿势有些僵硬木讷。

游行队伍的形式和内容不拘一格,伤残人也有权参加狂欢的游行队伍。几名坐在轮椅里的智障青少年,经过观礼台时用不同的脸部表情表达内心的欢乐与激动。一名失去一条腿的青年男子与两名女孩疯狂地跳起旋转的桑巴舞,动作非常娴熟投入,让人们看到巴西人对美好生活的热爱与向往。

在狂欢节游行的队伍里,人们不分贫穷和富有,不分高低贵贱,从白天跳到黑夜。有些巴西人为了减少上厕所机会,尽量不吃不喝。有些巴西人热爱桑巴舞,从年轻一直跳到年迈,从来不缺席每年一次的狂欢节。在游行队伍里,人们的快乐与亢奋互相感染和分享,不满和压抑的情绪可得到发泄。人们把自己打扮得花枝招展或不伦不类,有的男扮女装或女扮男装,他们放弃所有私心杂念,通过狂欢和"变态"的表演来寻找真正的自我。

狂欢节与桑巴舞如同足球一样,已成为巴西的象征和骄傲。每年有 500 万～600 万人参加里约热内卢狂欢节,其中包括上百万名外国游客。狂欢节每年为里约热内卢的经济至少带来 6.5 亿美元的收入。与此同时,狂欢的人们几天之内在街头至少要留下 850 吨垃圾。2018 年,约有 600 万人参加狂欢节,外国游客人数增加到 150 万人左右,创历史新高。

里约热内卢狂欢节是全球规模最盛大的,好莱坞的一些明星也应邀前来助兴,包括佩丽丝·希尔顿和帕梅拉·安德逊等。明星们身价高,他们舒舒服服地坐在贵宾席上,有人享受专人提供的餐饮服务。明星们不会通宵达旦地大跳桑巴舞,也不会参加游行,但只要他们向参加比赛的演员队伍招招手,人们就会歇斯底里地发出欢呼声和叫喊声。国际明星们的到来,为里约热内卢的狂欢节增添了一些光彩。此时此刻,人们没有烦恼,没有忧愁，只有尽兴和欢乐。

3. 清洁工成狂欢节的主角

每个小组的比赛结束后，中间有5分钟时间的清场和准备时间。这时，只见一名身手麻利的环卫工人手持长柄扫把，把散落在游行通道上的垃圾和服装上掉下来的东西清扫干净。这时，现场突然有一阵小小的骚动，只见几名摄影记者把镜头对准了这名瘦小的中年男子，有人还上前采访他。中年男子马上把旁边的同事也拉过去一起上镜头，匆匆忙忙说了三言两语，又拿起扫把用杂技般的动作和舞蹈般的姿势开始在地上挥舞起来。他的动作是那样轻盈优美，仿佛是位天才舞蹈家。

我感到有些好奇，问旁边的观众此人是谁？他们告诉我，他就是巴西家喻户晓的清洁工——雷纳托·索里苏。他不仅是清洁工、舞蹈家，也是巴西娱乐圈里的明星，经常上电视广告和主持综艺电视节目。2012年，就是这个索里苏在伦敦奥运会闭幕式上，代表下届奥运会主办城市里约热内卢，表演了一段向世界推介里约热内卢的精彩宣传广告，令人难忘。

电视广告宣传一开场，身着橙色制服的清洁工索里苏独自走到舞台中央，他手持长柄扫把，踏着豪迈奔放的乐曲热舞起来，整个身子和双手都在快速旋转和抖动，舞姿娴熟优美，令人陶醉。这时，一名保安过来试图把"喧宾夺主"的他驱赶出场。索里苏一边逃脱警察的抓捕，一边手握扫把，在地上龙飞凤舞，欢快地跳起桑巴舞。最后，保安情不自禁地也跟着他大跳桑巴舞。此时，全场观众在体育场站立起来，用热烈的掌声肯定了里约热内卢，评委则把2016年夏季奥运会的主办权交给了这座城市。如今，索里苏是里约热内卢狂欢节的象征，也是里约热内卢这座城市的名片。

4. 领舞巴西女郎"全裸"上阵

在桑巴舞大赛期间，每个小组内都有一两名领舞的年轻女郎。她们身上三个敏感点用金光闪闪的东西遮挡一下，其中有几名特别出名的领舞女演员全身"裸露"，只在下身隐私处来了一丝淡淡的彩绘。

这些领舞的舞蹈家激情似火，舞蹈节奏感非常明快，身体的每一块肌肉和脂肪随着滚圆的屁股和腰肢在一刻不停地抖动着，仿佛全身在抽搐，让人看得如痴如醉。当著名的领班女舞蹈家们经过记者活动区时，恭候在旁边的一名身材高大结实的黑人男子上前跟她们一起跳对手舞，一下子把场面搞得更加轰轰烈烈，观众席上发出山呼海啸般的欢呼与喝彩。

中年男子结束伴舞站到我身旁时,我好奇地发现他胸前斜挂着一条绸带,上面写着"2013年里约热内卢狂欢节国王"。我平时不关心狂欢节,对狂欢节的许多背景和细节并不清楚。我问旁人,这位高大黑人与狂欢节是什么关系?他们告诉我,他就是狂欢节的"莫莫王",名叫米尔顿·小罗德里格斯,他在巴西也是一个妇孺皆知的公众人物。

5. 激进妇女抗议欧美游客的"性旅游"

每年有上百万游客在狂欢节期间蜂拥至里约热内卢参加狂欢派对。欧洲游客到里约热内卢,不少人除了观看狂欢节游行外,主要是到里约热内卢风花雪月场所寻欢作乐。为此,在里约热内卢狂欢节开幕的前一两天,巴西一些激进妇女组织喜欢到里约热内卢国际机场举行裸体示威,抗议欧洲人乘狂欢之机到里约热内卢进行"性旅游"。为了防止传染疾病和意外怀孕,里约热内卢市政府每年为游客免费发放大量安全套,专门为狂欢节"保驾护航"。

其实到里约热内卢旅游的欧洲人数增加或减少与这些激进妇女组织的抗议关联不大,主要同欧洲经济好坏有关。此外,里约热内卢高昂的物价也是限制外国游客前来旅游的一个因素。里约热内卢和圣保罗是世界上物价最昂贵的15大城市之一,超过纽约、伦敦和巴黎。对外国游客来说,无论是从机票到住宿,还是从吃饭到啤酒饮料,里约热内卢的物价都非常高。在里约热内卢三星级旅馆里,服务条件差到房间里连一瓶矿泉水和刷牙的杯子都找不到,单人房间小到只能放下一张单人床,每晚收费却高达300美元,而且还要提前几个星期预订。

狂欢节给巴西人和外国游客带来无穷的欢乐,但是狂欢节对结伴同行的夫妇来说不一定是好事。许多人参与狂欢节活动的目的是与别人接吻,据说互相接吻越多越好。在狂欢节的几天内,毒品交易也成倍增加。由于狂欢期间极度逍遥作乐,不少夫妻在狂欢节前夕乘兴而来,在巴西里约热内卢和其他大城市寻欢作乐,随着狂欢节的结束,他们扫兴而归,有的回家后就分道扬镳。

6. 老年人远走高飞回避狂欢节

近年来,里约热内卢狂欢节的另一个趋势是,除了官方主办的狂欢节桑巴舞游行比赛外,里约热内卢市区到处都有街头狂欢聚会,不分昼夜。狂欢节期间,全市交通几乎瘫痪,街头巷尾到处都是丢弃的垃圾,包括安全套,有些地方的场面非常混乱。为了确保狂欢期间的健康与卫生,里约热内卢市政府在全市的大街小巷布置了1.5万个流动厕所,同时通过电视广告要求人们不要在大街上随地撒尿。由于天气炎热,啤酒是狂欢节期间最畅销的饮料。但是人们喝足了啤酒后,就把大街当成露天厕所。因此在狂欢节期间,里约热内卢街头臭气熏天,令人作呕。

年轻人在街头狂欢作乐,制造出各种各样的噪音,有的还在大庭广众面前即兴发生男女之情,无所顾忌。此时此刻是里约热内卢老年人最痛苦的时候,因为他们的正常生活受到严重干扰,他们的视觉和听觉受到极大冲击。为此,许多里约热内卢老年人在这一段时间选择躲避的方式外出避难,有的干脆把房子租给观光客使用,乘机在狂欢节期间通过出租房屋捞点外快。

到圣保罗旅游必须提心吊胆

巴西最大城市圣保罗的治安情况近年来虽然有所好转,但仍令人非常不满意。这个城市不仅犯罪分子活动猖獗,而且有些警察经常执法犯法,警匪有时真的很难区分。

有人说,如果你在圣保罗街头未被武装抢劫过,如果你的手机、电脑、照相机、钱包、高级手表不曾被人抢劫过,你就算不上是个真正的圣保罗人。如果你是外国人,晚上在圣保罗最好不要出门。即使出门,也要往人多热闹的地方走,否则你身上的贵重物品和钱包随时可能被歹徒抢走。若是贪财与歹徒搏斗,你随时可能丢掉性命。许多中国常驻人员和游客在圣保罗都遇到此类很不愉快的事情。那些孤独的空屋和安保能力差的公寓楼,时常遭到成群结队的武装暴徒的封锁和大规模的洗劫。

每年圣诞节期间(12月至1月)是圣保罗治安最差的季节,各种抢劫、谋杀和强奸案件明显增多。社会学家把这种现象归咎于巴西的民主和自由过头的监狱制度,因为囚犯在节假日期间可以申请回家过年过节。囚犯回家期间与其他犯罪分子串通,再次展开一些暴力犯罪活动,试图在过节期间大捞一笔横财。圣诞节期间也是许多警察过年休假的时候,街头巡逻的警察人数明显减少,这为犯罪分子的作案提供了良机。

2021年圣保罗市区有2 170万人口。2021年该市平均每10万居民中有7.7人死于暴力,是巴西唯一一座每10万居民中暴力死亡人数少于10人的首府城市。当地有组织的犯罪活动非常猖獗,许多犯罪作案手法基本上是这样的套路:几名罪犯分子进行合作,他们驾驶汽车或摩托车在夜晚或凌晨持械抢劫,然后迅速逃离现场。圣保罗国际机场通往市区的高速公路非常不安全,许多抢劫事件就发生在通往市区的半路上。公共汽车和长途巴士也不安全,许多武装抢劫案就发生在公交车上,发生在许多乘客的眼皮底下。

更令人不可思议的是,2012年,圣保罗市至少有93名警察遇害身亡。根据巴西警方公布的资料显示,2018年1~4月份,圣保罗有23名警察被歹徒打死。类似的情况不禁让人回想起了2006年发生的那一幕。那一年,圣保罗市政府决心下大力气打击犯罪活动,出动了大批警察参与执法行动。结果是,当地有组织的犯罪团伙进行疯狂报复,发动了一系列针对警察的谋杀行动,造成近200名警察死亡。

究竟是什么原因导致圣保罗市治安如此糟糕?为什么有这么多警察被枪杀?警察与

当地有组织的犯罪团伙之间有什么恩仇?地方政府和联邦政府如何面对这一日益猖獗的暴力犯罪活动?我在圣保罗访谈期间,与巴西朋友和出租车司机探讨过。他们认为,确实有不少警察被枪杀,这里面有一些警察是因公殉职,但还有不少其实是腐败分子,他们可能是因为分赃不均最后遭到了有组织的犯罪团伙的追杀。

当地资深政界人士里卡多说,圣保罗市犯罪率高的一个重要原因是当地犯罪组织势力强大。许多黑恶势力参与毒品走私,甚至贩卖武器。一些至今逍遥法外的犯罪团伙头目通过收买狱警,与被关在监狱里面的头目合谋操控暗杀警察的名单,并下令开展一系列暴力枪杀活动。发生在圣保罗街头的许多暴力犯罪活动,基本上都是他们策划进行的。

里卡多认为,警察腐败的确是个触目惊心的问题。他说,现在不少案件都显示一些警察已被犯罪团伙收买,警匪之间甚至还达成某些"君子协议",即警察不去"骚扰"有组织犯罪团伙的地盘,对他们的贩毒活动和武器走私采取睁一眼闭一眼的态度,犯罪团伙则每月给腐败警察一定的好处费。但时间久了,警匪之间容易发生分赃不均的"狗咬狗"事件。当腐败警察提出的要求太苛刻时,往往会招致杀身之祸,而且大多数警察是在下班之后遭到枪杀的。

圣保罗的暴力犯罪活动,大多发生在离市中心较远的边远地区和贫民区。由于有了雄厚的资金来源,圣保罗的犯罪团伙通过毒品蛊惑控制了一大批少不更事、出身贫寒的青少年,让他们给吸毒者运送毒品。当有些吸毒者因为贫困欠债还不起,犯罪团伙发出多次警告无效后,就对这些人下毒手,以便杀鸡儆猴,让其他吸毒者乖乖地把所欠的债务交上来。令人遗憾的是,这些青少年有时仅仅为了二三十美元的债务,竟然丢了年纪轻轻的生命。

长期生活在圣保罗的里卡多半开玩笑地说,现在圣保罗的状况就像是在打一场内战,一方是警察,一方是当地黑帮。尽管绝大多数警察是好的,但少数腐败警察的违法行为对社会的危害性非常大。不管谁对谁错,最后遭殃的都是当地的平民百姓,他们通常死在犯罪团伙手中或在警匪交火中被流弹击中身亡。里卡多说,解决暴力犯罪上升的问题需要综合治理,包括为青少年提供教育和就业机会,同时需要加强警方力量和对警察系统进行改革整顿。

巴西被西方称为"世界谋杀之国",圣保罗长期以来曾是南美地区暴力犯罪活动最多的城市。20年前,圣保罗市每10万人口中有52.5人被打死。但是最近两年,圣保罗市的暴力犯罪活动有明显下降。社会学家认为,圣保罗暴力犯罪活动近年有所下降的原因可能是年轻人口的减少、失业率的下降以及政府加强了对烈酒的控制。

新冠肺炎疫情和热带病毒折磨巴西

在新冠肺炎疫情面前,地球上没有世外桃源,没有任何国家和个人可以独善其身。据巴西卫生部公布的数据,截至 2022 年 8 月 17 日,巴西累计确诊新冠肺炎病例超过 3 422 万例,累计死亡病例超过 68.2 万例。巴西是拉美地区新冠肺炎疫情最严重的国家,也是世界第二大重灾区。扑面而来的新冠病毒导致巴西公共医疗体系不堪重负,医疗设备和防护物资极度匮乏。这场世纪流行病使巴西经济陷入近 120 年最严重的衰退,780 万工人因此失业。巴西联邦参议院下属的独立财税机构(IFI)发布的财政监测报告显示,2022 年巴西 GDP 增长预期由 1.4% 上升到 2.0%。由于巴西地处热带,登革热、寨卡等热带疾病也频频来袭,导致这个南美大国穷于应付。

1. 新冠肺炎疫情相当严重

巴西确诊的第一例新冠肺炎病例是在该国最大城市圣保罗。这名被确诊的病人曾到意大利旅行,返回巴西后成为拉美地区出现的首例确诊新冠肺炎病人。随后,巴西国内确诊新冠肺炎病例逐步增加,均为境外输入,一些有过欧洲旅行史的巴西人回国后都被确诊感染新冠肺炎。

从 2020 年 3 月中旬开始,确诊病例较多的圣保罗市和里约热内卢市开始出现难以溯源的社区传播。3 月 20 日,巴西政府官员表示,巴西全境已进入社区传播阶段,政府随后宣布国家进入公共灾难状态,至 2020 年 12 月 31 日。

在这场新冠肺炎疫情爆发初期,最引人注目的一件事情是巴西总统博索纳罗访问美国。2020 年 3 月上旬,他率领巴西政府代表团访问美国。3 月 7 日晚上,博索纳罗出席了特朗普总统在海湖庄园为他举行的晚宴,代表团其他成员还与特朗普一起合影留念,巴西总统府新闻秘书(新闻部长)也在其中。访问结束回到圣保罗,新闻部长在 3 月 12 日被确诊新冠肺炎病毒感染,随后代表团成员中有超过 20 名成员被确诊感染新冠肺炎。博索纳罗随后进行了 2 次病毒检测,结果均呈阴性,为此他松了一口气。

这是博索纳罗就任巴西总统 15 个月来第二次访问美国,可见他非常重视发展与美国的关系。美方也有意拉近与巴西的双边关系,因为巴西是拉美地区最重要的国家,美国希望通过巴西来对拉美其他国家施加更大影响。但是,巴西总统这次访问也把美国的特朗普吓了一跳,而且非常狼狈。对新冠肺炎病毒满不在乎的特朗普反复强调自己身体棒,没有任何问题,也不会进行核酸检测。但是,特朗普身边的一些官员陆续出现了新冠肺炎症状,包括他的一位好友也被感染新冠肺炎病毒。特朗普这下才慌了神并接受检测,所幸结果是阴性。

巴西随后关闭了同大部分邻国的边界,并禁止部分国家的公民搭乘国际航班入境。巴西各地采取学校停课、企业远程办公、关闭营业场所、推迟大型活动等措施。许多民众除了采购必需物资不再外出。疫情在巴西蔓延后,金融业遭受重创,股市出现大跌,巴西货币雷亚尔也不断贬值。

新冠肺炎疫情爆发初期,巴西卫生部只提倡医护人员和已出现新冠病毒感染症状的民众戴口罩,但从 2020 年 4 月 2 日开始,巴西全民开始戴口罩。由于口罩严重缺货,巴西政府一方面鼓励公众用布料自制口罩,每次用后做好消毒杀菌工作,保护自己免遭感染。与此同时,巴西政府接连向 4 个主要西方国家求助,均得到对方无能为力的答复。4 月初,巴方向中国求助,中方承诺在 1 个月内为巴西提供价值超过 2 亿美元的医疗物资和用品,包括 500 万套核酸检测试剂、防护服和口罩等。

新冠肺炎病毒感染不分党派政治,不分种族和高低贵贱,它给巴西社会带来巨大心理创伤。经历几场虚惊之后,博索纳罗总统在 7 月初被检出新冠病毒阳性。经过几个星期的治疗,博索纳罗本人很快康复。他的长子弗拉维奥参议员在 8 月份也被确诊感染新冠肺炎。此外,博索纳罗妻子(巴西第一夫人)米歇尔的祖母阿帕雷西达·菲尔莫在 8 月中旬因感染新冠肺炎不幸去世。截至 2020 年 8 月底,巴西国内至少有 10 名州长确诊感染新冠肺炎。巴西新冠肺炎确诊病例和死亡病例位居全球第二,仅次于美国。进入 9 月份,新冠肺炎疫情在巴西到达高峰并开始减弱。专家们预测,巴西确诊的新冠肺炎和死亡病例,最终可能被印度超越。

拉美国家都是发展中国家,中国是拉美许多国家的最大贸易伙伴和重要投资来源国。最近 15 年来,中拉经贸合作关系得到长足发展,双边友好关系得到进一步加强。"天涯若比邻,患难见真情。"在中方抗击疫情最困难的时候,拉美国家和人民给予中国真诚的帮助和支持。中方最先走出新冠肺炎疫情后,成为世界抗疫的中坚力量。拉美有难,中方有求必应。除了提供大量医疗设备、防护物资以及派遣医疗专家组,中方医药公司从 2020 年下半年开始先后与巴西、阿根廷等拉美国家开展抗疫合作,共同推动新冠灭活疫苗的研发与投入使用,为的是使拉美人民尽早摆脱世纪疫情带来的痛苦与折磨。

2. 寨卡病毒逞猖狂

寨卡病毒在巴西也是一种人人谈虎色变的病毒。

感染寨卡病毒后,80%的患者没有任何症状,只有20%的患者出现轻微症状,比如低热、皮疹、关节疼痛、结膜炎等。这种病不传染,很少致命,1周内症状即可消失,愈后良好。然而,寨卡病毒最可怕之处不是致死率,而是它可以使新生儿罹患小头症。该病毒干扰胎儿神经系统发育,导致胎儿流产早产。感染病毒的小头婴儿大脑发育不良,身体出现残疾和智力障碍。

为控制疫情,巴西卫生部门在全国范围内展开灭蚊防疫运动,包括大规模喷雾消毒,甚至派军队去疫区摧毁蚊子的栖息地。工作人员挨家挨户检查,确保消除蚊虫孳生的隐患。在巴西的有些地方,政府对积极灭蚊的单位和个人给予现金奖励,对灭蚊不力者则给予罚款。

2016年夏季奥运会在巴西举行,当时人们担心寨卡病毒会进一步四处扩散。2016年9月,世卫组织对寨卡病毒流行情况评估的结果显示,由于巴西当局应对措施得当,当年在巴西举行的奥运会期间没有出现一例实验室确诊的寨卡病毒感染病例。随着疫情在世界范围内得到缓解,世卫组织在2016年11月宣布解除对寨卡病毒的警报。

寨卡病毒是怎么传播到巴西的呢?原来在2013年至2014年期间,法属波利尼西亚寨卡病毒疫情爆发,当地大约有11%的居民被感染。专家推测,2014年世界杯期间,法属波利尼西亚的游客将寨卡病毒传到了巴西。

寨卡病毒属于黄病毒家族,与乙型脑炎病毒、登革热病毒、西尼罗病毒是近亲。1954年,尼日利亚首先证实了3例人类寨卡病毒感染病例。2007年以前,被证实的人类感染病例仅有14例。2013年至2014年,法属波利尼西亚寨卡病毒疫情爆发。此后,寨卡病毒开始在非洲和亚洲以外的地区流行。

寨卡病毒通过蚊虫叮咬在人和动物间传播,属于人畜共患疾病。传播寨卡病毒的伊蚊也传播登革热、基孔肯雅热病毒。寨卡病毒可以在人类血液中存活,蚊子叮咬感染病毒的人,可将此病毒进一步传播。蚊虫叮咬人后,经过3~12天的潜伏期后发病。在寨卡病毒感染者中,只有约1/5的人会出现轻微症状。

3. 登革热年年兴风作浪

就在世界各地爆发新冠肺炎疫情之时,巴西国内同时还爆发了登革热疫情。重灾区是米纳斯吉拉斯、巴拉纳和圣保罗州。巴西卫生部官员表示,大规模爆发登革热的原因是夏天天气潮湿闷热,而且高温多雨,这些都为蚊子的繁殖和病毒的传播创造了有利条件。

在低温下,登革热病毒存活的时间很长,人们感染这种病毒后通常会出现头痛、呕吐、皮疹和高热等症状,极端情况下还可能出现严重内出血和器官受损等,甚至死亡。登革热病毒有 4 种,从理论上来讲,一个人最多甚至可以接连感染 4 次登革热。登革热可分为普通登革热与重症登革热,普通登革热的致死率并不高,一般认为在 1%～5% 之间,而重症登革热的致死率则高达 20% 左右。此外,登革热病毒发生了变异,每次发生变异后都会使流行病的病例大幅增长。

登革热病毒是通过蚊虫传播的,所以蚊虫越多的地方,登革热越容易盛行。因此,在全球热带和亚热带地区,特别是生活和医疗卫生条件落后的地方,登革热疫情很容易爆发。近年来,登革热也有在全球大流行的趋势,世界卫生组织数据显示,全球每年大约有 3.9 亿人感染登革热。

4. 近年新出现的雅拉病毒

2020 年 2 月,病毒学家和科研人员在巴西新发现一种全新的神秘病毒,这种病毒 90% 的基因以前从来没有在公共科学数据库和文献中被描述过,所以科学家们目前对它的认识非常有限。这种病毒不是在人体内发现的,而是在巴西贝洛奥里藏特的潘普尔哈湖发现的。由于病毒的神秘性和无法识别,科学家们把这种病毒用巴西神话和民间传说中的水神冠名为雅拉病毒。

病毒学家在雅拉病毒中无法找到任何可识别序列或其他典型的病毒基因,根据目前用于病毒检测的宏基因组学方案,雅拉病毒甚至不会被识别为另一种病毒因子。雅拉病毒拥有几乎十分完整的孤儿基因组,从而对 DNA 病毒的分类提出了挑战。由于雅拉病毒存在巨大变异性,它今后会给人类带来什么样的危害,科学家们目前正在探索和研究。

5. 巴西爆发黄热病疫情

2017 年 7 月至 2018 年 1 月期间,巴西全国共出现黄热病疑似病例 601 例,其中确诊 130 例,53 人被确认死于黄热病。黄热病主要发生在巴西米纳斯杰拉斯、圣保罗和里约热内卢三个地区。这是最近 40 年来,巴西发生的最严重的黄热病。

黄热病于20世纪初开始在巴西南部和东南部流行。自2016年以来，这种疾病传播的速度越来越快。黄热病是由黄热病毒引起，主要通过伊蚊叮咬传播的急性传染病。黄热病以高热、头痛、黄疸、蛋白尿和内脏器官出血等为主要临床症状，传染性强，死亡率高。因此到巴西旅游的游客，一定要提前10天接种黄热病疫苗。

五、华人篇

巴西蜂胶——墙内开花墙外香

世界上许多保健品可以用"墙内开花墙外香"来形容,我觉得这样的比喻非常贴切。巴西蜂胶如此,美国阿拉斯加深海鱼油如此,秘鲁的玛卡也是如此。我在美国工作时买过一些阿拉斯加深海鱼油,朋友回国时也送过我几瓶,但这些鱼油最后都是浪费掉的。

巴西蜂胶虽好,但巴西人很少吃这种保健品。如果你到巴西药店购买蜂胶,由于需求量很小,店里通常只有一两盒或两三盒剩货,卖完后再进几盒,绝对不会囤积很多蜂胶,因此中国人想抢购也没办法。谈到巴西蜂胶,打开百度百科,上面是这样介绍的,蜂胶行业内素有"世界蜂胶看巴西"的说法,巴西亚马孙原始森林,属于病源菌最容易繁殖的热带气候及亚热带气候,有细菌、病菌或是虫类等对蜂窝有害的东西,蜜蜂为保护蜂窝,就会制造蜂胶来加以保护。这种独特的巴西绿蜂胶,含有一种称为"阿特匹林C"的特殊成分,具有较强的杀菌消炎和提高免疫力的作用。

受巴西气候条件和土质的影响,生长在沿海地区、高海拔和低海拔地区的不同树种有着各种不同的化学成分,从而为蜜蜂的花粉传播和蜂胶的酿制提供了良好条件。据说,巴西卡塔琳娜州的蜂胶是全球最好的。在圣保罗中国城几家华人商店销售的蜂胶,说明书上介绍蜂胶还具有调节免疫功能、辅助抗氧化、降低血脂、血压、血糖、抗肿瘤等功效,被宣传得神乎其神。

巴西虽然拥有全世界最好的蜂胶原料,但巴西人没有使用蜂胶的传统。由于科研能力有限,巴西目前仅使用蜂胶喷雾剂来缓解咽喉疼痛等小毛小病,主要起到消炎杀菌的作用。巴西大部分蜂胶原料主要销往欧美和亚洲国家。平心而论,优质的蜂胶产品具有抗菌功效,有助于增强免疫力,对治疗皮肤病、口腔溃疡、胃溃疡以及降低胆固醇等具有一定疗效。

但是经过国内一些夸张的宣传,服用蜂胶已成为部分中国人养生保健的时尚。对大多数中国游客来说,在巴西访问期间抽空到圣保罗华人聚集的东方街购买一批蜂胶几乎成了"必修课",而且中国人的购买力很强,一买就是大包小包一大堆,至少几百美元。如果你在圣保罗自由广场的中餐馆吃饭,一些餐馆老板会主动向顾客推销巴西蜂胶,宣称对治疗妇女病和肿瘤等具有良好功效。

当地不少华人朋友曾提醒我，要买蜂胶最好到巴西正规的药店购买。巴西药店内的蜂胶都是货真价实的，没有假冒产品，上面有生产日期和有效期，还有工厂的地址和电话号码。如果巴西药店兜售假货，人们可以把药店老板告上法院，药店就会被罚得倾家荡产，老板还要蹲监狱。

一名华人医生说，巴西华人通常不吃蜂胶，但有些华人却热衷于向南来北往的中国游客推销蜂胶，人们相信自己购买到的是真品。但在圣保罗华人区购买的巴西蜂胶，很可能不是正品。问题是即使买到假货，中国游客不会也不可能把商家告到法院，因为你人早已不在巴西。如果你真想购买蜂胶，而且给自己的父母和亲友吃，最好到巴西药店购买。这个道理就像中国人在巴西购买珠宝，绝对不会到华人商店购买，所以巴西华人不做珠宝生意。

2019年年初，我在网上看到网民发出这样一条信息：我爸购买巴西蜂胶被骗6 000元人民币，询问律师该怎么办？我的答案是，中国距离巴西遥远，要讨回这笔资金，打官司的成本太高，而且成功的概率几乎为零。因此，最好的办法是不要过分迷信巴西蜂胶，其功效的心理作用可能大于医疗作用。从国内网购巴西蜂胶时，尤其要小心谨慎，避免上当受骗。

东方丈母娘不喜欢巴西女婿

我在中国驻巴西大使馆的春节华人招待会上初次认识叶女士。叶女士是天津人,1981年移民巴西,身边有5个儿女,其中有2个孩子与巴西人通婚,现有9个孙子、孙女。大孙子现在读大学,他在读书期间爱上了巴西女同学。

叶女士的三女儿从厦门大学医学院针灸推拿学专业毕业后,到巴西留学,现在当地行医。大学期间,她被一名巴西男生看中,对方拼命追求她,最后博得了她的芳心。叶女士极力反对跨国婚恋发生在自己家里,还花了2 000美元找律师打官司,到法院状告男方性骚扰她女儿,试图拆散他们。女婿的父亲是德国移民,母亲是巴西人,女婿本人则在政府环保部门工作。

谈到这个巴西女婿时,叶女士带着不太恭敬的话语开始数落起来,一发不可收拾。她说,三女婿今年40岁出头,走起路来甩着胳膊大摇大摆,仿佛是个来头不小的大官。她很不喜欢洋女婿的走路姿势和待人接物。洋女婿非常害怕中国丈母娘,两者之间很少有语言交流。叶女士每次有事打电话找女儿,要是洋女婿接听电话,她总是毫不客气地说,要跟女儿讲话。洋女婿非常知趣,在中国丈母娘面前从来都是话不投机半句多,基本上保持沉默。尽管丈母娘与洋女婿之间的关系不和谐,洋女婿与三女儿之间的关系还不错,他们婚后生有5个孩子,2男3女,日子过得挺滋润。

叶女士的二儿子先后在巴西5所大学读书学习计算机、会计和警察等专业,毕业后在巴西一家法院工作,职业是联邦警察,专门负责打击毒品走私、偷渡客和抓捕跨国犯罪分子。二儿子白天上班,晚上在夜校读书。有时上午上班,下午读书,相当辛苦。二儿子的妻子是他在大学时代的巴西同学,也是学电脑的,文化知识水平很高,他们婚后生有2个孩子。

巴西第二代华人在当地读大学时,接触的都是巴西人,久而久之,他们大多爱上了巴西女同学。叶女士的大女儿虽然嫁的是华人,但孙子今年23岁,在大学读的是建筑专业,很快就要毕业。他在大学也爱上了巴西姑娘,对方是学医的,两人情投意合,打得热火朝天。

一些西方男人抱怨说,巴西女人是世界上最糟糕的女人,因为她们跟外国人结婚是为了金钱。但是另一些西方男人认为，欧美男人才是世界上最糟糕的男人，因为他们到巴西来参加狂欢节和各种派对活动，到里约热内卢海滩猎奇，接近巴西女人的目的就是为了满足自己的欲望。

在如何评论巴西知识女性的问题上，叶女士更有发言权。她说，巴西年轻媳妇漂亮，通常知书达理，非常尊敬中国老年人。比如每次外出上车时，巴西媳妇总是让老人优先，然后轻轻关上车门，最后自己坐在副驾驶座位上。巴西媳妇与中国公公婆婆沟通起来没有什么障碍，中国公公婆婆也非常喜欢巴西媳妇，但就是中国的丈母娘有点看不惯巴西女婿。

定居里约热内卢的于先生没那么走运，他对巴西女人有着不同的人生经历和看法。于先生在国内接受基础教育，先在国内工作，后来辞掉工作移民巴西创业。他认识了一个巴西女孩，两人爱得死去活来，最后结婚生子。可是，巴西妻子游手好闲，而且特别会花钱，于先生赚再多的钱都被她轻轻松松地花光。性格和文化理念上的冲突最后导致他们劳燕分飞。于先生谈起这段感情时感慨地说，他和巴西前妻在一起生活的时候从来没有好日子过，经济上也没有好过。最后，前妻跟一家超市老板私奔了。前妻跑了，于先生因祸得福，他的生意反而有了起色。

从20世纪80年代开始，许多中国人移民巴西，他们在巴西的生存环境比较好。早期移民巴西的华人，在当地扎根时吃过不少苦头。华人有时拖着行李过马路，巴西警察经常会上来拦住去路要查假货，最后连人带货一起抓到警察局盘问。由于刚到巴西人地生疏，中国人最后只好找人保释出来。当时的生活的确很艰辛，而且非常不容易。有些新移民辛辛苦苦赚的一点钱，下班时还经常遇到拦路抢劫。

然而，第二代华人家庭经济条件普遍都比较好，他们在巴西接受很好的高等教育，毕业后找工作也比较容易，因为巴西的竞争不太激烈。第二代华人在企业有比较好的工作，但就是吃不起苦。据了解，巴西年轻一代华人中多数在大学读书期间爱上了巴西姑娘，通婚是一个大趋势。至于他们的爱情结晶，刚开始会讲一点普通话，一到上学年龄，同学们都是巴西人，相互之间讲的都是葡萄牙语。过不了一两年，他们就成了地地道道的巴西人。

中医针灸为何在巴西更吃香

在巴西首都巴西利亚,宋南华大夫是巴西中医针灸界首屈一指的名医,巴西病人络绎不绝地从外地慕名而来求诊。宋南华曾在 2015 年 3 月和 6 月分别获巴西医疗领域的"职业骑士勋章"和"优秀移民十字勋章",在 2017 年 5 月荣获"国家荣誉勋章"。毫不夸张地说,宋南华先生是中巴两国民间交往的友好使者,他是中医针灸在巴西的优秀代表。

宋南华大夫的诊所设在首都巴西利亚一家医院的 11 层楼。宽阔的诊所有接待室、办公室,还有 7 个诊室 8 张病床。每张病床都保持隐私。病房里干净卫生,前面的病人刚走,诊所马上换上一大张新的一次性卫生牛皮纸,就像一条床单。在这里,宋南华每天要精心接待治疗 30 多名巴西病人,他对每位病人的病情和治疗进展情况了如指掌,而且与病人之间的沟通非常和谐。

祖籍中国云南的宋南华于 1982 年在上海中医药大学针灸系学习,大学毕业后到云南中医学院(现为云南中医药大学)当老师。1995 年,他来巴西谋生。如果没有西医执照,他很难在巴西正式行医。为此用了差不多 9 年时间,宋南华成了巴西首位获得职业医生行医执照的华人中医针灸师。他说,西医对他的中医针灸帮助非常大,扩大了他为病人看病的思路,提高了他的中医针灸整体水平。宋南华用西医知识诊断患者的病情,结合中医特点对病人进行个性化的针灸治疗,两者互补互助,相得益彰。我认为,这正是中国一些中医针灸师可以借鉴的地方。

1. 小小银针治疗功效非常神奇

除了吃药和手术外,西医是无法用其他手段为病人解除病痛的。宋南华以治疗颈椎病为例,他说西医主张手术,把压迫的神经松动一下,整个手术需要一名麻醉师、两名护士和一名手术医生,一台手术下来需要七八万美元。而中医就靠一根根小小的银针,找准病痛的穴位扎针,一般顽固的病痛经过 20 次左右针灸后就可以明显好转。中医针灸治疗颈椎等疾病简单易行、安全,没有副作用,而且经济实惠。

中国驻巴西大使馆王小军武官 21 世纪初在非洲维和期间,因为开车膝盖经常对着空调出风口,膝盖风湿病严重,发作起来走路都很痛苦。经过宋南华大夫 20 次左右针灸后,常年伴随王武官的老毛病烟消云散了,如今他又活跃在非洲,目前担任联合国西撒哈拉维和部队司令。中医针灸还可以治好失眠、头晕、颈椎病、老风湿、打呼噜等慢性疾病。每种疾病都有好几种疗法,这种疗法若不见效,宋南华马上换上另一种手法。

在宋南华大夫诊所,这里有针刺、拔火罐放血、电麻等。他的拿手绝活是快速针刺法。比如患者肩膀、胳膊出现持久酸痛,这就像高速公路上飞来一块石头,影响了交通,现在要想办法把石头搬走。疼痛,说明经络上有结节,结节就是病灶,气血不好的东西停留在那里。经络不通就需要调理气血。找准病灶后,宋南华用快速针刺法,在每个结节上快速针刺五六下,把结节松开,结节一通就不痛了。这就是中医理论所说的"痛则不通、通则不痛"。

宋南华说,中医针灸帮助西医解决了许多不能解决的问题。有一个小学生手心严重出汗,无法写作业,一写作业整个练习本就会被汗水浸湿。他妈带他看遍了西医,西医束手无策,母子俩非常烦恼。他们最后找到宋南华大夫,希望用中医针灸帮助治疗。宋南华找准病因后,在小学生身上的穴位扎针,前后针灸 20 来次,他的病情基本痊愈,母子俩高兴得连夸宋大夫好。还有一个半岁大的患者,由于便秘,肚子胀得像个小排球,婴儿的母亲奥利维拉虽是著名儿科医生,但对自己儿子的便秘束手无策。她抱着试试看的心态来到诊所。经过诊断,宋南华在婴儿手臂的肺经上扎了两针。两小时后,男婴开始排便。从此,奥利维拉便成了中医针灸的代言人,逢人就夸中医针灸好。

2. 巴西中医针灸理论和应用能力强

巴西全国有 10 多所不同级别的中医针灸学校,为巴西医生普及针灸教育。2018 年 1 月,巴西全国已有 200 多家公立医院开设了中医针灸科室。此外,巴西还有许多私人中医针灸诊所。巴西官方承认的中医针灸师必须是西医内科医生出身,而且要在中医针灸学校毕业,通过资格考试并获得巴西卫生部门颁发的行医执照方可行医。许多巴西人喜欢中医针灸,除了针灸治疗从 2006 年开始被纳入巴西医疗保险体系外,主要是无副作用、疗效显著、价格低廉和操作方便。但是,中医不是通过几个月的学习和几个星期的培训实习就可以上岗看病的。高超的中医针灸需要正规的学习和长期积累,没有扎实的西医知识,中医针灸是很难达到最高水平的。

以针灸为代表的中医疗法在 19 世纪初传入巴西,接受治疗的巴西人也不多。1983 年,"南美针灸学会"在圣保罗成立,后来更名为"巴西传统中医药针灸学会"。在巴西针灸学会的推动下,巴方加强与中国的学术交流,推荐和派遣了不少西医到中国学习针灸。圣保罗还办有中医针灸学院，宋南华每年应邀前去给大学生们讲课。宋南华说，巴西最初的一批老师都在中国学过中医针灸，他们的理论水平很高，理解和应用能力也都很强。

为了提高巴西中医针灸师的水平，巴西传统中医药针灸学会每年举办针灸年会以及其他各种针灸研讨会、交流会和培训提高班，中医针灸医师参加一次学术活动就有一定积分。如果针灸医生在行医过程中不参加各种培训班提高自己，虽然不会被吊销行医执照，但会受到巴西传统中医药针灸学会的警示。宋南华说，在巴西，获得行医资格的中医针灸师地位在业内处于中上等水平，收入仅次于麻醉师、皮肤移植和美容科的医生，高于儿科和内科医生。

3. 中西医结合是中医针灸的发展方向

宋南华认为，一名顶级的中医针灸师应具备中西医知识，把中西医知识和技术有效结合起来，这是世界中医发展的方向和大趋势。如要在海外推广中医，首先需要鼓励西医学习中医、应用中医和推广中医。如要成为一名非常出色的中医针灸医师，最好先学西医知识，后学中医针灸，这样做比单纯学习中医针灸效果更好。中国是中医针灸的故乡，但中国人不能固步自封。国外的中医针灸水平发展很快，中国针灸界需要不断为中医针灸师提供参加各种学术研讨会和培训班的机会，邀请名医进行学术讲座，帮助中医针灸师不断提高技术水平，进一步弘扬瑰丽的中医针灸文化。

在巴西颇有名气后，宋南华经常收到国内、韩国、日本和欧洲国家发出的邀请，请他参加各种国际针灸研讨会。谈到中国针灸医疗同日本和韩国的共性与区别时，宋南华说，在日本和韩国从事针灸的医师水平都很高，因为他们首先是西医，都是心脏科、神经科、儿科、麻醉科和骨科的医生，在这基础上他们再学习中医针灸。因此，日韩针灸师用西医知识重新认识中医，发现中医有许多伟大之处，所以他们在应用与提高方面做得非常好。

巴西华人在新世纪面临的隐忧

出门在外，安全第一。国内同胞最牵挂巴西亲友的是人身安全，因为在在巴西这个国家赚钱不是太难，华人华侨在巴西衣食无忧，但治安不佳是他们目前最大的担忧。华人家长除了注意自身安全，每天还要提心吊胆地接送子女上学放学。尤其是巴西最大城市圣保罗的治安状况很糟糕，人们十之八九都有被抢劫的经历。

巴西华人绝大多数集中在圣保罗，尤其集中在华人区。具有唐人街之称的"25街"位于自由区，巴西人称它为"东方街"。这个地方过去是日本移民最集中的区域。现在由于大量华人商铺的进入，这里几乎成了华人区，不仅有中餐馆、超市、商铺，还是圣保罗最大的小商品集散地。

由于巴西普通老百姓比较懒散，外来移民在巴西赚钱机会多，所以勤劳聪明的华人普遍有钱，而且做生意喜欢用现金。出于做生意方便以及其他考虑，华人一般不开正式发票，不少人不喜欢把钱存入银行，而是放在家里，比如床底下或墙壁的隔层。因此，巴西华人经常遭到歹徒的持枪抢劫，遇到抢劫后还不敢报警，只好自认倒霉。如果报警，还要花钱疏通关系。由于案子太多，巴西警方的破案率很低。遇到歹徒登堂入室抢劫，人们为了保命只好花钱消灾。因此只要有了一点积蓄，华人通常就会搬家，搬到治安条件好一些的新区，那里的房价虽然贵一些，但安保措施比较严格。

有些华人开的店铺为了快速赚钱，可能销售假冒名牌商品，或者偷税漏税，不开正式发票，做生意不通过银行转账。圣保罗等城市的司法和税务部门经常以打假的名义对华人店铺比较集中的商业街进行突然检查，查抄和没收一些商铺的财产。走私、非法经销商品虽然是个别现象，但一旦被警方抓住把柄，往往一篙子打翻一船人，给当地华人形象带来负面影响。

圣保罗华人做生意不仅要防范明火执仗的歹徒和窃贼，还要应对个别贪婪腐败的警察。不少华人的葡萄牙语水平有限，他们同巴西警方的语言沟通能力不流畅，有时为了求警察帮助办事解决问题，喜欢往对方口袋里塞红包。当地个别警察通常见钱眼开，对于送到嘴边的东西来者不拒。时间久了，他们也了解华人的习俗，需要金钱的时候，他们首先想到华人并会主动找上门来，提出各种由头变相敲诈勒索。碰到这种事情，华人只好哑巴吃黄连，有苦说不出。

在巴西赚钱虽然比较容易，但华人要是碰上赖账的巴西老客户，只好自认倒霉。巴西人做生意信誉不是很好，刚开始时同你做生意有来有往，及时付款。时间久了，他们就会要求欠款或用支票付账。提出用支票付账，这意味着对方可能要诈骗和赖账。有时华人为了拉住老客户，勉强同意用支票支付。如果几笔这样的赊账生意得逞后，这位老客户可能永远消失在你眼前，他今后也不会再接听你的电话。你可以到银行把对方的支票账号黑掉，让对方在银行系统留下不良记录，使他在 5 年之内不能开设银行账户。但是 5 年过后，这些人又可以在其他地方故伎重演诈骗其他华人。

此外，巴西前些年经济衰退，雷亚尔与美元的汇率不稳定，生意非常难做，搞不好就会出现亏本。因此，巴西华人生存不容易，他们既要面对歹徒的抢劫和不良警察的敲诈勒索，还要防止客户的欺诈和赖账，同时还要面对同行的激烈竞争。有时巴西市面上出现一种有利可图的新商品，华人老板一窝蜂地都去做这门生意，互相压价，恶性竞争。用不了几个月，一个好端端的产品就会被做死，大家无利可图，最后一哄而散。

尽管经营和生存的环境不太理想，但也没有华人想回国定居，因为他们的妻子儿女已扎根巴西。巴西人喜欢购买中国物美价廉的小商品，价格比巴西当地市场便宜一大半，出于生意方面的考虑，华人也舍不得离开巴西。因此，华人在巴西这块熟悉的土地上顽强地生存着、工作着。在艰苦奋斗的同时，他们用自己的实际行动向巴西社会展示华人的爱心和善心。每当巴西一些地方发生洪涝和泥石流等重大自然灾害，巴西华人总是向灾区捐赠物品和粮食。巴西好，华人自然好。巴西华人华侨现在只有一个心愿，希望巴西克服目前的困难繁荣富强起来，希望中巴全面战略合作伙伴关系向纵深发展，希望他们的下一代在巴西能过上更幸福、更安全的美好生活。

华人移民巴西经历过三波高潮

巴西的华侨华人绝大多数居住在这个国家的经济中心圣保罗市。中国人移民巴西后,逐步地融入当地社会,用他们的勤劳和智慧,为当地经济做出了贡献,也为促进中巴两国和两国人民之间的相互了解与友谊发挥了桥梁作用。巴西人民对外来移民开放包容,对华人华侨友好相待,这为华人华侨的生存发展创造了良好条件。2018年6月26日,巴西时任总统特梅尔签署法令,宣布每年8月15日为巴西"中国移民日",进一步彰显华侨华人为巴西做出的贡献。

1. 19世纪华人第一次移民巴西的背景

中国人移民巴西的第一次高潮是在19世纪初。当时,巴西为缓解人多耕地少的压力,决定开发亚马孙平原流域。亚马孙丛林环境恶劣,气候闷热潮湿,很多从非洲贩卖过来的劳工因染上热带疾病而死亡。巴西于1888年废除奴隶制后,黑人基本上都成为不干活的自由人,欧洲移民虽然最适合巴西这块土地,但是巴西老板很难控制欧洲劳工。为了解决劳动力短缺的问题,巴西种植园主和一些官员纷纷提议从劳动力资源丰富的亚洲国家引进劳力,用黄种人来替代非洲黑人。

1810年,巴西约翰六世派特使到中国,希望清朝政府大规模组织中国人移民巴西,却被清政府一口回绝。

巴方对清朝政府的拒绝仍不死心,于是派人潜入中国澳门和广东地区,私下招募了400多名种茶工人,带着优质中国茶种来到巴西。最早的中国移民除了在圣保罗州种植茶叶,还有一部分被带到当时巴西首都里约热内卢修建铁路。这些中国茶农在里约热内卢郊区种植茶树获得成功,但由于水土不服和过度劳累,他们中的多数人病死异国他乡,剩下的极少数人后来转移到其他地方谋生。他们一般在当地挑着担子走街串巷兜售小商品,做些小买卖谋生。据巴西历史学家记载,当时一名中国劳工的身价很低,只有20美元左右,一些同情中国劳工的巴西人也认为这个价格低得离谱。

到19世纪末,大批中国劳工被贩运到巴西。他们坐船漂洋过海到巴西期间,每天只靠少量食物果腹,好在他们身材瘦小,饭量不大,在旅途中坚持了下来。由于工作繁重和自然条件恶劣,多数中国劳工在巴西过早地结束了生命。在苦熬撑过卖身契上的年限后,他们才获得人身自由。巴西人认为,中国人聪明智慧,吃苦耐劳,擅长农业生产劳动,比较温顺,不太容易闹事,而且中国拥有非常充足的劳动力。因此,巴西政府建议从中国招募大量劳工。

对于从中国招聘劳工的问题,巴西国内当时存在激烈争论。主张从中国大量移民的人士认为,中国人吃苦耐劳、思想保守,而且容易控制和管理。中国人的缺点是不太容易接受巴西文化,很难与当地人通婚。

2. 20世纪中叶出现第二次移民高潮

华人华侨第二次移民巴西的高潮是在20世纪中叶。东南亚等国的华人华侨因为当时的战乱和受到驻在国政府的迫害大量移民巴西。此外,随着新中国的成立,国内部分人员由于种种原因辗转移民巴西。由于巴西天高皇帝远,而且这里欢迎外国移民,因此这一时期形成了一个中国人移民巴西的小高潮。这些移民的文化层次比较高,经济条件也比较好,他们落户巴西后主要经营餐馆、开设诊所、旅行社和贸易公司等。

3. 20世纪70年代末出现的移民情况

20世纪70年代末,出现了一股新的移民高潮。这些新移民主要来自广东台山与潮汕、浙江青田以及福建莆田和漳州,也有一些来自北京和上海。他们中有投资移民,但更多的是农民、渔民或下岗工人。新移民到巴西大多是投亲靠友,其身份多少有点问题,但他们在巴西落地生根10年以后,若是赶上巴西政府特赦境内的非法移民,他们补办手续成为合法移民。

中国新移民刚出来时在街头摆地摊做点小买卖,或在亲友的餐馆和超市打工。他们出来时间久了,只要不染上赌博的恶习,手头都会有一点积蓄,就开始在圣保罗商业区25街和韩国街做些小商品生意,包括销售五金、电子产品、衣帽鞋子、妇女化妆用品和圣诞节礼品等。久而久之,华人比较集中的地方形成了一个新兴的第三产业,如饭店、超市、银行、理发店、律师事务所、旅行社、代购邮购和清关公司等。

4. 巴西华人的两大特点与变化

华人新移民的一个共同特点是,他们到巴西都是投亲靠友,最大的家族据说有上百名沾亲带故的成员,逢年过节聚集在一起非常热闹。新移民文化程度普遍不是很高,但少部分移民有文化、有资金、有专长和现代化经营管理的知识,他们通过在国内的熟人和朋友供货,在巴西进行批发销售。在巴西风调雨顺的年份,他们的生意比较好做。但在2014—2016年,巴西经济衰退,雷亚尔对美元的汇率大幅贬值,进出口生意非常难做。但是,只要巴西经济恢复增长,华人的生意就会好转起来。

早期的巴西华人以开餐馆和经营超市为主,现在的华人新移民经营的业务则更加多样化。除了经营商店、餐馆、旅行社、洗衣店,从事进口贸易、农场种植和养殖加工,有的还在巴西公司企业和律师事务所任职,有的在大学担任教授。第二代华人大多在巴西长大,能讲一口流利的葡萄牙语,他们中的大多数人选择在巴西发展。也有一些富裕的华人华侨把子女送到美国和加拿大接受教育,这些华人学生毕业后,大多选择定居美国和加拿大。

5. 巴西华人开始从政为民服务

同世界其他国家的华人华侨一样,巴西华人华侨热衷于经商,同政府和军方关系很密切,但很少有人参政议政,对政治漠不关心,这种局面目前出现了一些变化。比如,祖籍中国台湾的威廉巫从2006年开始由圣保罗市议员当选为巴西联邦众议员。他在任期内提出了许多与移民相关的提案,包括大赦各国滞留在巴西的非法移民的议案提案,使4万多名包括华人在内的非法移民得到特赦。在服务华人和侨社方面,威廉巫也做了大量工作。此外,华人李少玉当选圣保罗市议会议员,成为巴西第二位从政的华人。

中巴两国相距遥远,但民心趋近,心心相印。巴西社会没有种族歧视,当地人对中国人和华人非常友好,他们通过华人华侨对中国有了更多的了解。目前,有越来越多的巴西人到中国留学和旅游,巴西人对中国的兴趣越来越大。我认识的几个巴西知识分子开始安排子女学习中文。大多数华人习惯巴西的生活,这里赚钱的机会多,工作和生活压力没有国内那么大,与巴西人相处也比较容易。唯一让华人华侨担惊受怕的是,巴西的治安状况不好。

华人导游提醒中国游客注意事项

中国到南美各国的飞行距离和时间，几乎是中国到美国、中国到欧洲甚至中国到非洲的两倍。由于地理位置十分遥远，到南美旅游的中国游客不多，广袤的南美因此成为绝大多数中国游客希望征服的最后一块处女地。到南美旅游，巴西和阿根廷几乎是第一选择。而且随着生活水平的日益提高，到国外旅游特别是到南美旅游的中国人会越来越多。到巴西旅游访问，如果你不到里约热内卢、伊瓜苏与玛瑙斯三个城市，总会有一些遗憾。

里约热内卢有世界著名的科帕卡巴纳海滩，在蓝天白云的衬托下，这里的沙滩洁净细软，海浪拍岸游人如织，处处可见晒成古铜色的比基尼女郎。经典式的基督山和面包山，还有醉人的狂欢节和热情奔放的桑巴舞，都是里约热内卢送给中国游客观赏的大片。巴西与阿根廷交界的伊瓜苏大瀑布气势磅礴，几十个大大小小的瀑布倒挂在半空中，犹如一条条宽大和长短不一的白色玉带飘舞在悬崖与河谷之间，勾勒出一幅幅如梦如醉的美丽图景。在亚马孙心脏地带的玛瑙斯市，黑茫茫的原始森林和纵横交错的河道中生活着许多神秘而恐怖的生物和动物，当地快人快语的导游讲述一个个生动有趣的故事，会把人们的思绪带入神往已久的亚马孙原始雨林。

1. 小心驶得万年船

在国内同胞尽情欣赏巴西的同时，我要特别提醒各位，外出一定要注意自身安全，安全出行就是家人的放心与幸福。巴西阳光商旅公司导游李军对我说，中国游客到巴西旅游，在机场填写入境表格时，一定要把表格保存好。巴西的入境表格不像美国各地机场移民局，把表格存根订在护照上。它是夹在护照里，一不小心就会丢失。一旦丢失，你在出境时就会遇到麻烦，或在你下次申请签证时，你的档案里会多一份对你不利的记录。中国游客在巴西机场候机或转机期间，要不断关注大屏幕上显示的航班时间和登机口。巴西机场比较拥挤，航班的登机口经常发生变更，稍不留意，你很可能会错过登机时间。

2. 当心落入桃色陷阱

作为巴西第二大城市,里约热内卢是一个灯红酒绿的高消费旅游城市,当地华人导游提醒中国游客,晚上最好不要出去逛夜总会。巴西的法律保护女性,如果你在夜总会接触当地女孩,对方会非常热情地与你喝酒聊天,说话时可能会时不时地触碰你的身体,不太安分守己,你可能会神魂颠倒,想入非非。最后付账时,你会发现消费太贵,贵得不可想象,双方为此可能会发生一些纠纷。此时,你讲英语对方听不懂,对方说葡萄牙语你也听不明白,或对方不想用英语跟你沟通。纠纷期间,女孩可能打电话报警,控告你对她性骚扰,敲诈勒索你一番。在没有证据和未弄清事实真相前,巴西警方通常会限制你出境。在里约热内卢和圣保罗两大城市,经常发生中国游客在夜总会被敲诈的事情。

3. 出门在外要讲究文明

巴西各地天气比较炎热,到巴西旅游要尽量简装,不要带很多行李,更不要携带贵重的物品,女性外出佩戴珠光宝气的首饰很容易在街头成为被抢劫的对象。华人导游李军说,外出购物付账尽量刷卡,如果你在公共场合掏出一大堆现金支付,出门后可能会发生危险,因为你已被一些不法分子盯上。在巴西旅游,中国游客需要注意个人行为,不要随地丢纸屑和烟头,不要随地吐痰,不要在饭店、飞机上和公共场合大声喧哗。对于一些国人的不文明举止,巴西人看不懂,也弄不明白。巴西法律规定,如果随地吐痰扔垃圾,要被罚款,而且签证上还会出现一项不良记录。

4. 旅游亚马孙热带雨林要避开旱季

玛瑙斯华人导游宫女士告诉我,中国目前到玛瑙斯旅游的游客不是很多。但如果到玛瑙斯旅游,最好避开旱季。玛瑙斯距离赤道只有300公里,最高温度达40℃,而且非常潮湿闷热,中国游客初来乍到恐怕受不了。到玛瑙斯旅游最好的季节是雨季。雨季期间,亚马孙地区的河流水位最高,许多树林浸泡在河水中。游客可以乘坐小船在亚马孙热带雨林漫游,还可以用牛肉垂钓食人鱼,神秘而刺激。如果在枯水期访问玛瑙斯,你在亚马孙森林里漫步会大汗淋漓,步履艰难,很不好受,旅游玛瑙斯的心情和质量就会大打折扣。

5. 外国人看不惯中国人吃饭夹菜的方式

谈到亚洲游客时，巴西利亚华人导游戴女士说，个别中国游客还存在一些不文明、不卫生的习惯。他们在饭桌上抽烟，毫不遮掩地剔牙，有的还用筷子剔牙。在商场、机场或其他公共场合，他们喜欢大声喧哗和叫喊对方的名字。有些男性游客衣冠不整，身上还发出一股异味。戴女士说，巴西人吃饭非常讲究安静和卫生，自己用过的筷子和勺子不在盘中夹菜添汤。国内出来的游客在一起吃饭时，不分公筷和私筷，大家都往盘子和汤碗里面伸，这是非常不卫生的习惯。

戴女士因此建议中国餐饮行业今后在上菜时，推广在每个盘子里放一个公勺或公筷，健康卫生应从国内抓起，这样中国人可以把好习惯带到国外。戴女士还建议，国家旅游部门今后应该为出游的中国人印刷小册子，通过旅行社发送给每个游客，明确写明哪些事情在境外可以做，哪些事情不能做，哪些陋习在国外非改不可，让每个出国的中国游客做到心中有数，有则改之，无则加勉。同时，旅游团领队也应该约束团员的一些不良习惯，把我们中华民族的优点发扬光大，同时逐步消除我们一些不登大雅之堂的陋习。

中国退伍军人在巴西退伍不褪色

在巴西经商的刘皓是巴西华人协会监事长,杨华德是巴西上海同乡会会长,他们移民巴西已有 30 多年时间。谈到会长的责任和义务时,他们说,会长需要奉献和负责,不仅要出钱,还要花费很多时间和精力帮助解决会员面临的困难,这是一种同乡情谊,需要团结和互相帮助,这样才能立足当地。作为侨领,他们经常面临一些突发事情,比如遇到华人华侨过世或遇到凶杀事件,或在经营上遇到困难,会长一定要予以帮助,要有爱心和奉献精神,当好领头羊。

华人在移民巴西前不太懂得什么是爱国,有些人可能对自己的国家和政府还有这样或那样的怨言与批评。但是一旦来到异国他乡,他们的爱国热情就很强烈,他们为祖国的日益繁荣强盛感到自豪。祖国强大了,海外华人则扬眉吐气,在巴西的社会地位就会提高。因此,巴西华人华侨非常关心祖国的发展。每当国内遇到重大天灾人祸,比如汶川大地震和云南严重干旱,圣保罗地区的华人华侨纷纷为灾区解囊捐款。刘皓说:"我们在巴西赚了钱,我们懂得报答祖国和家乡,我们也懂得回馈巴西社会,帮助当地受洪涝影响的灾民渡过难关。"

刘皓还谈到了巴西中国退伍军人联谊会。巴西中国退伍军人联谊会自成立以来队伍不断壮大,联谊会成员中有退役的国民党军人、共产党军人,有年过九旬的黄埔军校毕业生,还有退役武警官兵以及参加过中越自卫反击战的老战士。他们中大多数是退伍的男军人,也有一些当年英姿飒爽的女军人。每逢"八一建军节"和春节,巴西中国退伍军人联谊会都要举行聚会,庆祝这些伟大的节日。他们有自己的会歌,也有自编自演的文艺表演。

巴西中国退伍军人联谊会活动内容丰富:组团回国参观井冈山、慰问到访的中国海军官兵和参观军舰、经常到机场欢迎到访的中方高级代表团。与此同时,他们经常举行聚会为战友庆祝生日,体现了战友心连心的深厚情谊。他们表示,他们这些中国退伍军人虽然身在异国他乡,但他们时刻心系祖国,时刻关注祖国日新月异的变化和国际地位的日益提高。联谊会成员表示,军人出身的华人一定要团结一心,发挥各自的专长和优势,为推动中巴两国在各个领域的合作和建设一个和谐的侨社做出积极贡献。

值得一提的是，2015年7月18日，巴西中国退伍军人联谊会和巴西华人协会等十几个社团共同隆重举办中国人民抗日战争暨世界反法西斯战争胜利70周年纪念大会以及抗战图片展览、文艺演出，中国驻圣保罗总领馆官员、当地华侨华人代表等350多人出席，场面非常热闹。当时93岁的抗战老兵、中南美黄浦同乡会永远名誉会长罗大成在会上讲述了当年抗战经历，把会场气氛推向了高潮。据说，巴西中国退伍军人联谊会是中国在海外成立的第一个退伍军人组织，它在巴西华人社会发挥了非常积极的作用，为加强中巴两国和两国人民之间的友谊增光添彩。

2020年1月下旬武汉爆发新冠肺炎疫情后，巴西中国退伍军人联谊会立即开展爱心捐助活动，委托国内战友协助为湖北省荣军医院购买大量口罩，支援医护人员开展防控救治的战斗。天再高，路再远，也阻隔不断巴西华人和中国退伍军人对祖国和祖国人民的牵挂与爱心。

友谊酒家——中巴人民友好交往的桥梁

阿雷格里港是南里奥格兰德州的首府,是巴西南部的大城市,也是巴西距离阿根廷、乌拉圭和巴拉圭最近的大城市。这里的居民大多是德国和意大利移民及其后裔,他们勤奋且富裕。翻开阿雷格里港中餐馆"友谊酒家"的网页,我发现这家中餐馆在当地保持着非常好的口碑,当地人喜欢在周末或逢年过节的时候到这里品尝中国美味佳肴。让我们来看看顾客是怎样评价友谊酒家的质量和服务的。

一个名叫 MONICA 的顾客 2019 年 6 月 2 日留言说,这是一家非常地道的中餐馆,食品准备得很好。另一个名叫 ANAO476 的顾客在 2018 年 4 月 26 日写道,饭店的中餐味道很好,价格公道,适合举家到这里就餐。再往下看,几乎所有的顾客都说这家饭店提供的中餐味道非常好,是城里最佳的中餐馆。但也有个别来自美国的顾客认为用餐高峰期的服务比较慢,有待改进。美国人的脾气比巴西人急,所以性急吃不了热豆腐。

1. 用心办餐馆就是要留住回头客

我第一次去巴西南部城市阿雷格里港访问是多年前的事,出租车司机把我带到当地一家中餐馆——友谊酒家用餐。这是一个工作日,里面的客人不是很多。饭店的老板叫周荣华,上海人,没有引起我的注意。时隔几个月,我再次到阿雷格里公干。那天是周日下午两点,我进去时发现里面座无虚席,而且还有好多人在排队等候。我同周荣华先生打了个招呼,说过半个小时再过来。在街头溜达 45 分钟回去时,里面还有很多人,但空出了几张桌子。这一次我的印象是,这家饭店的生意特别好。

友谊酒家的周荣华既是老板又是大厨,妻子李梅云当收银员,他们在当地雇用了 12 名巴西工人,其中 3 名是掌勺的厨师、2 名配菜员,还有洗碗工、服务员等。年逾六旬的周荣华 20 世纪 70 年代初毕业于上海的一家烹饪学校,1987 年移民定居巴西阿雷格里港。周荣华说,他平时没有什么爱好,不打牌,也不搓麻将,有空时喜欢看看书,或在 CCTV 上看《天天饮食》节目,从中学习一些新的菜谱。他说,阿雷格里港不是一个流动的城市,来这里吃饭的客人都是当地的常客。要留住这些顾客,诀窍就是要不断翻新菜谱,经常推出几个新的菜肴,用新花样来吸引和留住顾客。

为了翻新品种,周荣华先进行试验,然后邀请朋友共同品尝。如果大家都说好,他就推出新品种。他说,饭店过一段时间就要推出几个新品种,让顾客保持一种新鲜感。来这里的客人有时进门就问,最近有什么新的菜肴?周荣华和李梅云就向他们推荐新的菜肴,他们听了很高兴。彼此之间熟悉了,客人满意了,下次就会介绍其他朋友来。周荣华说,对于赚钱他现在已不太在乎了,真正在乎的是顾客的反应。若是有顾客讲今天的某个菜做得不是很好,他心里会非常难过,一个晚上睡不好觉,且一定会想方设法把这道菜做好。周荣华说,他们饭店的顾客都是靠口碑吸引过来的,从来没有做过商业广告。

2. 饭店成为中巴友好交流的平台

阿雷格里港是一个以欧洲德国和意大利移民为主的大城市,市民教育程度高、文化素质高,经济条件也比较好。到友谊酒家用餐的客人,大多数是巴西的商人、医生和律师等中产人士。这些常客与中国有商业往来或学术交流,不少人去过北京、上海和广州。周荣华说,这些客人去中国之前,都要到他们这里进行咨询。巴西人过去只知道中国经济发展很快,但访华归来后,他们都会伸出大拇指称赞中国好,好得超出他们的想象。问他们下次还去不去,他们异口同声地说当然还要访华。

许多巴西顾客第一次访华前对中国了解甚少,访华期间,他们拍摄了大量照片和视频,对中国的建设成就感到非常震惊。返回巴西后,他们到饭店用餐时向周荣华和夫人李梅云展示照片。巴西顾客说,中国有着悠久的历史与灿烂的文化,经济发展举世瞩目,城市建筑非常现代化,中国人聪明,而且特别勤劳。他们带着羡慕的口吻表示,中国崛起是必然的。周荣华自豪地说,祖国的腾飞和强大为海外华人争了光,他们在海外的腰杆子更硬朗了。

3. 中餐馆目前在巴西竞争不过日本料理

阿雷格里港曾经有20多家中餐馆,有的规模相当大。如今时过境迁,只剩下10余家中餐馆,有的提供自助餐,有的还兼营日本料理。中餐馆大量减少主要有两个原因:一是当初开餐馆的华人都是为了谋生,以家常菜为主,他们对中餐的质量不太讲究。但是,巴西人对饮食非常讲究挑剔。周荣华说,如果你提供的饭菜档次太低,质量不高,人们下次就不会再来这里就餐。另一个原因是第一代华人出来创业,他们在奋斗过程中把子女送进大学。子女大学毕业后当医生、律师或从事电脑行业,不再在饮食行业工作。

由于周荣华是中国烹饪学校科班出身，他的老师是上海特级大师，所以他做菜特别讲究质量，受到巴西顾客的一致好评，他们的饭店被巴西《瞭望》杂志多次评为最佳中餐馆。谈到与巴西员工相处的情况时，周荣华说，巴西人心地善良，非常友好，不歧视东方人。巴西人过去崇拜日本人，他刚到阿雷格里港时，当地人总问他是不是日本人。如今，巴西人崇敬中国人。到了周末，巴西人的家庭佣人要休息一天，家里无人做饭，巴西人就举家到外面用餐。对工薪阶级来说，妻子平时在家里做饭，到了周末全家一起到外面聚餐，轻轻松松。喜欢吃中餐的巴西人，则喜欢到友谊酒家调剂一下口味。

4. 不知忧愁的巴西人是天底下最好的人

周荣华说，巴西工人的文化水平不高，工作时没有太多责任感和上进心，无故不上班是常有的事情。但在友谊酒家留下来的巴西员工，工作都很认真，最长的已工作了10多年，周荣华夫妇把他们当作朋友看待。周荣华说，华人老板对巴西工人要将心比心，要关心他们的家庭情况。只要你对巴西工人好，他们就会投桃报李。对那些认真工作并希望留下来继续工作的员工，如果他们在生活中或家里遇到什么困难，周荣华夫妇总是尽量想办法帮助对方。

超前消费是巴西穷人的一个特点，他们基本上都是靠借钱过日子。女老板李梅云说，底层的巴西人虽然很穷，但他们始终保持乐观的心态，好像永远不知道什么是忧愁。这个民族牛性乐观，穷人的生活水准不高，精神生活却很富足，满意度很高。

六、中巴交往合作篇

孔子学院在南美办得有声有色

在巴西和南美地区,各国非常欢迎孔子学院。在巴西圣保罗,人们对孔子学院的教学质量和规模赞不绝口。

创建于2008年的巴西圣保罗州立大学孔子学院,坐落在圣保罗州立大学的校园内,拥有一栋欧式风格的两层教学楼。这栋教学楼是圣保罗州政府赠给州立大学的礼物,该大学又把这份贵重礼物捐给了该孔子学院。

在巴西圣保罗州立大学孔子学院担任汉语教学的两名老师来自湖北大学,还有近20名中国大学生志愿者,她们在这里担负繁重的教学任务,向她们拜师学习汉语的有2 000多名巴西学生。巴西学生分初级班、中级班和高级班,每个班的学制为一年半时间。由于巴西人学习汉语的热情高,人数在不断增多,巴西圣保罗州立大学孔子学院因此在其他分校另外开设了两个汉语教学点。

巴西圣保罗州立大学孔子学院巴方经理迪亚哥·费尔南德斯先生说,孔子学院目前在圣保罗供不应求,主要原因是圣保罗是南美洲最大的城市,也是巴西的经济和工业中心。他说,包括中资企业在内的许多大公司都在圣保罗设立分公司或办事机构,大量需要既能讲葡萄牙语又会说汉语的人才。许多巴西人认识到中国目前对巴西非常重要,今后对巴西会更加重要,学会汉语今后不仅可以帮助他们找到更好的工作,而且还可以为巴中两国的经贸往来、投资合作项目和文化交往充当桥梁。

巴西学生在孔子学院学习汉语的同时,了解到中国的文化和传统,加深了他们对中国今天发生的巨大变化以及中国在世界上发挥重要作用的认识。费尔南多斯经理非常自信地说,传播中国文化和教授汉语是孔子学院的使命,孔子学院也是传播中国软实力的平台。

中方目前在巴西一些大城市设立了许多孔子学院和孔子学堂,数量居拉美国家首位,但仍供不应求。一些巴西教授朋友都向我打听如何与中方建立联系,他们希望在他们的大学能开设汉语课程。近年来,巴西来华留学和旅游的人数增长速度也很快。有多所中国高校开设了葡萄牙语专业。

中国目前在多个拉美国家建立了多所孔子学院,当地政府予以积极支持,发展势头良好。但是，孔子学院目前面临的主要挑战是需要熟练掌握葡萄牙语或西班牙语的中文老师。中国派往拉美地区的汉语老师和大学生志愿者，英文水平都很好，但他们刚出来时葡萄牙语或西班牙语水平有限，在教学过程中与当地不懂英语的学生互动交流起来有点费劲。好在他们年轻好学，大约半年以后就基本能讲当地话。可是，当他们经过一年熟悉情况后，按照合同就要离任回国，这对孔子学院确保汉语教学质量是个负面因素。

巴西圣保罗州立大学孔子学院中方院长苏宜梅说，针对目前存在的问题，国家汉办正在培养核心老师，计划与国外大学签订 5 年期合同，一方面稳定汉语老师队伍，进一步提高汉语教学质量，另一方面就地物色和培养汉语老师。她说，这对解决南美国家孔子学院缺少高水平汉语老师并进一步提高汉语教学质量非常关键。

创办中文学校满足海外刚性需求

南美地区现有很多华侨华裔。奇瑞公司驻圣保罗的一名高管介绍道,中国政府鼓励企业走出去,现有越来越多的中资企业和民营企业到巴西投资设厂,因此我国在巴西的常驻人员与常驻外交人员越来越多。圣保罗等大城市虽有华语中小学,但大都是由民国时期的国民党人员创办的,学校使用的教材与国内的教育不接轨。由于没有自己的中文学校,中国常驻巴西人员通常是单身在南美打拼,妻子在国内陪子女上学。他们在海外工作仍有后顾之忧。

英国、美国、日本等国在圣保罗都办有他们自己的中小学,为本国国民的子女服务。中国在一些国家的常驻人员和常驻外交人员现在明显增多,一些大城市对中文学校有着刚性需求,中国相关部门应该朝这个方向努力,与驻在国教育部门协商后,争取把中文教育纳入当地中小学的教育大纲。

1. 兴建连接中外的"文化高铁"

随着中国在世界和拉美地区的崛起,中拉双边经贸与文化合作越来越密切。目前,越来越多的南美人和巴西人开始学习中文,因为谁能熟练掌握汉语,谁就能在本国或在中国的跨国公司找到一份很好的工作。如果国外有更多能讲中文的外国人,这对深化中外经贸合作关系大有帮助。因此,汉语是一门中国与外界进行相互交流的重要工具和载体,在加强中外相互了解和合作方面发挥着日益重要的作用。在海外创办教授汉语的中小学,不仅能打造加强中外相互了解与友谊的"文化高铁",而且还可以为提升中国在海外的软实力增砖添瓦,如虎添翼。

中文教育在南美地区有很大的刚性需求,当地华人社会和中国常驻人员对此望眼欲穿。但在整个拉美地区,目前可能只有圣保罗等个别大城市办有中文小学并得到国务院侨办的支持和资助。这类中文学校由国内派出中文老师,在圣保罗招收了几百名学习中文的巴西学生(包括中国新移民和常驻人员的子女),学制纳入巴西教育体系,此举得到广大华人家长的热烈欢迎。但是,类似的中文学校在南美地区凤毛麟角,供不应求,与中国的新兴大国地位很不相称。智利华人协会一名负责人对我说,如果国家在海外创办中文学校有困难,可以由当地侨社集资。尽管如此,在南美创办中文学校仍面临不少困难和挑战。

2. 在海外兴办中文学校面临的挑战

挑战之一是,这些中文学校没有纳入驻在国的教育体系,没有得到当地政府的支持和教育局的承认,中文教育基本停留在课外辅导的基础上,学生们都是在放学之后或利用周末业余时间上中文学校,学生们把中文当成一门外语来学习。有一位华人朋友说,他所在的巴西城市没有中文学校,两个女儿因此都没有接受中文教育,她们至今不会说流利的汉语。他说,作为家长,这是他们这一代华侨华人的愧疚。

挑战之二是,由于海外中文学校没有设立双语教育,因此没有纳入当地政府的教育体系,没有得到驻在国政府的财政支持和教育局的承认。海外中文教育目前面临不少困难,比如办学条件差,教学场地不稳定,硬件设施跟不上,教育质量得不到保证。基于这些方面的原因,当地侨社也不愿在办校方面投入更多资金,因此中文教育目前在海外很难得到进一步发展。

挑战之三是,海外中文教育没有同国内的教育体系接轨。海外中文学校毕业生的文凭不被中国政府认可,学生毕业后很难到中国上大学或找工作。因此,海外目前普遍出现这样一种情况,中国新移民白天忙于做生意,无暇顾及子女的中文教育,其子女基本上处于放任自流的状态。这些新移民的子女放学后,与当地外国孩子在一起玩耍,荒废了学习中文的机会。不少华侨华人家长为了让孩子接受正规的中文教育,只好硬着心肠把孩子送回国内,跟爷爷奶奶或外公外婆生活在一起,或把他们送到美国和欧洲学习英语。遥远的距离感使这一代孩子与家长感情疏远,使他们从小缺乏父母的关爱,不利于健全的人格形成。

3. 提升海外软实力需要办好中文学校

上述挑战与困难在很大程度上制约了海外中文教育的进一步发展,也制约了中国新移民今后对驻在国主流社会的影响力。据了解,美国、英国、其他欧洲国家、日本和韩国等在南美的巴西、秘鲁、智利办有许多双语学校,他们的子女在学校既学母语,同时也学习驻在国的语言。这些孩子从双语学校毕业后可以返回母国继续深造,今后找工作也不存在大问题。中国现在有强大的经济实力和丰富的人力资源,完全有能力在海外兴办一些与国内中文教育接轨的中文学校,同时可以由当地华人社区出面与当地政府建立合作伙伴关系,把我们的中文教育纳入当地教育体系,以便造福子孙后代。此举对扩大中国在海外的影响力,进一步提高中国的软实力也有益无害。

为了进一步加强海外中文教育,南美一些侨领提出以下几点建议:一是希望国内有能力和有条件的单位举办更多的华裔青少年夏(冬)令营,吸引海外华人华裔青少年积极参加,增强他们对中国的认知,增加他们对中国的感情投入;二是中央政府和相关省市政府加强中文教育工作的规划和基地建设,考虑在拉美地区一些华人比较集中的大城市兴办更多的与国内中文教育接轨的学校,学生的毕业文凭能得到国内教育部门的承认,提高海外华人子女学习中文的积极性;三是为学习成绩特别优秀以及生活有困难的华人学生提供一定数量的奖学金,鼓励他们到中国国内的大学读书。

华为在巴西艰难曲折的创业史

华为在全世界的成名，主要靠其艰苦奋斗的科学拼搏精神、在世界各地的良性竞争和为广大客户提供优质服务。

华为是一家民营高科技电信公司，经过多年的发展，它已从一家交换机销售代理公司迅速成长为全球最大的电信设备制造商。由于华为在国外的本地化程度非常高，因而受到世界绝大多数国家的欢迎。

巴西是南美地区最大的国家，截至 2022 年 7 月，拥有 2.15 亿人口，市场潜力巨大。1999 年，华为开始进军巴西市场，在南美这块热土上开始了艰难的创业之路。华为没有大张旗鼓的宣传，没有财大气粗地往巴西市场砸钱，没有投机取巧的心态，而是悉心研究巴西的法律法规，踏踏实实办事，慢慢地融入巴西电信市场。

1. 华为进军巴西市场的主要业务

据了解，在巴西注册登记的中资企业大多数仍处于"战略"亏损状态，盈利的寥寥无几。巴西经济在南美地区比较封闭，市场保护程度非常高。在众多中资企业中，华为能在巴西市场脱颖而出，而且前景光明，这是来之不易的。

华为公司负责南美地区的一名高管在访谈中告诉我，华为在巴西市场主要有三大块业务：一是为巴西蜂窝移动通信网络提供设备，并为固定网络设备提供 ADSL 等宽带网络服务；二是最近几年开始为巴西政府部门和企业提供网络服务，提供解决问题的方案，其中包括打造下一代 5G 网络基础设施；三是为巴西消费者服务，通过电话线和机顶盒为用户提供手机数据卡和解调器。

2014 年巴西举行世界杯期间，巴西各地体育场内的部分通信设备和通信服务由华为提供。为了确保世界杯期间的通信服务和通信质量，华为提前几个月从世界各地抽调了多名专家和技术人员，再加上巴西本地队伍，在世界杯期间每天值守 24 小时，分析客户网络情况，找出毛病并帮助解决问题。在历时两个多星期的世界杯期间，华为提供的设备故障率为零。巴西 VIVO、TIM、CLARO 等主要运营商老总对华为的产品和专业服务表示非常满意。由于多年提供优质的服务和产品，巴西政府部门也非常信任华为。

2. 巴西市场对外商投资条条框框多

"你们企业在巴西做得这么好,为什么直到 2014 年才开始赚钱?你如何评估巴西市场的总体环境?"面对我的提问,华为驻南美地区的一名高管侃侃而谈。他说,巴西的商业环境非常复杂,这主要体现在两个方面:一是税收、劳工保护和贸易保护色彩重。巴西方方面面的法律法规都是为了保护本国产品,若产品在本地化比率高,税收就比较低;反之外企将面临沉重的税收负担。二是巴西联邦、州和市三级政府税收体制非常复杂。三级税收体制之间、现在的税收与过去的税收之间存有矛盾。税率高对企业来说就成了负担和成本。

"你说巴西劳工保护过度,能否具体举几个例子?"华为高管说,在亚洲许多国家包括中国,上级批评下级非常正常,但在巴西就不行。比如你在公开场合甚至在电子邮件中批评巴西员工,他们就会去法院告你,要求你赔偿精神损失费,而且巴西的法律罚款很重。再比如,巴西企业员工不管贡献大小,也不管工作好坏,薪水只能上不能下,而且每年至少要上调 6%~7%。在巴西,周末和节假日不能加班加点,如果加班加点,工资要加倍支付。

3. 治安不佳影响外商投资积极性

2016 年 3 月 9 日,华为里约热内卢分公司的员工在内部餐厅用餐时,一伙蒙面歹徒持枪闯入,洗劫了中方员工,劫走手机以及笔记本电脑、戒指、手表等财产,歹徒在抢劫中还殴打了一些因语言不通不够配合的中方员工。当警察赶到现场时,发现被抢的几部手机定位在里约热内卢的一个贫民窟,警方无法进去抓捕。华为在巴西工作的治安环境也很艰苦,有不少华为员工在圣保罗和里约热内卢等城市都有被抢劫的经历。

4. 外商投资必须了解和遵守当地法律

据报道,在巴西投资的外国企业中,韩国的三星公司可谓倒霉透顶。三星公司玛瑙斯工厂曾两次被当地员工告到法庭。

"你们华为是否也遇到过司法麻烦,最后是怎样化解的?"华为高管说,他们在巴西雇用的员工,大部分是巴西人。巴西的营商环境不太好,在员工管理方面,华为每年在巴西遇到近百起劳资纠纷,这是很头痛的问题。有些纠纷最后庭外和解,有的对簿公堂。由于能力与贡献大小不一,有的员工能拿下好几个项目,有的员工碰到困难就退缩,员工之间自然同工不同酬,有的员工因此把华为告到法院。在巴西的外企,家家户户都会碰到许多劳资纠纷案子。

"巴西是南美和拉美最大的发展中国家,人口多市场潜力大,电脑和手机需求量大。你如何看待巴西市场前景,对前来投资的中国企业有什么建议?"华为高管说,华为当年把企业办到巴西,就是因为他们看好巴西市场前景。华为来到巴西投资后才发现,这里的情况非常复杂。面对困难和挑战,许多企业吓得不敢前来投资,也有一些企业在这里盲目投资。企业投资巴西一定要谨慎并吃透当地法律法规,在投资过程中学会如何处理一系列复杂的劳工和税务等问题,一定要有自己的专家和律师队伍,要有长期合作的顾问公司。此外,对内部员工的管理工作也要跟上来。

在巴西艰苦创业期间,华为管理层在大风大浪中跌打滚爬,尝够了各种酸甜苦辣的滋味。如今,华为苦尽甘来,可以说是目前巴西通信市场的老大。华为在巴西艰苦的商业环境中走了出来,成功的主要经验是谨慎投资,前期基础工作做得扎实。华为巴西分公司高管说,中企投资巴西前一定要认真了解当地文化和法律法规,在合作中遵纪守法,脚踏实地;项目要从小做到大,投资发展中不抱投机取巧的态度,一切都按照国际标准来管理企业。

5. 华为用过硬技术反击美国的打压

当华为通信业务在巴西和南美地区搞得风生水起的时候,美国开始政治打压华为在当地的运营。2019年,时任美国总统特朗普劝说智利和阿根廷等多个南美国家领导人,敦促他们放弃使用华为5G产品。特朗普的阻挠遭到这些国家领导人的抵制,他们公开表示欢迎华为参与当地的5G网络建设。

针对美国的恐吓威胁,巴西华为网络安全与解决方案主管马塞罗·莫塔表示,如果巴西屈服于美国的压力而打压华为,巴西部署5G电信网络可能要延迟好几年,而且将面临高昂的成本。巴西副总统莫朗回应说,华为掌握的技术远远超过其他竞争对手,巴西国内有1/3以上的4G运营网络都在使用华为的设备,如果禁用华为设备并拆除已投入使用的设备,巴西运营商们将蒙受巨大损失。

时任中国驻巴西大使杨万明和使馆发言人也通过巴西媒体表示,华为是一家誉满全球的民营企业,服务于全球多个国家和地区,迄今没有发生过一起安全事件,没有发生过一起网络监听和监视行为,也没有任何国家能够拿出华为产品存在后门的证据。他们指出,美国蓄意对华为进行造谣中伤,粗暴干涉中巴之间正常的商业合作,完全是为了打压强大的竞争对手,并试图挑拨中巴友好合作关系。

负责制定5G建设标准的巴西科技创新与通信部部长马科斯·庞特斯在接受巴西媒体采访时表示,巴西不会阻止任何公司进入5G招标程序。我深信,在巴西5G建设过程中,华为是一个不可或缺的非常可靠的合作伙伴,华为将用先进过硬的技术、诚信的优质服务以及雄厚的实力来说话。在中巴和中拉合作中,祝华为排除一切困难与障碍,一路勇往直前。

中巴经贸合作关系向纵深发展壮大

自 2010 年以来,中国与巴西的双边经贸合作关系跨入一个快速发展的新时期,而且正在向纵深发展。2021 年,中巴双边进出口贸易总额达到 1 353.47 亿美元。中巴两国现在不仅是命运共同体,还是利益共同体。在国际舞台上,中巴两国都是新兴大国,一个是世界上最大的发展中国家,另一个是拉美地区最重要的国家,两国都是金砖国家组织和 G20 集团重要成员,在许多重大国际问题上的协调比过去更加充分、及时和有效。

中巴两国保持战略合作定力,坚持相互尊重和平等相待,这对发展和加强两国在经贸等领域的全面合作至关重要。中巴关系得到进一步加强对中国与整个拉美关系的发展具有战略性和引领性。中巴关系要得到进一步发展,两国首先需要建立和筑牢政治互信。在政治层面上,中巴两国领导人之间互访和在国际场合的元首会晤频繁,两国的政治互信不会因为领导人的更迭发生变故。

1. 中巴货物贸易突破 1 000 亿美元

从中巴双边进出口贸易关系来看,中国继续稳居巴西第一大贸易伙伴地位。中巴双边贸易保持快速增长态势,其中一个重要外部因素是中美之间的贸易摩擦。俗话说:"鹬蚌相争,渔翁得利。"贸易摩擦使中国减少从美国进口大豆,同时把大豆进口的重心开始移向巴西等国,从而为中巴双边贸易提供了额外的动力。中巴贸易得到快速增长,这些都是在世界经济不景气和国际贸易环境不确定的情况下取得的,是在巴西对外贸易进出口双双出现稳中有降的背景下取得的,实属来之不易,这充分显示了中巴两国在经济方面的互补性、互利性和互惠性非常强,而且表明两国的进出口贸易颇具发展潜力。

2. 中国已成为巴西最大投资来源国

进出口贸易对中巴双边关系非常重要,开展并加强经济合作在某种意义上对双边关系更为重要。

中巴经贸合作从小到大、由浅入深，前后大致经历了三个不同阶段。

第一阶段，中国主要从巴西购买铁矿石等原材料和石油，其中包括少数企业在巴西投资购买土地。购买土地本来在巴西合理合法，美国和欧洲国家过去就在巴西大量购买农场，可是经过美国和亲美人士的炒作后，中国购买少量土地的做法在巴西引起很大争议。一些不明真相的以及一些对华不怀好意的巴西人认为，中国试图殖民统治巴西并掠夺巴西资源。

第二阶段验证了中国的谚语"要致富，先修路"，中国企业大量投资巴西基础设施，帮助修建铁路、公路、桥梁和能源工厂等。目前在巴西投资的中国企业接近300家，主要活跃在能源、电力、港口、金融、工程建设、汽车、农业、通信、互联网和机械制造等155个项目上。但基础设施建设基本上是替巴西打工，赚不了多少钱，关键是建设后的经营管理。

第三阶段建立合资企业，转让部分技术，收购一些地方的水电站、炼油厂，共同经营机场和港口，这是投资的高级形式，对中巴双方互利共赢。华为公司已在巴西经营了多年，华为公司在巴西与当地电信运营商开展了从NGN(下一代网络)到2G、3G、4G网络项目的合作。2021年华为成功摆脱美国的封锁打压，获准进入巴西5G市场的建设。

3. 中方积极参与能源与交通领域的投资

在投资巴西的中资企业中，国家电网的投资力度最大，产生了非常好的社会经济效益。

在基础设施领域，中国在铁路、交通、港口、机场、公路、油气管线等基础设施建设中，积累了丰富经验，拥有雄厚实力。而巴西政府近年来连续推出经济发展计划，主要投资于基础设施、能源等领域。巴方希望借助中国先进的技术、经验和雄厚资本在巴西建立覆盖全国的铁路运输网，降低国内的运输成本，提升出口产品的国际竞争力。2017年，中巴两国成立了中国与巴西扩大产能合作基金，中方出资150亿美元，巴方出资50亿美元。这个基金由双方共同管理、共同决策和共同受益，为巴西铁路建设提供有力的资金支持，所建铁路项目将连接巴西大豆和玉米产区与主要港口，为深化两国产能合作提供了坚实的融资保证。

目前，中国企业积极参与巴西一些大城市的地铁建设项目，并希望建立长期稳定的合作伙伴关系。

近年来，中国企业在巴西承建了卡赛内天然气管道、门迪奥塔火电厂等重大项目。目前，中国企业正在承建巴西特高压输电、水电站、石油管道、化肥厂、石油开采、矿山开发、铁路建设和农业合作等重要项目。双方在能源矿产、电力电网、港口疏浚等重大项目合作上进展比较顺利,科技创新、航空航天、金融投资等领域合作也涌现出很多亮点,中巴经贸合作前景十分广阔。

4. 巴西在中国也有一些投资合作项目

巴西在中国也有投资项目。比如安博威工厂和恩布拉科雪花压缩机有限公司等。

巴西是中国在拉美地区投资合作的重点。中巴两国投资合作领域广、规模大、层次高,在巴西投资的大多数中资企业都是大型跨国企业,不少是世界500强,比如中石化、中石油、中海油、国家电网、中国银行、中国工商银行、中国建设银行、中国开发银行,徐工、柳工、三一重工和汽车工业,这些都是在国际上响当当的、有实力并有诚信的大企业。

论地理位置,巴西与中国是世界上相隔最远的国家之一,但中巴两国经贸关系取得如此蓬勃发展,给两国的经济发展带来实实在在的好处,有力推动了巴西的产业发展。在巴西,总有一部分人认为中巴双边贸易结构不合理和不对等,抱怨巴西向中国出口的高附加值产品不多,中国掠夺了巴西资源,破坏了巴西生态环境,就像过去的殖民主义者一样。其实这是一种偏见和无知。从2013年开始,巴西对华出口贸易呈现多样化的趋势,高附加值产品明显增多,国家电网、新联风电发电企业在投资巴西再生清洁能源领域迈出了实质性步伐,风力发电机组开始进入巴西市场。中国电动汽车公司比亚迪对巴西市场进行广泛市场调查后,目前在巴西投资数亿美元建立了电动公共汽车,为巴西各城市的公共交通做出了贡献。

值得指出的是,中资企业在巴西投资合作过程中面临许多困难和挑战,这些困难和挑战甚至超过许多非洲国家,中巴两国企业家为此付出了巨大努力。他们需要克服语言方面的障碍增进相互了解,需要克服距离遥远等障碍。此外,中国企业家在巴西投资面临门槛高、税赋重、签证难求、劳工标准高、环评标准完全不一样的困扰,巴西的法律体系和税制体系也非常复杂。

5. 中巴经贸合作前景长期看好

出于竞选的政治需要,巴西总统博索纳罗在2018年竞选期间讲了一些不利于中方的话,人们因此对中巴关系的前景一度产生悲观。博索纳罗在2018年11月当选总统后马上会见中国驻巴西大使李金章,他明确表示,巴西高度重视发展与中国的经贸合作关系,把中国视为伟大的合作伙伴,巴西新政府将积极拓展和扩大与中国的合作。巴西经济部部长保罗·格德斯在2019年年初会见中国新任驻巴西大使杨万明时也明确表示,巴西正在积极扩大市场开放和推动产业升级,希望中方企业积极参与巴西经济发展,加大对巴西基础设施、石油天然气和物流等领域的投资,扩大双方的贸易关系和科技创新合作。

巴西新政府的明确表态,不仅使中方吃了一颗定心丸,而且有利于中方增加对巴西的长期投资。从现实情况来看,中巴经贸合作不是一方占了另一方的便宜,也不是一方掠夺另一方的资源,而是两厢情愿、互利共赢的。此外,巴西新政府的表态也为中巴经贸合作提供了重要保证,未来双方将在多层次、多领域推动中巴经贸合作向纵深发展,为中巴两国企业带来更多的合作机遇。在某种程度上来说,外国投资者(包括中国企业)更喜欢同巴西新政府打交道,因为新政府通常来说采取亲商界的政策,更加重视经济发展与经济合作。当然,机遇与挑战始终并存,随着中巴经贸合作关系的日益密切,今后出现一些摩擦甚至争端也是在所难免的,人们对此不必大惊小怪。

令人感到欣慰的是,博索纳罗总统在 2019 年 10 月访华期间宣布,巴西将对中国游客和商人进行免签,这为中国投资者进出巴西提供了非常方便的条件,有利于中方企业进一步加强与巴西的经贸和旅游等合作关系。

中企投资巴西需要规避十一大误区

巴西目前是中国在拉美地区投资最多的国家。中方对巴西的投资主要集中在能源、矿业、汽车、机械、交通、劳务合作和农业等领域，为巴西的基础设施建设和经济发展做出了不小贡献。

在巴西注册登记的中资企业主要集中在巴西经济中心圣保罗。在这些央企、国企和民企中，有的企业投资的经济和社会效益非常好，但真正能盈利的企业目前还为数不多，大多数仍处于"战略发展阶段"。说白了，这些企业至今还处于亏损状态。

国家电网、格力电器、美的集团、华为以及中国银行等企业在巴西的投资属于比较成功的。例如，美的集团与开利合资公司目前在巴西家用空调市场的占有率非常高。格力空调在巴西市场的销售情况很好，其营业收入仅次于美的公司。华为在巴西某些领域的市场占有率也相当高，目前正在把中国顶级智能手机引入巴西市场。但是，投资巴西的中资企业目前多数仍处于收支不平衡，亏多盈少阶段，尤其是国企和央企。有的企业因为毁约，还在巴西受到起诉并被要求巨额赔偿。

常有投资专家说，风险与机遇并存，风险越大，投资回报率越高。投资巴西虽然没有像投资委内瑞拉那样充满安全风险和不确定因素，但由于中企高层对投资巴西的认知和决策程序出现一些问题，投资巴西的前期准备工作仓促，再加上巴西对外国投资者设置的条条框框比较多，所以巴西目前是世界上最难投资赚钱的地方之一，许多中企用在欧洲甚至在非洲投资项目赚取的钱来填补在巴西投资出现的窟窿。

中企若要在巴西投资市场长期立足并扭转投资项目长期处于亏损的局面，一是需要充分做好投资前的基础准备工作和可行性评估，立项投资需要加强法律意识和环保意识；二是需要进一步提高海外投资项目的经营管理水平和风险控制能力；三是需要在南美地区树立良好的企业形象，承担一定社会责任，比如无论赚钱与否或赚多赚少，都要雇用大量当地工人并拿出部分资金帮助当地修路筑桥，或建立医院和学校等，让当地老百姓从项目投资中得到实惠。

巴西的一些投资专家和顾问对我说，中企投资巴西应该设法避免和消除十一大误区与思想障碍。

误区之一，避免走华而不实的上层路线，千万不要忽视与当地企业联手合作的这一重要环节。个别中企高管到巴西投资，往往喜欢走上层路线。但在巴西，即使中企能打通巴西高层关系会见总统，或邀请部长和州长共进午餐，对方在会谈中也欢迎中企前来投资并表示愿意提供必要帮助。但是，巴西政府与做生意的巴西企业是完全两码事，政府不能替企业做主，话语权在企业一方。例如，中国中铁对投资修建巴西圣保罗至里约热内卢的高铁项目热情很高，希望把这个项目独家啃下来。巴西政府对此项目也感兴趣，但却遭到来自两个方面的阻击：一是在利益集团的游说下，巴西政府在招标的标书中规定，凡在过去5年内发生过重大伤亡事故的高铁运营商不得参与项目竞标，从而把中国公司拒之投资门外（中国中铁2011年在浙江境内发生重大事故）；二是巴西政府的行为遭到相关利益集团的群起反对。

巴西利益集团为什么要排斥能办大事的中企呢？答案是中国的高铁技术好、资金雄厚、办事效率高、竞标价格低，巴西国内企业无法与中企进行合作和竞争。巴西企业担心，若中企独家中标后，今后将从中国大量进口机械设备和材料，而不在巴西投资生产部分设备。当地利益集团捞不到任何好处，因此产生嫉妒心理，他们联合起来对巴西政府施压，最后找借口剥夺中企参加竞标的资格。因此，中企投资巴西首先要扎扎实实做好调研和一些基础工作，投资可以先从一些中小项目做起，最好与巴西合作伙伴一起干。等积累成功经验和具备一定实力后，再拉上巴西合作伙伴一起竞标更大的项目，这样做成功概率就会比较大。投资巴西，中企千万不能大包大揽"吃独食"。

误区之二，中企高层领导对巴西的投资决定应设法避免随意性和盲目性，一定要尊重技术咨询和可行性研究报告的意见。欧美国家和日本企业在巴西投资，都是先委托专业公司做许多技术咨询和评估，包括税务规划、环保、劳工、监管、公司法律架构等，有疑问的地方一定要先弄明白，在扎扎实实做好技术咨询和科学评估的基础上，再由企业高层酌情选择最佳投资方案。中企的做法往往相反，一些投资项目都是由国内总公司最高领导心血来潮一拍脑袋就做出决定。在不太了解具体情况下做出的重大投资决定，随意性很大，缺乏长远规划。为了迎合国内总公司的领导，海外分公司不惜一切代价落实上级领导下达的指示和任务，把许多资金砸进投资项目，结果得不偿失，经济效益很差，白白浪费了许多资金。国企和央企的高层领导应该懂得，巴西人背后非常看不起从国内来的说话口气很大、财大气粗的一些中企负责人，认为他们对项目的具体情况不是很了解，出手过分慷慨大方，背地里称他们是城市里的"土豪"。

误区之三，为了完成国内总公司下达的任务和指标，中企有时办事不计成本，而且喜欢急功近利把事情简单化，结果欲速则不达，最后把事情办砸。有些中企计划在巴西投资一个项目，最希望听到当地咨询公司或律师事务所一句简单的话，投资这个项目行还是不行。有些中企领导在做技术咨询和可行性研究方面舍不得花钱,他们事先不做税务规划和咨询,认为等项目上马投产后再做税务规划也不晚。中企在大型投资项目上赔本或不赚钱,就是因为事先没有做好税务规划。承建一个大型工程项目,可行性研究和技术咨询费加起来大约需要几十万美元,最多上百万美元。上好这一基础课,在其他方面就可以节省几百万甚至几千万美元。但是,这样的可行性研究和技术咨询需要花费好几个星期时间。可行性研究报告非常细致和繁杂,不少中企高管没有耐心,也舍不得花这笔钱。因此,中企在巴西投资的项目基本上都是成本很高,但经济效益非常不好。

误区之四,中企高管在投资过程中缺乏环保意识。不少中企到巴西和南美国家投资,不愿花钱做环保方面的可行性研究和法律方面的咨询。他们喜欢拜访环保部长和当地环保局局长,或邀请州长和市长一起吃顿饭,以为当面沟通一下就能把环保的事情搞定。在巴西,即使州长和市长同意项目上马,但下面的技术官僚出于职业道德仍会拒绝执行上司违反环保规定的做法,州长和市长做事也不敢绕开下面的技术官僚。若是州长和市长与技术官僚闹僵了,技术官僚会把消息捅给反对党或当地媒体,州长和市长就会吃不了兜着走。一旦出现这种情况,州长和市长会在第一时间否认自己曾做出的承诺,到时吃大亏的是中企。因此,中企投资巴西一定要进行认真科学的环评,要尊重当地的法律法规,不能违规操作从而因小失大。

误区之五,中企投资巴西一定要把项目的基建工程与经营管理有效结合起来。巴西获得2014年世界杯和2016年夏季奥运会的主办权后,不少中方人士以为这两大国际赛事可以为中企带来一些机遇。但是,没有一家中企获得同体育场馆建设有关的工程项目。中企为什么没有拿到同这两大赛事有关的工程项目呢?因为中企还没有做好准备,它们进入巴西的时间短,根基还很浅,国内的一套做法在巴西社会行不通。在体育设施的基建方面,利润空间本来就很小,企业要赚钱非常困难,真正赚钱的是建成之后的经营管理。业内人士认为,中企在国外开展基础设施建设,基本上是替别人做小工,建成后拍拍屁股就走路,只能赚点小钱。如果中企今后与巴西合作伙伴携手共建并经营管理一些重要工程项目,尽快收回投资成本并扩大在当地社会的影响力,就是高水平的投资。

误区之六,中企高层喜欢派自己的心腹打理海外投资项目,没有放手让巴西人来担任分公司的CEO和其他中层经理。中企的主要管理人才多数都是从国内派出来的,不少人在国内期间深得领导信任,但业务能力差,缺乏在国外一线的实际工作经历和经验。出于个人政治考虑,海外项目的中方高管在巴西办事求快,只对国内领导负责,不能与当地工商界进行很好沟通,手下的巴西员工也不服他们的管理。让业务能力差并且不了解巴西情况的中方人员来经营管理海外投资项目,这是中企很难赚钱的原因之一。美国、欧洲和日本公司在巴西的合资企业,除了董事长由本国人担任外,其他如公司首席执行官和中层管理人才,多数都是由巴西人来担任。巴西人担任这些职务比从中国国内派出来的管理人员更熟悉当地情况和法律,更能打通方方面面的关节并把事情办好。中企海外投资项目现在最需要的是国际人才,需要大量在海外大公司有过工作经历并具有现代化管理知识的专业人才。

误区之七,中企总公司领导千万不要以为成本低就可以在巴西项目竞标中获胜。巴西企业不需要低成本的项目,它们要的是与外企合作。中企到巴西投资,过去往往有短期行为,不想与巴方企业合作,一心想获得项目合同后向巴西出口机械设备和建筑材料,而巴方则希望一些机械设备在当地生产,能给当地带来一些经济效益和提供就业机会。巴方在竞标时宁要高成本项目并由自己来做,这样他们可以从巴西国家开发银行申请低息贷款。如与中企合作,合资企业从中国进口机械设备需要自己掏钱,巴方觉得不划算。中企如果与巴西企业开展合资项目,比如在巴西生产风力和电力项目的铁塔等重型机械设备,一是可以节省大笔运输费,二是今后还可以享受巴西国家开发银行提供的低息贷款。

误区之八,中企投资巴西一定要避免跟风现象,发现情况不妙后再撕毁合同容易惹上官司。有些中企在巴西没有设立办事处,对巴西市场不熟悉不了解,但他们看到其他中企在巴西的投资项目有前景时,就匆匆忙忙做出投资巴西的重大决定,结果上当受骗。国内某汽车集团在 2012 年前后决定在巴西投资兴建一家商务汽车制造厂,与巴西合作伙伴签订了合同并用在中国香港上市的公司进行担保,巴西合作方在前期投入很大。后来由于巴西汽车市场前景不乐观,该汽车集团在 2014 年 2 月决定废除这一合同。巴西合作方通过法律手段对该汽车集团提出起诉,要求赔偿 43 亿元人民币。该汽车集团的毁约在巴西社会产生了不良影响,损害了中企在巴西的形象和声誉。

误区之九,中企高管流动过于频繁不利于海外企业的稳定和长远发展。一些中企老总来巴西工作刚熟悉当地情况,就因为升迁或个人在国内的其他问题调离巴西后,继承者需要重新熟悉情况,调整投资与管理的思路,公司企业的政策因此缺乏连续性和稳定性,影响了公司业务的开展和长远发展。新来的中企代表不接受前任的经验教训,以为企业在当地聘请了最好的律师,国内领导决定了的事情,自己严格执行就可以了。在巴西投资的中企中,目前在一线真正具有决策权的只有个别企业,其他中企大多需要总部高层的拍板决定,有时远水不解近渴,错失了投资良机。即使总公司相关领导有时到巴西巡视,他们不了解前方的具体情况和千变万化的复杂环境,临时来出差一两个星期,走马观花一趟,容易做出片面的决断。

误区之十,中企不要以为好酒不怕巷子深,在巴西投资的配套政策非常重要。中国虽是巴西和南美许多国家的重要投资来源国,但中企在巴西还没有享受与投资规模相匹配的待遇和政策,给人的印象是中国仍属于一个弱势国家。因此,有专家建议中巴两国政府在环保方面开展联合研究,比如对某一个问题达成共识制定标准后,中企今后需要时可以进行参考。中国税务局也应该与巴西税务当局进行合作,共同研究和交流对税务政策和规则的看法,然后对中企提供一些指导参考意见。政府在基础工作调研方面需要投入一些资金,为中企提供配套服务。中国改革开放到今天,国内产能出现过剩,政府对走出国门的企业要有配套鼓励政策,对到南美投资的企业可以提供一些优惠政策,对民企也应该提供相关的补贴和优惠的贷款利率政策,帮助中企降低投资海外的成本。

误区之十一,中企进入巴西市场后在金融服务和零配件的配套服务方面仍满足不了巴西消费市场的需求。巴西消费市场对资金依赖大,中方银行在提供金融服务过程中对金融工具设计得不够多。三一重工和徐工进入巴西市场后也都遇到资金配套的问题,除了原材料采购和物流配套,中企还应该满足消费者的不同需求。但是,几家中资银行在巴西提供贷款的手段还比较单一。中国人购物都喜欢一次性付款,但巴西人都要分期付款。中方几家银行没有使用分期付款这一金融手段来满足巴西消费者的需求,这一政策直接影响了中企产品在巴西市场的销售。

目前在巴西投资的中国汽车公司有江淮、奇瑞、长城、吉利、比亚迪等企业,但这些中企的汽车销售额全部加起来还不到巴西一些大型外国品牌汽车公司的一个零头。奇瑞等中企在巴西建厂有了一定规模,硬件设施相当不错,但配套服务一时还跟不上。中国企业集中在中端产品制造,但在市场上还没有形成许多配套服务,没有零配件的生产。比如奇瑞在巴西建立了汽车城,但零配件需要从中国进口,在当地不生产零配件,巴西对进口的东西都要征收很高的税。中企千万不要在巴西复制国内的做法,不仅要使汽车生产线是最好的,广告、公关、媒体宣传、新闻发布、金融资金操作等方面也需要提供配套服务,否则很难打开巴西市场。

总而言之,中国政府今后需要加强对央企、国企和民企的投资指导,加强对中企海外分公司的监管力度,进一步提高海外投资的经济效益和社会效益。在鼓励企业走出去的过程中,我们还需要防止这样一种不健康的想法:投资项目赚钱归国企央企自己所有,出现亏损由国家兜底。这种损公利己的行为,是非常危险的,也是要不得的。中企最近几年在巴西的投资出现了新的起色,改掉了本书中谈到的许多毛病。希望中企在国外的投资合作与竞争中扬长避短,工作越做越好并砥砺前进更上一层楼。

第二部分

拉美各国 风情万种

一、阿根廷

天老地荒路远的火地岛纪行

由于天老地荒路难行,过去很少有人能接近阿根廷最南端的火地岛和莫雷诺大冰川。最近几十年来,阿根廷政府出于战略考虑采取优惠政策大力发展火地岛的经济。与此同时,阿根廷政府在南部的圣克鲁斯省卡拉法特市修建了一座机场,使人们参观游览闻名于世的莫雷诺大冰川成为可能。常驻南美期间,我应朋友之邀,曾对阿根廷火地岛和莫雷诺大冰川进行了一次采访,见证了这两个极地城市和游览胜地的历史变迁。

1. 阿根廷火地岛正在快速发展

从阿根廷首都布宜诺斯艾利斯一直往南飞行 4 个半小时后,火地省省府乌斯怀亚市进入我们的视野。当载着 400 名乘客的空客飞机平稳降落在机场跑道时,机舱内迸发出一片热烈的掌声。飞行途中没有任何惊险,也没有剧烈颠簸,机舱内的热烈掌声是人们对世界尽头的向往,也是对这个地球最南端城市的期盼。据当地导游介绍,每天只有 14 架客机进出乌斯怀亚机场。

火地省是阿根廷最南端的省份。1520 年,航海家麦哲伦探险抵达时这里还有很多印第安人。由于牧羊业的兴起和金矿的发现,阿根廷人开始往这里移民。50 年后,这里的印第安土著居民人数急剧下降。

1972 年,阿根廷政府通过立法,宣布火地省为免税区,随后又建立了自由贸易区,鼓励人们到火地省投资并移民。阿根廷政府出台的免税政策目前吸引了韩国等国家的跨国公司和阿根廷国内的公司到这里投资设厂,这里的经济发展进入快车道。据中国驻阿根廷使馆经济商务参赞翟承玉介绍,华为利用免税优惠政策在火地省兴建了一个手机制造厂,联想公司在火地岛也有投资,主要与阿根廷合作伙伴合资组装电脑,然后销往阿根廷其他省份。

据火地省政府新闻办公室负责人介绍,火地省的主要经济是制造业、石油和天然气勘探与开采。制造业和石油天然气生产在当地经济中的比重较高。近年来,生态旅游在当地经济中的比重逐步上升。牧羊业(羊肉生产、羊毛和羊皮)也在当地经济中占有一定的比重。此外,岛上还有少量伐木、捕鱼和狩猎。

由于能享受联邦政府提供的免税优惠政策,阿根廷大部分的电视机、电脑和手机都在火地省生产。人们到这里安家落户可以不用缴纳个人所得税。

乌斯怀亚市大多数物品需要从布宜诺斯艾利斯省运过来,运输成本比较高,价格比其他地方贵很多。乌斯怀亚的通货膨胀也是全国最高的。由于电子工业品都必须在这里生产,原材料需要从其他地方运过来,再加上受到政府的保护,所以火地省的工业产品缺乏竞争力。但对阿根廷来说,火地省是前哨省份,中央政府有必要保持乌斯怀亚市的存在与发展。

据当地政府官员萨穆埃兹介绍,乌斯怀亚市最大的挑战是城市发展太快,人口增长过猛。这里虽然地广,但由于人口增长快,住房紧张,许多地方人们只能租房居住。乌斯怀亚市面临的第二大挑战是如何可持续发展经济。人们目前享受免费医疗和免费教育,地方政府的预算依靠联邦政府提供,缺乏造血功能。因此,乌斯怀亚市所属的火地省政府目前正在鼓励投资者开发石油和天然气资源。但是,火地省作为经济特区即将到期,届时这个世界最南端的省份是否继续享受"免税天堂"的地位,目前还是一个未知数。

2. 在火地岛欣赏落日、海狮与企鹅的海湾

乌斯怀亚是一个与我国"黑白颠倒""冬夏相反"的城市。这里每年5~9月是冰天雪地的冬季,10月至第二年4月是夏季。夏季是火地岛的旅游旺季,人们到火地岛主要参观两项内容:一是游览火地岛国家公园,二是到比格尔海峡观看海狮、企鹅和观赏比格尔海峡的落日。火地岛国家公园建于1960年,开车在里面转一圈需要近2个小时。7月下旬我们抵达火地岛国家公园,正是旅游淡季。整个公园内空空荡荡就我们几个游客。我们近距离接触悠闲自在的灰狐狸,大眼瞪小眼,谁也不怕谁。导游告诉我们,只要不触碰狐狸,狐狸是不会主动攻击人类的。

人们到火地岛旅游,也希望看到大冰川。由于气候变化等因素,这里的冰川正在融化。阿根廷这边山峰上的积雪退化严重,智利一边白雪覆盖的山头隐约可见。导游安德里安告诉我们,科学家们说,再过20年,乌斯怀亚的冰川将会消失。有人说,冰川的逐步消失与全球气候变暖有关。也有人说,乌斯怀亚的冰川消失是自然现象。究竟哪一种说法正确,人们对此见仁见智。但是,从火地岛看全球生态环境的变迁,世界气候变暖的确向人们发出了警告。

当时出于经济考虑,火地岛国家公园从外面引进了兔子、河狸、红狐狸。但这些外来动物繁殖能力强,很快打破了国家公园的生态环境。导游安德里安介绍,火地岛国家公园

里河狸数量增长很快。他弯腰指着一棵被河狸牙齿啃掉的树木对我们说,河狸毁坏树木,在湖边兴建人为的池塘和河坝,对国家公园的林木带来了灾难性后果。

雪峰峻岭、闻名于世的大冰川、莽莽原始森林、飞流直下的瀑布、惹人心醉的海峡是乌斯怀亚的主要旅游景点。从乌斯怀亚市港口坐船前去比格尔海峡观看鸟岛、海狮和灯塔,是此行最有价值的旅游项目,全程前后 2 个半小时。比格尔海峡是太平洋和大西洋的分界线,海峡中孤零零地矗立着一些岛屿,其中两个岛屿面积很小,上面是一片光秃秃的岩石。岩石上躺满了上百头臃肿圆滚滚的海狮,有的在寒风中晒太阳,有的在谈情说爱。海狮旁边站立着一大群看热闹的小企鹅,但是海狮们根本不在乎这些小动物的存在。

我们在游览中注意到,有一处岩石上有一滩鲜红的血迹。随船阿根廷女导游说,这是雄性海狮为了霸占女伴争风吃醋打架留下的血腥纪念。我们的游船绕岛环行一圈,船长尽量让大家靠近照相,但是小岛上散发出阵阵令人作呕的臭味,让人在心理上很难接近。海狮和小企鹅不害怕外来的人群,海狮偶尔发出野猪般的吼声,仿佛提醒游船不要过分靠近它们的领地干扰它们的生活。

到世界尽头乌斯怀亚市旅游,参观火地岛国家公园,出海观赏海狮和企鹅,眺望晚霞中变幻莫测的落日,远处水天一色,半空中云霞似锦,宛如仙境。如果没有到过欧洲北极圈或美国阿拉斯加的游客,到阿根廷乌斯怀亚市走一圈,欣赏世界尽头的极地风情和落日的魅力,也是人生的一大乐趣。从火地岛到美国阿拉斯加旅游现在不是梦想,两地之间有一条泛美 3 号公路连接,中间需要坐船摆渡经过阿根廷风高浪急的麦哲伦海峡。

莫雷诺大冰川与卡拉法特览胜

从世界尽头阿根廷最南端的乌斯怀亚市往回(北)飞行70分钟后,我们乘坐的飞机降落在雪片纷纷扬扬的卡拉法特机场。卡拉法特是阿根廷南部圣克鲁斯省的一个旅游城市,每年接待大量的国内外游客。由于气候常年寒冷和干燥,这里没有农业和工业,牧羊业是这个城市非常稀少的经济活动之一。我们驱车离开机场后,到处可见三三两两的马匹和牛羊在荒漠上悠闲地啃着枯草。当地导游介绍,这里的牛羊马匹没有住房,它们每天在荒漠中稀稀拉拉的草堆里寻找可以食用的枯草,需要经受零下10℃低温的考验。由于每天吃草要走很多路,牛羊身上的肌肉发达,尤其是羊肉特别鲜嫩,而且没有任何膻味。

第二天早上8点钟,我们从卡拉法特乘坐汽车前去参观大冰川。早晨推门才发现,昨夜下了一场大雪,出门时天空中还飘着雪片。冬天的上午天色朦朦胧胧,看不清马路两旁的景色。由于能见度差,我们无心隔窗观景,在车里闭目养神。本来一个半小时的路程,我们的汽车在雪地上跌跌撞撞行驶了两个多小时,费劲地来到莫雷诺大冰川国家公园。

莫雷诺冰川晶莹剔透,它高出阿根廷湖很多。阿根廷湖上游不断形成的冰川压力缓慢推动着巨大冰体向下游方向蠕动,每隔一段时间大冰川的舌部就会发生雷鸣般的巨响,撕裂下来的冰流和冰块掉落在下方的阿根廷湖,然后悠悠地飘向远方。

马塞洛说,全世界的冰川都在缩小,唯有卡拉法特的大冰川保持相对稳定,有的年份冰川少一些,有的年份多一些。冬季是旅游淡季,许多从事旅游业的阿根廷人离开卡拉法特,像候鸟一样到布宜诺斯艾利斯或阿根廷其他北方省份生活。第二年夏季来临时,他们又返回卡拉法特重操旧业。

卡拉法特市最大的挑战是城市发展太快,人口膨胀太猛,政府无法为居民提供足够多的住房。

卡拉法特人冬季外出办事非常困难,雨雪天结冰路难走,许多地方还不通车。尽管冬季的生活单调枯燥乏味,但旅游局经理马塞洛喜欢这里的静逸、安全和漂亮。马塞洛说,由于地方小,人们相互之间都认识,而且相处和睦。这里民风非常淳朴,社会治安好,几乎没有什么犯罪。我们的阿根廷司机驱车进入公园大门时,与收门票的女工作人员打情骂俏,临走时还在对方脸上摸了一把。女孩子神情很兴奋,她含笑目送那个会调情的阿根廷司机载着我们在白雪覆盖的公路上缓慢远去。

　　下午,当我们参观完莫雷诺大冰川返回卡拉法特市区时,雪后初晴,马路左边是银雕玉砌的山野,右边是白茫茫的冰河和白了头的远山,沿途景色富有梦幻和诗情画意。因为是冬季游览莫雷诺大冰川,看不到夏天的绿树、青草和夏季的生态环境,但我们看到了难得遇见的银装素裹的南美极地风光。雪后的大冰川和卡拉法特充满冷艳,比夏天的盛景更加妩媚动人,百看不厌,回味无穷。如果再年轻 20 岁,我一定还会到阿根廷的世界尽头走一趟。

在阿根廷品鉴红酒与观赏探戈舞

应阿根廷华商协会会长罗超西先生的邀请,我们在首都布宜诺斯艾利斯出席了露蒂尼酒庄举行的一场面向中国市场的红葡萄酒新品种品鉴发布会。发布会期间,我采访了露蒂尼酒庄的经理,了解了阿根廷葡萄酒生产和消费的情况,领教了如何品鉴红葡萄酒以及阿根廷人的饮酒文化。令人难忘的是,我们在品鉴阿根廷红酒的同时,尽情地观赏了动作优美且令人眼花缭乱的探戈舞。

1. 品酒人人需要6个玻璃杯

露蒂尼葡萄酒品鉴发布会在布宜诺斯艾利斯的"天使咖啡店"举行,这家咖啡店由饭店、咖啡店和剧场三个部分组成。这家著名的咖啡店建于1890年,剧场和舞台虽然不大,只能容纳200多人,但这里拥有阿根廷最好的探戈舞服装设计和最好的菜肴。发布会设在地面平坦的剧场内,剧场临时变成餐厅,一张张长长的餐桌上有序地摆放着整齐的刀叉餐具酒杯。每个客人面前都有6个大酒杯,其中5个有编号,里面倒入小半杯红葡萄酒,另一个杯子盛有矿泉水。

酒庄著名品鉴师是一位拥有几十年工龄的品酒专家,他在剧院舞台上举着不同的红葡萄酒杯,逐一介绍酿造这些红葡萄酒的葡萄的收成年份,酝酿的时间长短,不同特色以及放在什么木桶里制作,等等。随着品鉴师的指挥,我们跟着他一一品尝露蒂尼酒庄的新品种,喝下某个品种的红酒后,过几秒钟再喝一口矿泉水过过嘴。我喝酒是外行,好坏分不太清楚。我身边就座的其他中国人也都是外行,品鉴师推荐的一款最贵的红酒,我们反而觉得味道偏重了一些。

2. 最好的红酒留给阿根廷人享受

据露蒂尼酒庄出口经理阿森西奥女士介绍,露蒂尼酒庄是阿根廷最有名的两家酒庄之一,在阿根廷和国际上享有盛誉。酒庄目前酿造多个品牌多种红酒产品,包括马尔贝克系

桑巴·雪茄·南极冰川 | 175

列。该酒庄的产品目前远销多个国家。露蒂尼酒庄的产品是在 10 多年前才进入中国市场。露蒂尼酒庄有红酒酿造和历史发展的博物馆,里面陈放着一些早期酿酒的工具。

阿根廷人很会享受生活,他们喜欢把最好的萨帕塔和露蒂尼红葡萄酒留在国内市场销售,让阿根廷消费者喝上等酒,二三流的葡萄酒才供出口。我们发现,阿根廷市场上最贵的 1 瓶萨帕塔红葡萄酒卖到 300 美元。不过,阿根廷人的这种消费观念也在悄悄发生变化。

3. 阿根廷人喝酒很少有酒鬼

葡萄酒品鉴节目结束后,我们进入用餐吃牛排阶段。牛排是阿根廷人每餐的必备,一盘盘牛排香气四溢。阿根廷人吃牛肉,就像我们中国人吃饭必须有青菜或鱼肉一样。露蒂尼酒庄品牌经理门尼蒂在酒桌上对我们说,阿根廷人喜欢喝红葡萄酒,人们中午喝红酒,晚上再喝酒,如果餐桌上没有红酒,这顿饭肯定没有吃好。他说,阿根廷人与朋友一起喝红酒是慢慢品尝,不会喝得酩酊大醉。喝酒在阿根廷是一种文化和享受,是朋友聚餐时的重要组成部分。阿根廷人白天喝酒是与朋友分享,可以消除紧张不安和激动,可以安心定神。喝酒也可以打开自己的心扉,与朋友交流感情,诉说自己的心事或心中不快。

4. 南美两大红酒品牌各有所长

阿根廷全国有很多家酒庄,大部分葡萄酒产自与智利接壤的门多萨省。门多萨省几乎家家户户都与葡萄行业有关。门多萨的夏季天晴干燥,日照时间长,空气凉爽清新,带沙的土壤非常适合种植葡萄。此外,早晚温差大,而且灌溉使用的都是从安第斯山脉流淌下来的雪山水,为葡萄的成长和成熟提供了得天独厚的自然条件。

在拉美,阿根廷葡萄酒与智利葡萄酒是竞争对手。如果把这两国的葡萄酒进行比较,它们各有什么特色呢?这是我们感兴趣的一个问题。品牌经理门尼蒂先生介绍,安第斯山脉把智利和阿根廷一分为二,山的东边是阿根廷,西边是智利。安第斯山脉东边是大陆性的干旱气候,而且不受太平洋气候的影响,葡萄味道略带果香型,非常高雅。智利的红葡萄生长受太平洋温度、雨水和盐分的影响。两国种植和收获不同的葡萄,然后用不同制作工序和技术进行加工,生产出世界上两道不同质地和特色的名酒。

5. 探戈舞为红酒品鉴会助兴

品鉴红葡萄酒发布会的午餐结束后,我们观赏了当地久负盛名的探戈舞剧团的演出。

人们通常一边用餐,一边观赏探戈舞,这是阿根廷人生活方式的一个重要组成部分。每次用餐加上看戏,价格通常在110～220美元。阿根廷的欧洲白人后裔很多,街头几乎看不到深色皮肤的人。因此,探戈舞剧团都是清一色的白人演员。

  跳跃在节奏明快的音乐里,青年男女舞伴的舞姿华丽高雅,热情奔放,快速多变,动作幅度既大又难,但他们的步子交错收放自如,一连串精彩演出令人目不暇接。品酒是一种物质上的体验,看舞则是一种文化享受。我们一边观赏演员们脸对脸、胸贴胸性感高雅的探戈舞,一边心里在琢磨,这一对对男女舞伴如果不是情人或恋人,会不会也能合作得如此娴熟默契,几乎天衣无缝?兴许我们要赶下午的航班,兴许看得太投入,我们在访谈中竟然忘了与阿根廷人探讨这样的问题。这个未解谜团,给我的阿根廷之行留下了一点悬念。

阿根廷华人连锁超市无处不在

阿根廷华人大部分来自福建的福清、常乐、连江和莆田。他们在阿根廷主要是做超市生意,有的经营餐厅和洗衣店。仅华人超市,阿根廷全国各地就有上万家。

阿根廷华商协会会长罗超西说,1991 年他移民阿根廷时,这个国家只有 2 万左右中国台湾同胞,来自大陆的中国人只有几千名。但从 1995 年开始,由于国内对移民政策的开放与宽松,大批华人开始通过各种途径移民阿根廷。

华人在阿根廷做小超市生意,成功率比较高,发迹也快。开一个超市,一两年内就能还清贷款。投资几十万美元,过几年就会收回成本,然后进行再投资扩大经营规模。因此,不少华人在阿根廷开超市连锁店,实力最雄厚的华人拥有的连锁店多达 10 多家。

在阿根廷的亚裔中,人数最多的是中国人,其次是日本人和韩国人。日本人在 20 世纪五六十年代向南美国家大量移民,但目前多数人都走了,剩下的一些日本人文化素质不高,主要来自日本外岛,他们以经营干洗店为主。韩国人在 20 世纪 90 年代有一些移民,但他们后来往往移民美国、加拿大和欧洲国家。与此同时,中国人往阿根廷移民人数在快速增加。

华人超市生意之所以发展快,这同阿根廷的国家政策和当地文化有关。阿根廷人对华人开设超市持欢迎态度,因为宪法规定国家不能有种族歧视政策,政府和社会对本国人和外国人基本上一视同仁。阿根廷的商店和商业中心一般是上午 9 点开门,下午 2 点左右关门,下午 5 点再开门一直到晚上 10 点。周日和节假日,阿根廷的商店商场不开门。在经商文化方面,阿根廷人完全欧洲化了。

开设在阿根廷街头巷尾的华人超市,每天营业时间很长,基本上都是每天早上 8:30 开门,晚上 10:30 甚至 11 点才关门,中间没有午休,节假日也不关门休息。由于华人超市服务时间长,大大方便了阿根廷人,因此在当地颇受欢迎。华人超市占阿根廷零售业的 20%~30%,对家乐福等大型超市形成很大竞争压力。大约 10 年前,家乐福等大型超市是不做小生意的。但从 2012 年开始,家乐福也在社区开设了几百家小超市,家乐福对这些小超市进行统一装修、统一定价,与华人连锁超市进行竞争。

在阿根廷等南美国家,华人只要不触犯法律,警方一般不会上门找麻烦。一些不是通过合法途径前来阿根廷的华人,若是遇到阿根廷政府宣布特赦非法移民机会,他们就能获得特赦,从而在阿根廷取得合法居住权。阿根廷华人虽然赚钱比较快,但他们在当地立足生存也不容易,一是有时会遭遇黑社会的敲诈勒索,二是有时面临暴徒的打砸抢。

2013年圣诞节前后,阿根廷首都布宜诺斯艾利斯发生大规模哄抢商店事件。这一哄抢事件是21世纪初发生动乱留下的后遗症。当时一些政客煽动穷人起来造反,让穷人们哄抢商店过好年。时至今日,一些穷人们仍效仿当年的街头运动哄抢商店,尽管其规模今不如昔。

加强与中国经贸合作深得阿根廷民心

自进入 21 世纪以来,中国与阿根廷两国高层互访频繁,两国的经贸合作关系和人文交往也越来越密切。2014 年,中阿两国关系升级为全面战略伙伴关系。中国现在是阿根廷第二大贸易伙伴、第一大农产品出口目的地和第三大投资来源国。此外,足球、探戈、红酒、牛肉、大豆、鳕鱼等一张张阿根廷国家名片,正在被越来越多的中国民众所了解和喜爱。

巴西、美国和中国都是阿根廷的重要贸易伙伴,但阿根廷同巴西和美国在农副产品出口方面存在激烈的竞争关系。中国与阿根廷在贸易领域虽然也存在一些摩擦,但双边经贸合作和互补性很强。尤其在经济合作领域,中国在阿根廷和拉美国家具有三大明显优势——技术、资金以及基础设施建设的能力和丰富经验。由于这些因素,中阿两国在经贸领域的务实合作日益紧密。中国需要开拓阿根廷的投资市场,阿根廷则需要吸引中国更多的直接投资。现在,阿根廷民众每天都能享受到由中国企业提供的优质通信、交通和金融等服务。

谈到阿根廷经济发展今后面临的主要挑战问题时,阿根廷战略计划研究所所长卡斯特罗博士对我说,阿根廷面临的主要挑战是这个国家今后朝什么方向发展。他说,阿根廷的农产品资源非常丰富,农业技术先进,但发展经济需要多样化,不能把所有鸡蛋放在一个篮子里。发展经济需要政府加大投资力度,问题是阿根廷目前缺少的就是外国直接投资。20 年前,阿根廷吸引的外国直接投资超过墨西哥和巴西,现在却落在这两个国家的后面。阿根廷政府目前正在努力改善国际信用,同时与美国等债权国谈判重组债务,设法改善这个国家的金融状况。近年来,由于阿根廷货币比索持续贬值,经济出现萎缩,国际信誉得不到提高,投资环境很难得到改善,与美国的债务重组谈判艰难,因此阿根廷在吸引外国直接投资方面非常困难。

卡斯特罗博士说,今后一二十年,阿根廷指望中国企业对阿根廷的工业和基础设施领域进行重要投资。他说,阿根廷社会在许多问题上存有严重分裂并出现多极化倾向,但在与中国和巴西这两个重要国家保持与深化重要战略伙伴合作关系方面,阿根廷朝野和社会各界都有罕见的共识。

2022 年是中国与阿根廷建交 50 周年，阿根廷总统费尔南德斯应邀出席了北京冬奥会开幕式并对中国进行访问。访华期间，中阿两国签署了"一带一路"合作备忘录，并签订了 13 项合作协议，涉及的领域包括绿色技术、数字经济、科技创新等。这些合作项目将为中阿两国的经贸合作关系锦上添花。

二、智利

廉洁——最值得智利人自豪的东西

2021年,智利人均GDP为1.65万美元。在拉美地区,无论是对外开放程度还是经济管理水平,智利一直是令人羡慕的优等生。

什么事情令智利人感到特别骄傲?智利天主教大学亚洲问题研究中心马科斯教授说,这个国家的经济多年来表现很好,执政者不管是左翼还是右翼,在治国理政方面都非常精明能干。但是,最值得智利自豪的是,智利不腐败,政府不腐败,警察不腐败,商人不腐败,这个国家上上下下都很廉洁诚实。

智利为什么能保持干净廉洁呢?马科斯教授说,他们一直清楚这样一个道理,智利是地球顶端的一个小国,当邻国阿根廷拥有着广袤的牧场和丰富资源成为拉美首富的时候,智利仍是个穷国,人们口袋里的钱少得可怜,但智利人不偷不抢,对自己的文化传统感到自豪,这一传统使政府的公共服务非常廉洁,总统们都很干净。

在西班牙殖民统治智利之前,智利人很穷,几乎没有富人,人们从不奢望大的事情,从来不贪婪,这是智利人的美德。人们为了生活需要勤奋劳动,由于常年与印第安人作战,智利人需要保卫自己,需要严明的纪律,人们的生活也很守规矩,大家一起努力工作。这场战争持续了很久。后来又受到德国和英国移民文化的熏陶,所以智利人在拉美是最遵纪守法的,智利军队的传统和文化也受到德国和英国的影响。

与此相反,秘鲁、墨西哥、巴西和阿根廷地大物博,自然资源十分丰富,所以有钱人特别多。尤其是巴西和秘鲁,它们有许多大规模的庄园和黑奴。但在智利,你在街头很难见到一个黑人,主要是西班牙人征服智利后,使用当地的印第安人,没有从非洲贩卖黑奴过来,这可能与西班牙殖民统治者的出身有关。智利当时的统治者来自西班牙巴斯克地区。巴斯克人勤劳吃苦,话不多,但做事踏踏实实。

由于长期形成的历史传统,随着智利经济的发展和社会的不断进步,政府一直保持廉洁。政府官员和警察不腐败,因为有议会约束他们,有独立的司法约束他们。若是哪个部长或省市长在经济上出了问题,议员有权要求审计署对他们开展调查。智利总统换了一茬又一茬,但是从没有听说哪个总统有经济丑闻。即使军人统治期间,皮诺切特总统也没有涉及贪污腐败丑闻,尽管有人指控他犯有腐败罪,但是拿不出真凭实据。

智利华商联合总会会长王何兴说,智利从 20 世纪八九十年代就开始使用全国统一身份证号码制度。在智利,不管你的地位有多高,你的财富有多大,每人一生只有一个身份证号码。这个身份证号码是婴儿一生下来就开始拥有,而且上面还配有指纹。这个出生证号码是终身的,人们的学生证、军人证、医疗证、社会保险、驾驶执照,上面都使用全国统一的而且也是唯一的身份证号码。假如你是外交官,你护照的封面颜色可能与普通百姓有所不同,但号码也是使用这一身份信用账号。

在智利,如果你购买房子、汽车、机票或购买其他大件商品,都需要出示你的身份证和核实信用账号,通过信用卡支付款项,还要留下指纹。如果你在银行存有大量非法存款,税务部门或审计部门一查就可知道你的财产与你的收入明显不符。若是有人把贪污来的赃款转移给其亲友保管,亲友们拿了这么多钱也不敢使用。如果这些亲戚帮助销赃,税务部门一查就可以知道他们的款项来路不明,追查下去不仅贪官被查,帮助销赃的亲友也会受到法律制裁。智利正是依靠这种制度制约每个智利公民和官员,所以智利政府和政府官员的廉洁透明度在拉美国家是数一数二的。

智利人若是在国内交通违章,如果不交清罚款或赔偿,就不能出国公干或旅行。如果一个人有案在身,比如偷税漏税或被控有违法行为,在案子了结之前不能出国。若是政府公务员有不良行为记录在个人信用账号内,会影响其仕途发展和升迁。因此,智利人在机制面前兢兢业业,老老实实,不敢越雷池一步。

审计署——智利防范腐败的坚强卫士

智利和乌拉圭被公认为拉美最廉洁的国家。由于人均 GDP 比较高,智利早被列为发达国家行列。

智利全国审计署秘书长艾丽西亚米拉尔女士说,审计署不隶属于政府任何部门,但根据宪法对政府的工作进行监督,发挥三个功能和职责:一是司法功能,监督政府部门重要决策的合法性和监督政府法令和决议的合法性和宪法性。二是审计功能,确保政府的工作符合司法准则,保护国民遗产和行政廉洁,评估政府部门的控制系统和审计政府的账目。三是监督功能,评判负责公共金融机构公务人员的账目,监督政府公职人员收支的合法性。

审计署拥有很多审计人员和不同领域的工程师与其他专业人员,其中半数人员在首都办公,其余半数人员分布在地区审计署。当地区审计署人员在监督地方政府遇到麻烦时,审计总署接到举报和投诉后,不管是否属实,只要涉及重大工程项目,马上立案并派人到地方进行调查审核。审计署的使命就是监督政府的工作,审计政府进行的公共工程项目包括政府的采购和销售。审计署每年大约要对政府批准的公共项目做出 8 万多个裁定。

在审核政府合同和项目时,审计署通常采用两种办法,政府部门批准的项目合同,在项目上马前首先要经过审计署的审核。不管方便与否,也不管政府部门是否早已做出决定,也不管技术是否可行,审计署首先看是否合法,审核时间最多不超过 15 天,在 15 天内必须做出答复。如果法律上没有问题,审计署就审核批准。但在诸如大型公共建筑、地铁等基础设施项目建设、政府采购与销售等重点工程进行期间,如果接到群众举报,审计署随时可以调查核实项目的经费开支以及对技术进行审核。

对于私营企业的账目,审计署无权审核,但要是私营企业的项目涉及政府部门的投资,审计署必须对政府部门的投资进行审核。若有人举报某个部长从某个公共工程项目偷钱,只要提供一两个线索,不管是真是假,审计署都要立案调查。如果某些议员不喜欢政府投资的某个桥梁或公路工程项目,他们提出抱怨,审计署马上审核并评估政府的合同,若是在法律上不存在问题,审计署便会告诉国会议员这个项目合同是合法的,可以继续执行。即便工程项目结束,有人投诉,审计署也要进行调查和审核。这是法律赋予审计署的权力。

全国有许许多多公共工程项目,如果都对这些项目合同事先进行审核批准,这个国家的经济就会瘫痪。因此,审核只能是抽样审计重大工程项目,审计那些预算经费特别多的项目,或接到举报后再进行审核。

审计署审计的对象包括政府各部门部长和副部长办公室的工作以及州政府、市政府和全国紧急办公室,还包括审计监督武装部队陆海空和警察部门的工作。对州和市政府审计的范围包括卫生、住房、州立大学、税务局、海关、地铁、铁路以及其他与政府有关的机构,还有国有企业和协会。但审计署不审计议会,不审计司法机构和中央银行的工作。

智利政府官员贪污腐败的案例很少,智利的腐败在南美国家中是最低的。智利审计署负责人说,审计署的工作效率和公正性受到社会各界的好评和尊重,但是审计工作仍存在一些问题,工作还不能放松,可以做得更好。为了防止政府腐败和加强监督力度,审计署每年制订预防和打击腐败的计划,对一些油水大、经费多、易产生腐败的高风险单位和领域重点加强监督和审核,如果这些领域缺少特别专业人员,审计署就会建议他们抓紧时间加以补救。

为了防范政府公务人员贪污腐败,审计署储存了全国公务人员的个人档案,如每个人每月工资多少,家里有几套住房,什么时候购买的,获得多少收入。若是他们出售房子,售价多少。这些人的能力水平如何,有没有被哪个单位解聘过,有没有其他经济犯罪活动或前科。如果总统需要提名某个公务人员担任部长职务,总统首先把提名报告送到审计署,先查一查这个人有没有什么问题。如果没有发现经济问题,智利总统才会宣布提名。

每个公务员进入政府部门工作时,都要公布个人以及妻子的财产,包括住房、工资收入和持有多少股票,每年银行利息多少。此后每4年需要报告一次。除了出于国家安全需要保密的信息外,所有的资料包括政府部门预算的审计结果都要在本单位的网站上加以公布,人们随时可以查阅这些资料。为了执行透明法,智利专门成立了独立自治的透明委员会,对不合作的政府部门进行制裁并解决出现的争端等。

智利红酒香飘中国市场

智利人用餐，家家户户饭桌上必须有红酒，无酒不下饭。凡是乘坐智利航空公司航班的旅客，在飞机上都可以免费品尝智利葡萄酒，数量不限。目前，智利红酒在中国超市到处可见。

常驻拉美期间，我几乎每年都要去智利访问一两次，有机会采访了智利驻亚太地区业务总经理南山先生和她的中国夫人杨旸。据介绍，智利红酒性价比好，同样质量的红酒，价格比法国的便宜，而且智利的红酒更适合中国人的口感。

世界上的葡萄酒，分为新老两个世界。法国、意大利、西班牙、希腊和葡萄牙的红葡萄酒代表"老世界"，他们采摘葡萄必须赶在秋雨到来之前完成。智利、阿根廷、澳大利亚、美国和南非的红葡萄酒代表"新世界"，尤其是智利的葡萄采摘不受天气变化的影响。由于葡萄种植的环境不一样，气候条件也不相同，"新世界"的红葡萄酒果香味大，初喝者更容易接受。

智利与中国签有自贸协定，智利红酒在中国市场享受关税优惠。

中国红酒产量虽大，但大部分是自己消费，所以在国际上没有知名度。智利生产的红酒大部分供出口，出口量远远大于国内消费。智利南方山谷驻北京办事处主任巴里奥斯说，智利红酒的特点是质量稳定。如果以20年为一个周期，智利19年基本上非常稳定无变化，只有1年不稳定，具体表现是质量更好或一般。法国红酒每年的价格不一样，相差比较大，主要是红酒的质量不稳定，时好时坏，还分大年和小年。智利红葡萄采摘期间老天爷不下一滴雨，非常有利葡萄的采摘和自然成熟。

智利红酒果香丰富，酒体醇厚，回味悠长，质量稳定，价格优惠。对中国消费者最重要的是，智利葡萄种植很少用化学的东西，独特的地理位置决定了智利拥有得天独厚的优势。行家们说，智利西面相望太平洋，东临安第斯山脉，北有沙漠阻隔，南方有南极，整个国家被这些天然屏障隔离开来，太阳辐射强，昼夜温差大，没有病虫害的侵袭，因此特别适合葡萄等农作物的生长。

说起智利红葡萄酒，还有一段惨烈而自豪的历史。智利曾是西班牙的殖民地，在西班牙人抵达之前，当地印第安人就有水果酒和玉米酒。西班牙殖民者过来后，神父也跟着过来，他们在做弥撒时需要使用象征耶稣血的红酒，因此带来了树种，并在智利种植葡萄树。西班牙人吃饭时喜欢喝红酒，他们发现，智利种植的葡萄比欧洲更好，产量更高，质量更好。17世纪，智利种植的葡萄总量比西班牙的还要多，因此向西班牙出口红酒。

西班牙葡萄种植户对此很不高兴，他们向西班牙国王提出抗议，要求禁止从智利进口红酒。于是，智利通过英国海盗偷偷把红酒走私到英国，英国如今是智利红葡萄酒的第二大市场。19世纪，欧洲葡萄工业有一种根瘤虫病，把欧洲的葡萄全部吃掉。欧洲病虫害无法抵达智利，智利成为世界一方净土，从而保留了一个卡玛尼以及欧洲其他品种的葡萄，欧洲人重新到智利借种繁殖。法国波尔多（Bordeaux）葡萄树就有智利葡萄的基因。据说，法国人不愿意把这一真相说出来，因为这是很丢面子的事情。

20世纪上半叶，由于受第一次世界大战和第二次世界大战的影响，再加上经济危机和政治动荡，智利红葡萄种植受到影响，葡萄产量和质量很不稳定。从20世纪80年代开始，智利决定开放经济和加大发展红酒工业的力度。智利现代化种植和生产红葡萄从80年代开始，目前已跻身世界主要红葡萄酒出口国。

南方山谷是智利的葡萄园农场之一。南方山谷酒庄虽小，但向中国销售的红酒量很大。南方山谷酒庄的员工说，他们之所以获得成功，因为了解中国的文化和心理。他们驻北京办事处有6名工作人员，全部都能讲中文。他们用中文向中国消费者熟门熟路地推销红酒，比如猛牛、季风、圣塔、美景湾等。

上海是中国最现代化的大都市，绝大多数大公司都把办事处设在上海，南方山谷酒庄觉得把办事处设在北京虽有些孤独，但却可以让他们更好地了解中国的文化。中国各地的红酒消费口味不一样，需求也不一样，里面的学问很深。比如北京人喝白酒比较多，他们喝红葡萄酒的口味比较重，南方人喜欢口味柔和的红酒。广东人喝茶多，因此喜欢香气大的红酒。

外企投资智利不一定非要当老大

智利是拉美地区第四大经济体,2021年GDP总量为3 171亿美元,排名巴西、墨西哥与阿根廷之后。由于经济发展水平比较高,吸引外资的条件比较苛刻,所以中国企业在智利的投资存量很少。但是,中智贸易关系却一枝独秀。在新冠肺炎疫情期间能达到这么好的水平,非常不简单。中国对智利主要出口机电产品、高新技术产品、纺织品、服装和钢材等。智利对华出口产品90%是与铜矿砂有关,近年来智利向中国出口的水果和葡萄酒数量在上升。中智两国目前在农业领域的合作诱人,发展空间很大。

1. 投资智利不必非要担任董事长

智利没有空气污染,也没有水土污染,中智农业合作互补性强,而且大有可为。中智贸易今后不会大量增加铜矿砂的进出口,但将会大量增加农产品对华出口。智利地理位置非常优越,其肉类没有口蹄疫,水果没有果蝇,农作物没有任何病虫害,食品非常安全。智利昼夜温差大,白天温度高达30 ℃~40 ℃,晚上凉爽睡觉需要盖被子。由于温差大,智利特别适合水果和蔬菜生产。

在与智利华商联合总会会长何先生的交谈中,他谈的最多的是对中方企业的一些建议。他说,中国企业投资智利,一定要改变投资思路和策略,合资企业不必非要掌握51%的控股。当你在智利不了解当地法律法规和政策,不了解当地文化,不知道如何管理当地员工,也没有积累丰富的投资经验的时候不一定非要担任董事长。你还没有学会走路,怎么能一下子当运动员和教练员呢?

一些学者表示,日本和韩国企业在20世纪七八十年代投资智利非常成功,他们成功的经验是不在合资企业中当董事长和总经理,不掌握51%的控股,他们只参股20%~30%,轻轻松松投资当股东,舒舒服服坐享利润分红,没有任何投资风险。何先生说,中国现在需要考虑大战略,要研究如何把资金变成资源,把银行储蓄变成战略储备,这是造福于子孙后代的大好事。日本和韩国的成功投资经验,值得中国企业借鉴学习。

投资智利农业,需要中国政府支持中小型企业的参与。一个项目只需要投资几百万美元,同时可以把国内的机械设备运过来,在智利加工生产高附加值产品,为当地创造就业机会,同时中国也能确保食品安全和其他资源的长期供应。可是,中国企业迄今还没有在智利开展此类投资。为什么呢?中国大型国企往往看不上这些中小项目,而中国的中小企业缺乏政府的指导和支持。智利有关方面人士建议,中国政府应考虑为到智利投资的中小企业穿针引线,允许它们从国有银行申请贷款,帮助他们投资智利这样的南美市场。

2. 投资智利不能急功近利

智利海岸线漫长,全国湖水海水温度比较低,适合三文鱼和其他鱼类的哺育和成长。但是,智利的渔业养殖和加工业现在基本上都被日本和挪威两国完全控制。智利的许多钢铁和海洋资源都被日本人通过投资合作拿走。中国政府和企业可以考虑扬长避短,在智利建设一个自贸工业园区,在工业园区内加工食品、海鲜、水果、木材,增加智利产品的附加值,然后销往中国市场,满足中国人民日益增长的物质需要。

中国企业目前在智利投资困难,因为中国企业投资智利有急功近利思想,投资首先考核在任领导的工作业绩,而不考虑公司几年以后的业绩。智利有许多大规模的基础设施建设,包括兴建港口、公路、桥梁,都要求投资者特许经营,需要依靠运作和提供后续服务,在二三十年内收回设计、建设和经营成本。但是,中国现行体制使中国企业对这些投资周期长、见效慢的项目不感兴趣,目前的企业领导人更看重眼前的利益。正因为如此,中国企业目前在智利的投资效益还没有充分显示出来。建议国内派遣一些中小企业主和专家学者到智利考察访问,熟悉了解智利市场,学习日本和韩国等国的成功投资经验,帮助中小企业走出来寻找商机和合作伙伴。

智利与中国经贸合作领域宽又广

智利是南美洲第一个与中国建交的国家,也是最早支持中国进入世贸组织并承认中国完全市场经济地位的拉美国家之一,还是世界上第一个与中国签订双边自贸协定的国家。自1970年12月15日建交以来,中智两国关系稳步发展。特别是从21世纪开始,中智两国在经贸、科技和金融等领域的合作关系越来越密切,经贸合作成为中智关系中的压舱石。2019年3月1日,历经10多年谈判签订的双边自贸协定进入升级版,双方进一步对54种产品实施零关税,使中智两国零关税产品的比例上升到98%,成为中拉共建"一带一路"合作的一大亮点。

1. 中智经贸合作势头非常诱人

多年来,中国一直是智利第一大贸易伙伴,智利对华出口占这个国家对外贸易出口总额的近1/3。

在直接投资合作方面,智利不是中国在南美的重点投资对象国。但在工程承包方面,中国国家电投海外公司是智利水电站项目的承包建设大户。工程承包项目是中智经贸合作的新增长点。

2. 坐在铜矿上发财的国家

智利南北长达4 352公里,东西宽只有96.8~362.3公里,是世界上形状最狭长的国家。智利自然资源丰富,尤其以产铜闻名于世。智利也是全球最大的铜矿生产国,中国目前是智利铜矿砂的最大进口国。

国内一些企业一直想投资智利铜矿业,但始终不得其门。智利前驻华大使玛塔说,如要在智利拥有铜矿,投资者必须先投资一两千万美元进行勘探。两年内如能发现铜矿储量,这个铜矿就归投资者所有。如果两年内什么也没有发现,投资者就扫兴而去,血本无归。在智利,投资勘探铜矿必须是大型企业。对大企业来说,即使损失一两千万美元的投资也无所谓,但中小企业却承受不起。如果中国企业想立足投资智利铜矿领域,必须积极参与勘探并从中小项目做起,积累经验。对中国大型企业来说,它们身上存在高不成、低不就的问题。

目前,智利国内的铜矿领域大多被美国、日本、加拿大等西方国家的公司垄断。据世界经济全球竞争论坛报告,智利的商业信誉在拉美地区最高,经济竞争力最强。论市场开放程度,智利同秘鲁一样都是拉美最自由最成熟的开放市场。智利投资法律法规健全,政府廉洁度在拉美地区名列前茅。归根结底,智利不允许外国企业按照自己的条件和方式进行投资,外商来投资一定要严格遵守智利的法律法规。

3. 投资农业领域大有可为

智利的农业、渔业和服务业非常发达。在新鲜水果对华出口方面,智利已超过越南和美国,成为中国第二大水果供应国。智利的水果供应正值中国水果淡季,两国所处的地理位置和气候正好相反,两国的新鲜水果生产和供应是互补的,不像泰国水果与中国的水果生产有着竞争关系。

由于海岸线漫长和港湾众多,智利是世界上人工养殖三文鱼和鳟鱼的主要国家。智利的三文鱼养殖业,目前绝大多数被日本和挪威人垄断,其他国家很难投资这一领域。根据中智签署的自贸协定,智利樱桃等水果、海鲜和葡萄酒等产品出口到中国关税接近零,非常受中国消费者的欢迎。

智利一些经济学家表示,欢迎中国企业今后在最北部的伊基克自由贸易区建立仓储,在智利生产加工农产品如葡萄酒、皮革、烟草、水果、蔬菜和渔业产品。产品在智利加工后,可以出口到中国,也可以通过海路运输运到圣地亚哥和秘鲁首都利马等大城市销售。在这个领域,中国企业投资智利大有可为。此外,智利非常欢迎外资进入清洁能源领域并转让相关技术,中国企业目前开始加大对智利风能、水电和太阳能领域的投资合作。

4. 中智两国加强科研合作

帕拉纳尔是智利北部地区的高原沙漠地区,海拔高,气候干燥,夜空清晰,视宁度好,1年大约有360个晴天气候,是国际观察天文的最佳地点。法国、德国和美国等国在帕拉纳尔建有多个大型天文台,科学家们借助这里最先进的天文观测设备和技术,观测和发现宇宙的奥秘,对观测到的天文数据进行储存、运算、检索和分析。

中国与智利最近10年也开展天文科研合作。智利拥有全球大部分的天文观察设施。

2013年，中国与智利合作，在智利大学成立了中国科学院南美天文研究中心。2017年，中国在智利建设第二个海外天文观测基地，可以享受智利政府提供的各种优惠政策。除了自己使用外，天文观察站的设备可以租给其他国家科学家使用。在开展天文科技合作方面，智利希望中方为智利提供人才培训和技术支持，并以天文合作为先导全面开展智中两国的科技合作。

三、秘鲁

利马女交警靓丽但执法严格

我每次到秘鲁首都利马访问，萦绕心头的不是街头车辆拥堵，也不是这里经常发生的拦路抢劫事件，而是那些不辞辛劳在街头指挥交通的女交警。她们一个个笔直地站立在马路中央，一刻不停地指挥着交通，举手投足是那样的认真和标准。她们一个个穿着一身接近肤色的警服和黑色长筒靴，腰间别着一把老式的手枪，衬托出秘鲁女人丰满的身材和圆滚的臀部，凸显出她们的飒爽英姿，看上去性感而威严。

利马街头破旧车辆特多，尤其是那些陈旧的出租车因为消化不良尾气排放严重，常年在街头执法的女交警风吹日晒烟熏，饱经岁月的摧残，大多肤色黝黑。每当夜幕降临，应该是女人们回家照顾老人和孩子并与家人共享天伦之乐的时候，可是这些女交警依旧挺胸站立在马路中央，那样高频率地挥动右手指挥交通，或站在街头角落维持治安，看到这一幕人们不免对她们产生几分同情心。

我们与秘鲁出租车司机和当地朋友交换过对女交警执勤指挥交通问题的看法。他们说，秘鲁警察的薪水很低，每月工资在 200～300 美元，男交警执法抓到违规司机时，往往心头一喜，他们首先想到的是今天的午饭或晚餐有了着落。男交警通常会暗示司机要吃罚单还是私了。如果司机选择敬酒不吃吃罚酒，可能要被罚价值几十个美元的当地货币。若是喜欢私了，只需要在驾驶证里塞上价值十来美元的当地货币，交警悄悄收下后就放车走人。

如果违规司机落在利马街头的女交警手里，她们执法铁面无私，开罚单甚至吊销驾驶执照没有任何商量和通融的余地。这让那些平时开车不守规矩的出租车司机扛不住，他们为此还举行罢工表示抗议。但是，执法如山的女交警，在人来车往的交通要道和十字路口指挥交通，提升了秘鲁的国家形象。大多数秘鲁人认为，就个性而言，女警察办事一丝不苟，比男警察更守纪律，而且秉公执法。最重要的是，女交警不贪图小便宜，不会轻易接受司机的贿赂，有助于减少街头的腐败现象。

2021 年利马拥有人口 948 万。利马市政府从 1999 年开始决定大量选用女交警，当时主要出于两大考虑：一是"清扫"街头腐败，二是解决秘鲁妇女的就业问题。秘鲁国家的个别警察比较腐败。在秘鲁，犯罪分子被抓后，他们可以通过贿赂的方式过几天大摇大摆地从监狱走出来,警方拿他们没有办法。但在警察内部,腐败问题也相当严重,有的警察甚至与黑社会勾结,他们白天穿着制服是警察,晚上脱下警服当强盗。因此,秘鲁警察在公众心目中形象非常不好。英姿飒爽女交警的出现,为利马这座城市增添了一道亮丽而温柔的风景。

秘鲁首都交管局警察中女交警占了九成。女交警为什么不容易腐败呢?根据世界银行和一些国际机构的研究,女警察比男警察更诚实,更守纪律,工作更认真,比男警察更容易赢得公众的信任。利马一些女交警自豪地说,她们被招聘受训负责指挥、疏导交通并清理街头腐败,她们干了男人办不到的事情,她们为此感到自豪。还有的女交警说,在街头接受男司机的贿赂,这让她们感到自己就像一个妓女。她们说,男司机有时不尊重她们,对她们非礼,但不能贿赂她们。

从心理学的角度来说,女交警执法比较严格,男司机比较容易配合。当人们在拥堵的马路上任性开车的时候,看到这些女交警指挥交通,心情就会放松下来。当女交警头戴白色头盔,脚蹬高筒马靴,坐骑清一色的大排量摩托车在大街上巡逻时,非常靓丽动人,容易吸引人们的眼球。秘鲁沈氏集团公关经理刘小姐说,一些男司机经过年轻漂亮的女交警时,都要情不自禁地吹上几声口哨表示赞赏。她说,女交警待人友善,她们在街头指挥交通容易博得司机的同情和配合。

当然,秘鲁在管理女交警方面也存在一些问题,比如女交警需要结婚和生儿育女,交管局女性多了有时影响交警的出勤率。此外,女交警虽然改变了街头的腐败形象,但她们很少有人能晋升到高级管理岗位。尽管如此,秘鲁女交警比较廉洁,工作认真,在利马街头是一道靓丽而温柔的风景线。

地震是秘鲁人天天面对的问题

如果你到秘鲁和智利观光旅游,很可能赶上一场地震,当然震级可能有大有小。因此,旅游访问秘鲁需要做好防震的思想准备。秘鲁发生的地震通常是小地震,人们遇到大地震的概率很小。但是,有备无患,小心驶得万年船。

位于环太平洋地震带上的秘鲁是个地震多发国家,平均每年都要发生近 200 次有震感的小地震,平均每个月都要发生一次 4 级以上的地震。2021 年 6 月 4 日,秘鲁南部地区发生里氏 7.9 级大地震,造成至少 50 人死亡,550 人受伤。

秘鲁历史上死伤人数最惨重的一次大地震发生在 1970 年 5 月 31 日,该国最大的渔港钦博特市发生 7.7 级地震,震中地区 80%～90% 的建筑物被摧毁。尽管这次地震震级不算特别大,但地震造成房屋倒塌以及境内最高山脉大范围的泥石流,导致山脚下两个城镇的 6.7 万人死亡,10 多万人受伤,近 100 万人无家可归。这是 20 世纪世界 10 大地震之一。

如果按地震级别来看,秘鲁于 1868 年 8 月 13 日发生在阿里卡地区(ARICA)的地震为 9 级,是迄今为止震级最高的一次地震,造成 2.5 万人死亡。据统计,自 1568 年以来,秘鲁共发生过 70 多次 6 级以上的地震,平均每 6 年发生一次 6 级地震。

由于地震频发,秘鲁全国各地都要在每年 5 月 31 日和其他时间举行防震演习,演练如何应对大地震的发生,包括如何选择安全区域和逃离路线。秘鲁人遇到地震首先保持镇静,不发出大声惊叫,弄明情况后马上决定采取下一步行动。如果发现问题不大,人们继续手头的工作。如果发现情况严重,他们会集体躲在高楼的墙角里,或环绕水泥柱子站立在一起,或在地震停止后马上下楼到空旷地方避险。

如果在野外开车遇到大地震,司机通常把汽车停靠在马路旁,远离高楼、大树、电线杆和隧道,乘客则待在汽车里,等地震停止后再继续前行。如果在室内遇到地震,秘鲁人通常不会靠近玻璃窗和可移动的衣柜,避免在地震中被碎片或倒下的家具砸伤。地震摇晃期间,人们通常不走楼梯,拥挤的人群容易在楼梯口奔逃时造成二次伤害。

在秘鲁一家大公司任职的刘小姐对我们说,传说首都利马海岸线聚集了 260 年的地震能量,最近 3～5 年内可能会发生一次 8 级以上的破坏性地震。出于安全考虑,许多利马人喜欢住低矮的房子，并做好地震防护措施，每家都配备了小型急救箱。刘小姐在利马生活了近10年，已遇上20多次地震。在2011年的一次地震中，办公桌上杯子里的水都被晃了出来，耳边响起了啪啪啪的声音。公司里的中国籍和日本籍雇员吓得面如土色，忙着找自己的手机和钱包。秘鲁雇员们却马上围聚在办公楼的柱子四周，并招呼外籍雇员不用害怕。

首都利马街头赌场何其多

濒临太平洋的秘鲁是南美洲的旅游胜地,这里有神秘而古老的印加帝国文化,还有赌徒喜欢光顾的赌场。秘鲁是南美第二大赌博国。在首都利马地区就有大小赌场48家,比灯红酒绿的夜总会还要多。这些赌场规模小的里面只设有几十台老虎机和几张赌桌,而最大的赌场饭店是龙凤宫,拥有1 000台老虎机和31张赌桌。这些赌场虽不能与世界赌城拉斯韦加斯相比,但在南美地区却非常抢眼。

民间赌博在秘鲁有着悠久的历史,20世纪90年代初,老虎机赌博在这个国家取得合法地位。从1997年开始,秘鲁政府对老虎机的型号进行统一规划,并规定赌场不得对赌徒进行歧视,同时增加赌博活动的透明度。一些秘鲁朋友告诉我,拉美一些国家的体制腐败,社会贫富悬殊,财产集中在少数有钱人的手里。为了创造就业机会和增加财政收入,许多国家对赌博业采取合法化的政策,并把它乔装打扮成非常动听的博彩业。

赌博在南美阿根廷、智利、巴西和委内瑞拉非常流行,巴西虽无赌场,但全国至少拥有1 500家宾果赌博屋。论实力和规模,阿根廷是南美第一大赌博国,全国133个城市拥有172家赌场。阿根廷最大的是"老虎赌场",据说里面拥有74张赌桌和1 700台老虎机。由于拉美国家经济不稳定,司法系统漏洞多,赌场经营者无法追踪赌注的来源,因此赌场很容易被犯罪团伙用来洗钱。但是,拉美国家更看重的是增加财政收入和提供就业机会,而不是由此带来的社会问题。

在秘鲁,赌场已成为外国游客观光旅游期间不可缺少的娱乐活动,一些旅游景点附近的高档赌场里面生意兴隆。为了吸引国内外的赌徒和游客,利马赌场的饮料和食品通常比外面的更便宜,一些豪华赌场里面还有中餐馆,这是诱惑人们前来用餐并进行赌博的陷阱。

据当地一名姓杨的侨领介绍,赌场里面不少赌徒是在当地开中餐馆和旅馆的华人老板,他们在生意场每月可以赚取二三十万美元。但是,只要他们涉足赌场并陷进去不可自拔,每月赚来的收入都会输得精光。一些在中餐馆工作的厨师,他们白天辛辛苦苦打工挣钱,晚上下班后到赌场赌博。他们每次到赌场信心满满地想赢钱,但每次从赌场出来时都会垂头丧气。

2010年5月,利马一家赌场发生一起震惊南美的命案。荷兰人乔根·思路特在利马参加一个拉美扑克牌赌博比赛期间,在赌场豪赌输掉大笔财富。此时,他在赌场搭识了21岁的斯特芬妮·拉米雷兹,她是秘鲁一名地产商的女儿。两人在旅馆开房睡觉时谈到赌博,女孩取笑思路特是个酒囊饭袋,竟然输掉这么多钱。在失败和羞辱的双重打击下,思路特把斯特芬妮活活掐死。两天后,女孩的尸体被饭店服务人员发现,此时思路特已经逃亡智利,后被抓捕归案。

在调查取证中,警方在思路特的个人电脑里发现,这个家伙于2005年在美国还杀害了另一名21岁的女孩N·霍罗伟。在法庭上,思路特为自己的罪行进行辩护。他称,他在赌场输钱本来心里就不爽,结果还被这个女人无情讥笑,因此他把所有的愤怒和怨恨洒向这名女子。思路特目前被关押在秘鲁的监狱。前些年,他在监狱里还搭识了一名秘鲁当地女子,两人在监狱单独开了房间,结果怀孕生了孩子。

这起赌场命案引起世界媒体的关注,同时也促使秘鲁国会的议员忙碌起来。秘鲁赌场的老板特别是网络赌博经营者更是提心吊胆,担心这一命案将扼杀他们的赌博业。但是,增加财政收入的考虑最终战胜了负面的社会因素。利马反对赌博的组织最后得出这样的结论:利马的赌场是犯罪分子、吸毒者、小偷和妓女的孵化器,赌场老板信手拈来的巨额利润是建立在妓女和吸毒犯罪分子白骨的基础上的,秘鲁必须通过立法防止赌博的瘟疫摧毁社会。

撕掉"天然伟哥"玛卡的神秘面纱

有一段时间,有关中国人抢购玛卡的报道在秘鲁首都利马闹得沸沸扬扬。秘鲁前驻外大使 C·路易斯夫妇对我说,他们家从来不吃玛卡,连做汤都不放玛卡。据他们所知,他们周围的朋友没有一个食用玛卡。他们说,在秘鲁使用玛卡的人口,可能不到 1%。然而,令路易斯夫妇和许多秘鲁人感到纳闷的是,许多中国人为什么如此迷恋秘鲁的玛卡并把它炒作成"天然伟哥"?

据秘鲁华人朋友介绍,近年来凡是来秘鲁旅游访问的中国人,不管是官方代表团还是散客,都要求导游带他们到超市或药店购买玛卡。秘鲁药店和超市里面的玛卡胶囊存货通常非常有限,只要有中国代表团光顾,玛卡产品都会被一扫而光,店铺里有多少玛卡存货中国人就买多少。在秘鲁一家大型企业工作的刘小姐说,前几年她在一家旅行社当导游,有一次国内一个代表团上街买玛卡,其中一人非要她用西班牙语问商家,玛卡能在几分钟之内起作用?刘小姐还没有结婚,她脸红脖子粗,无法开口问商家玛卡的性功能作用如何。

玛卡是秘鲁的高原植物,生长在海拔 4 000 多米高的安第斯山脉,形似土豆,具有强身健体的作用,其功效类似中国的人参和枸杞子。玛卡有两种,一种是黄玛卡,在地里生长一年就可收获。另一种是黑玛卡,在土壤里生长 3 年时间,营养价值比较高,价格也卖得好。在利马一些菜市场,摊主会在蔬菜摊位旁边放上一小堆玛卡果,人们购买非常容易。

我漫步走在利马街头,发现有些秘鲁人上班时行色匆匆,一只手里拿着一块面包,另一只手拿着玛卡饮料,边走边吃边喝。有些秘鲁家庭的老年人在做饭时,喜欢在做汤时加一点玛卡粉或玛卡片,以增加营养成分。秘鲁古印加帝国的军队打了胜仗后,士兵们喜欢喝玛卡汤庆祝,据说可以消除疲惫和恢复体力。玛卡在秘鲁安第斯山脉一直默默无闻,直到 10 多年前秘鲁政府在挖掘草药时发现它具有滋补功效,开发商于是把玛卡加工成粉末出口,或把玛卡制作成饮料在市场上销售。

在中国,玛卡已被厂家和诱人的商业广告神化,而且重点突出绝大多数秘鲁人根本不知道的性功能。我曾在利马街头访谈过几名秘鲁司机,他们都说,他们和家人从来不喝玛卡饮料，也不食用玛卡胶囊。其中一个名叫桑托斯的司机说，他一个星期大约喝两三罐玛卡饮料。谈到玛卡的性功能作用时，他哈哈大笑说，玛卡的主要功能是有助于增强体力，需要长期服用，只要身体状况改善了，当然有助于性功能，但这种东西绝对不是伟哥。

秘鲁华商吴先生说，2005 年之前当玛卡的商业广告效应刚刚出来时，他好奇地试吃了 1 个星期的玛卡胶囊，每天 1 粒，当时他把玛卡当作健身的营养品来服用。连续吃了 1 个星期后，他的嗓子开始出现燥热和不舒服，起初以为感冒。停用 1 个月后，他又开始服用玛卡，结果嗓子再次上火，疼得厉害。吴先生说，他从此知道玛卡是一种燥热植物。至于玛卡是否具有增强性功能的作用，吴先生一脸尴尬地说，他毫无感觉。

中国云南的气候和土壤特别适合种植玛卡作物，20 世纪 80 年代云南一些地方开始试种玛卡，到 20 世纪 90 年代玛卡已在云南形成规模生产并改良了品种。国内生产的玛卡据说个头比秘鲁的更大，产量更高。日本和美国发现玛卡有强身健体的作用后，在 21 世纪初也开始进口秘鲁玛卡。为了保护玛卡这个"国宝"，秘鲁政府在 2003 年通过两项法令，禁止出口纯天然的玛卡植物、种子和初加工玛卡产品，只有经过深加工的玛卡粉末才可以出口。

是什么因素促使中国人如此崇拜玛卡呢？据秘鲁多名华人朋友说，前些年，国内一家电视台三次播放有关秘鲁玛卡特效功能的专题纪录片，中国的厂商在广告中重点突出玛卡的性功能作用，把它炒作为来自秘鲁安第斯山脉的"天然伟哥"，男人吃了立竿见影，从而刺激了中国人到秘鲁购买玛卡的欲望，推高了玛卡的市场价格。秘鲁一家电视台曾播出一个玛卡的专题纪录片，专门介绍中国人坐在卡车里，千里迢迢到安第斯山脉玛卡产地大量收购玛卡。中国商人出价高出当地好几倍，市场上的黄玛卡原来每千克只有 3 美元，现在已被抬高到每千克 12 美元，黑玛卡每千克可以卖到 25 美元。

中国企业可以从秘鲁合法进口玛卡粉并在国内进行产品深加工，可是一些商人为什么非要通过走私方式从秘鲁进口玛卡干果呢？在秘鲁一家大型企业担任高管的吴先生解释说，国内厂家不相信从秘鲁进口的玛卡粉，怕有人弄虚作假，因此非要进口玛卡干果，不见玛卡干果不付钱。他说，玛卡有哪些功效，只要请有关专家和技术部门鉴定一下就一目了然。但是中国人在追求健康长寿的同时，用不健康的心理扭曲夸大了玛卡的性功效，推高了秘鲁玛卡的身价，结果在秘鲁闹出了许多令人尴尬的笑话。

利马唐人街——世上最热闹的中国城

每次到秘鲁首都利马访问,我总要搭乘出租车到利马唐人街走一走,看一看,每次都会被中国城的热闹程度和规模所震撼。我在世界走南闯北,去过很多地方,从来没有看到其他国家的中国城能与利马唐人街相提并论。利马唐人街的商店、饭店、杂货店之多,其闹猛程度超过美国旧金山、纽约和洛杉矶的唐人街。

利马唐人街虽然地方不大,街道很窄,但是两条丁字形的街道每天人潮涌动,简直是微型的上海南京路或北京的王府井大街。两条街道南北和东西加起来可能不到二三百米长,但是临街至少有几百家具有中国特色的商店、饭店、超市、药房、会馆甚至风水店。此外,在唐人街商业中心大楼里面,大约有上千个摊位,出售中国和秘鲁工艺品、玩具、衣鞋、珠宝首饰和日常生活用品,各类商品琳琅满目。

出人意料的是,小小唐人街的两旁,竟然坐落着五六家赌场。我探头到两家赌场观察了一下,发现每家赌场拥有上百台老虎机,但里面只有10来名中年和老年赌徒,我分不清他们是秘鲁人还是当地华人。可能是下午的缘故,里面的赌徒人数不多,空气有点混浊,生意冷清。这种场面与情景,根本无法与美国拉斯维加斯任何一家赌场相比。但在利马小小的中国城,却有如此多的赌场,我对此感到惊讶。

同样让我感到惊讶的是,唐人街两侧拥有7家银行(大陆银行、信贷银行、金融银行和秘鲁国际银行等)。每家银行门前,人们自动排起一条长长的队伍,每支队伍足有20来人。我起初弄不明白是怎么回事,心想这些人为什么不进银行办理业务。后来我才意识到,秘鲁的银行星期六不开门。但是,每家银行门口都有两台自动提款机,人们急着排队从机器里提取现金,然后在中国城购物和用餐。

利马唐人街为何如此热闹呢?原来它紧靠利马中央批发市场。在中央批发市场,每个周末人山人海。即使在平时,这里也是人头攒动,是首都利马人气最旺的一个商业集散地。在南美最大的城市圣保罗,在华人比较集中的东方街,也只有几家中餐馆和超市。但在利马唐人街,竟然有着上百家中餐馆。这里几乎走几步就有一家中国超市,里面油、盐、酱、醋等中国货应有尽有。这里的许多商店还兼任全国各地的代理商,从事一些批发业务。

尽管我对利马唐人街的治安问题感到担忧,但当我在中国城融入熙熙攘攘的人流时,当我与秘鲁人擦肩而过时,发现人们悠闲自在,神情非常放松快乐,我紧绷的心情也松弛下来。最重要的是,中国城每个街角都有好几名穿着制服的警察在值班,街头中段还有警察在巡逻,这下子我就彻底放心了。整个唐人街,警方至少部署了二三十名警察。

在一家中国会馆的大堂里,我遇到一家中资机构驻唐人街的代理商李经理,他们正在这里推销景德镇的瓷器产品。李经理说,利马中国城的治安没有问题,但是距离中国城两三个街区,那里的治安状况堪忧。前几年,一些秘鲁商家接到勒索信,要求支付上万美元的保护费。有几个老板拒绝缴纳保护费,结果惨遭杀害。究竟是谁干的这些事呢?当地人传说,这是秘鲁死灰复燃的激进组织"光辉道路"干的。

利马唐人街中餐馆的饭菜不仅味道正宗,而且价格比巴西首都巴西利亚的中餐便宜2/3。所以秘鲁人喜欢吃中餐,因为价格便宜,老百姓都能消费得起。秘鲁消费者每次到中餐馆用餐,炒饭是他们的最爱。我在唐人街拐角口的一家名叫汤继城的中餐馆点了一份各色炒面,里面有蔬菜、豆腐和肉片,总共只要 6 个美元。第二天下午 4 点多,我到唐人街福满楼饭店用餐,发现楼上楼下摆有 30 张桌子,2/3 的桌子都已坐满了人,大多数是秘鲁人或是华人的第三、第四代甚至第五代。

福满楼老板萧瑞钟先生说,他在唐人街的饭店有两个门面,福满楼有 40 来名服务员,马路对面的一家有十五六名服务人员。他们每天从上午 9 点开门,一直忙到晚上 11 点关门,生意非常好。他说,在中国城的华人,100 个人中有 90 个人是老板,另外 10 人是打工仔。中餐馆的厨师属于打工仔,他们每月收入在 1 200 美元左右。

谈到秘鲁工人劳动态度问题时,萧老板说,秘鲁工人的福利待遇真好。他们每年只工作 11 个月,但要领取 13 个月的工资(包括带薪休假 1 个月)。他们的底薪只有 300 美元,但是各种收入、小费和奖金加起来,每个月约有 1 000 美元的收入。按照当地消费水平,这个工资收入是相当不错的。

秘鲁华人大多来自广东,最初主要从事农业种植和修筑铁路,后来进入餐饮、零售、水产和贸易等行业。华人凭借自己的勤劳与智慧,绝大多数在生意上比较成功。目前,秘鲁华侨华人逐渐融入了当地主流社会,他们活跃在各行各业并取得突出成绩,赢得了秘鲁政府和人民的尊重。当你走在利马大街上,常有迎面而来的秘鲁人用中文同你打招呼说,"你好"和"谢谢",让你感受到秘鲁人对中国人的热情友好。

华人在秘鲁社会影响力举足轻重

据秘鲁通惠总局董事会主席萧孝权先生介绍，清朝时期农民起义失败后，广东起义的农民逃到拉美的古巴与巴拿马。1849 年 10 月，首批 75 名中国商人、工匠、水手、仆役到秘鲁经商或做工。1851 年秘鲁废除奴隶制后从中国招募华工替代黑奴，承担垦荒、修筑铁路、开矿、建港工作。与巴西的华人移民相比，秘鲁的华人没有那么幸运。巴西的第一批中国移民，是作为茶农被巴西政府招来种植茶叶的，而秘鲁的华人是被当作苦力贩卖来的。在尚未迈出中国大门之前，他们就签下一张为期 8 年的卖身契约。

几批招工下来，大约有 10 万华工签订卖身契约来到秘鲁，他们被英国和西班牙等人口贩子贩卖到这里当苦力，修铁路、开矿、在甘蔗种植园当劳工、掏鸟粪。当时每年有大批候鸟路过秘鲁海岛迁徙到其他地方，华工早出晚归，风吹雨淋，把鸟粪收集起来，然后出口到欧洲，当时鸟粪是非常好的有机肥料。这些华人没有自己的名字，只有号码。秘鲁安第斯山脉最高的铁路海拔 4 000 多米，当年的华工就参加了铁路项目的建设，条件非常艰苦。

当时的华人生活在秘鲁社会最底层，他们干苦力，没有条件和资格与白人女人谈情说爱甚至结婚。秘鲁的黑奴获得解放后，许多黑人被秘鲁白人雇来当管家，中国劳工就归这些黑人直接管理。中国劳工和黑人同住一个地区，由于劳动和生活需求，中国劳工天天跟黑人打交道，或到黑人开的商店买东西，久而久之就相互熟悉起来。由于在秘鲁举目无亲，当他们知道今后没有返回中国的可能时，他们就在当地与秘鲁黑人结婚，所以许多黑皮肤的秘鲁人是中国人的后裔。

华人在秘鲁生活已有 170 多年历史。目前在秘鲁约有 130 万华人和华侨，有华裔血统的秘鲁人已超过 300 万，中国传统文化深深地影响着秘鲁人。华人在秘鲁主要从事餐饮业，炒饭炒面是秘鲁人最喜欢吃的饭菜。当初华人来到秘鲁时，家境非常贫穷，他们开设家庭小饭馆，秘鲁人是他们的常客，而且秘鲁人喜欢中国的炒饭，简便又好吃。

何莲香女士年近九旬，她从小生长在秘鲁，能讲一口流利的普通话。她说，她小的时候，秘鲁小孩有时欺负他们，骂中国人无耻，吃大米饭不加盐、不加油，还不加大蒜。秘鲁人现在都喜欢吃炒饭，加油加盐加大蒜。秘鲁华人中绝大多数是广东人，其次是福建人，福建人也开饭店。

华人参政议政的高峰是20世纪90年代藤森总统执政时期。当时在120名国会议员中,有7名是华裔。最高华裔当过秘鲁国会主席、政府总理和政府部长。秘鲁华人的成功并融入当地主流社会有两大因素:一是靠他们的勤奋和吃苦耐劳,二是靠祖国的强大。通惠总局周主席的岳父获得政府颁发的太阳勋章,表彰她在农业技术改革方面做出的贡献。华人庄园主刘金良是秘鲁三大庄园主之一。谢宝山开辟国际航运轮船公司,开鱼粉厂和皮革厂,在秘鲁非常成功。

中秘建交后,中国日益强大,华人的社会地位也有了很大提高。文具方面都是华人华裔"执牛耳",中餐馆在秘鲁一枝独秀。首都利马市有6 000多家中餐馆,平均每家中餐馆雇用8名工人,利马有10万人在中餐馆工作。华人与当地秘鲁人关系融洽,秘鲁从来没有发生过反华排华的事件。秘鲁历届总统都会参加当地华人社团主办的中国美食节,总统代表经常参加当地侨社开展的活动。

据秘鲁外交部的官方统计,大约有12%的秘鲁人血管里有中国人的血,中秘两国人民血脉相连。秘鲁华裔身上虽然没有中国人的姓,但有中国人的血。许多华人当时来到秘鲁后到庄园劳动,为了便于管理,庄园主赐给他们当地姓,去掉了他们原来的中国姓。庄园主不让华工用中国人的姓,主要原因是,许多从中国过来的华工,他们生活困难,用当地人的姓名可以购买出生证,从而可以在秘鲁安家立业。

秘鲁当地有中文学校,从小学到中学,有1 600~2 000名学习中文的学生。由于时代变了,环境变了,人们的思想观念也变了,传统的中文学校是华人聚居的小圈子,学生之间都用中文交流。现在秘鲁的中文学校里,华裔子弟与秘鲁学生朝夕相处,没有华人的小圈子,他们之间交往用西班牙语,华裔学生接触和实践中文的机会少了,所以现在的中文教育质量今不如昔。但是,随着中国在世界舞台上的崛起,再加上中秘经贸合作关系越来越密切,越来越多的秘鲁人现在开始学习中文,一股中文热正在秘鲁悄然兴起。

冰川消融正给秘鲁带来严重灾难

秘鲁既是一个沿海国家,也是一个多山的国家。安第斯山脉纵贯秘鲁南北,境内大约拥有 200 座热带冰川,占世界热带冰川的 70%,面积超过 1 300 平方公里。但是,秘鲁境内冰川覆盖的面积,比 20 世纪 70 年代至少萎缩了 40%。最近 20 年来,秘鲁境内的多数冰川正在快速融化。据秘鲁与德国科学家利用卫星图像联合开展的调查研究,从 2000 年至 2016 年,秘鲁境内冰川覆盖的面积急剧减少了近 30%,同时境内新出现上千个高原湖泊。

秘鲁天主教大学研究气候变化的阿尔塔米拉诺教授介绍,由于全球气候变暖和过量碳排放破坏了自然生态环境,秘鲁安第斯山脉海拔 5 000 米以下的冰川已经消失了 35%～40%。再过四五十年,这些冰川将全部消失,仅剩下海拔 6 000 米以上的冰川。按照目前冰川消融的速度,80 年后秘鲁安第斯山脉的热带冰川将全部消失。

对秘鲁来说,冰川是宝贵的水资源。冰川以雪和冰的形式存储降水,并在干旱季节和干旱期以融化成水的形式加以释放,使秘鲁山区众多河流持续不断往山坡下游流动。秘鲁大城市饮用水的供应、大型农业灌溉项目和水力发电都需要源源不断的水资源供应。世界气象组织的数据显示,1990 年以前,秘鲁国内的雪山冰川每年以 3 米的速度融化,而近年来融化的速度加快了十几倍。安第斯山脉冰川的大量消融对秘鲁来说意味着什么?

阿尔塔米拉诺教授说,冰川水是秘鲁安第斯山区土著居民生产生活用水的主要来源,也是"无雨之都"利马 80% 生活用水的来源。随着热带冰川的融化和高山湖泊的逐步干枯,人们今后在安第斯山区将无法耕种和放牧,被迫迁徙到大城市或亚马孙热带雨林地区谋生。随着越来越多的山区农民移民大城市生活,这会引发首都利马缺水危机和进一步加剧社会矛盾。大量农民移居亚马孙热带雨林地区,他们将毁坏更多的热带森林,从而产生更多的温室气体排放。

秘鲁北部地区以前每年有许多雨水,南部地区则干旱,秘鲁人非常熟悉并喜欢这样的生活环境。秘鲁的厄尔尼诺每 10～15 年来一次,现在发生的频率在加快。在一些地方的冰湖经常因为冰川融化发生堤坝坍塌,其产生的洪水冲击导致下游更多的自然灾害,一些村镇面临被冰湖溃决和洪水淹没的威胁。自 20 世纪 40 年代以来,洪水泛滥和泥石流已导致秘鲁 25 000 人死亡。更令人担忧的是，安第斯山脉 9 个分水岭中，有 7 个在旱季出现流水量减少的现象。

热带冰川融化带给山坡下游的河流大量水资源，吸引大批农民前来定居并开垦种植农作物，增加了秘鲁的农业生产。但是大量洪水的冲击也带给人们更多新裸露的岩石和矿区，这些地方受到铅和镉等重金属的污染。久而久之，秘鲁玉米产区的土质和农业生产也受到不利影响。此外，厄尔尼诺现象告诉人们，农作物种植现在需要多样化，不能依靠单一品种。如果过于单一，在气候变化过程中很可能受到病虫害的破坏和影响。在商业砍伐热带雨林的过程中，即使现在要求砍伐一棵大树补种两颗新苗，但雨林生物的多样性已失去了平衡。

根据秘鲁中央银行预计，到 2050 年，秘鲁的环境成本将占 GDP 的 20%。届时秘鲁政府需要拿出更多财政预算来应对极端气候灾难造成的损失。目前，秘鲁在全球温室气体排放中的比例仅为 0.4%。为了应对全球气候变暖和保护子孙后代，秘鲁政府宣布在亚马孙平原和安第斯山脉划出 60 个自然保护区，禁止任何工业开发。

鉴于秘鲁国内发生的许多社会冲突与砍伐热带雨林有关，秘鲁政府要求跨国公司在秘鲁境内勘探开发矿产资源时，必须与当地社区和土著居民进行沟通与协商，得到当地人同意后才能进行商业开发。秘鲁也认为，保护安第斯山脉的自然生态环境不是秘鲁一国所能，南美共享安第斯山脉的阿根廷、巴西、智利、玻利维亚、哥伦比亚需要采取联合行动，同时需要更多的国际援助。

中国投资秘鲁的未来一定会更好

2021年,中国与秘鲁的双边贸易总额超过309.85亿美元,同比增长39.3%。中国目前是秘鲁最大的贸易伙伴,也是秘鲁的主要投资来源国。秘鲁则是中国在拉美地区的第四大贸易伙伴和第二大投资对象国,仅次于巴西。

就双边货物贸易而言,秘鲁从中国进口纺织品、成衣、家用电器、电视机、手机和汽车等产品。秘鲁太平洋大学著名经济学教授马修斯对我说,利马街头奔驰的中国汽车越来越多,原因之一是中国车的价格便宜、质量也不错,比10年前有了很大提高,他的一些同事开的就是中国车。秘鲁向中国出口的产品主要集中在矿产、精矿和鱼粉等传统产品。近年来,秘鲁新增对华出口的有柑橘、蓝莓、鳄梨等农产品以及乌贼等海产品。

中国目前对秘鲁矿业项目的投资,主要风险来自防范与土著社区的冲突、政府政策的变化以及国际矿石价格的下跌。20世纪90年代以前,中国在秘鲁的直接投资微乎其微。1992年,首钢集团投资1亿多美元收购了秘鲁一个矿产项目,成为第一个在拉美吃螃蟹的中资企业。现在回头看,中国企业在秘鲁的投资活动,至今大致经历了三个不同的发展阶段。

第一阶段的投资从20世纪90年代初期开始,首钢集团、中石油集团等企业成为第一批投资秘鲁的中国企业。1992年,首钢集团与秘鲁国有铁矿签订了一笔价值1.18亿美元的投资合同。两年后,中石油集团也开展了对秘鲁的投资活动。由于缺乏投资经验,首钢集团在谈判签订投资合同时没有对秘鲁工会组织的权利进行法律限制,再加上两国文化上的差异、管理方式的不同以及缺乏相互沟通,投资项目的秘方工人年年闹罢工,要求增加薪水和提高福利待遇,一直折腾了一二十年。这个项目在秘鲁造成的影响不佳,这为中资企业投资秘鲁和拉美上了一堂法律与管理课,教训深刻。

第二阶段的投资从2007年开始。首先是中铝集团收购了秘鲁铜矿公司100%的股份。随后,紫金矿业集团、五矿等8家中国矿业公司投资秘鲁矿业项目,成为秘鲁矿业领域最重要的投资合作伙伴。

第三阶段的投资热潮从2016年开始,中秘两国元首实现历史性互访,带动了更多中国企业投资秘鲁。

秘鲁经济学家阿基诺教授说,最近10多年来,秘鲁经济发展速度快,各项基础设施越来越难以满足经济发展的需要。因此,秘鲁需要大量资金来改善国内的基础设施,包括大量引进外资。秘鲁矿业资源丰富,秘鲁欢迎中国企业前来投资基础设施、矿业、电信等领域,并希望中资企业在投资过程中转让先进科学技术。他说,利马目前只有一条地铁线,今后需要修建第二条和第三条地铁线。中国地铁建设技术先进,经验丰富,欢迎中资企业积极参与利马地铁的竞标。秘鲁海岸线漫长,有着十分丰富的淡水鱼资源,全国许多湖泊有待开发利用。中国在淡水养鱼技术方面很有经验,欢迎中方企业投资秘鲁开展渔业养殖合作,在秘鲁合资生产鱼粉后再对外出口。

尽管中国企业投资秘鲁取得了很大进步,合作领域不断拓宽,为中秘两国的友好合作关系做出了积极贡献。但是,中国企业投资秘鲁仍面临一些障碍,比如秘方对投资项目的环境污染评估用时很长。法律规定环境污染评估需要9个月的时间,但实际审核时间可能拖上一两年。此外,中资企业投资秘鲁矿业等领域还面临一个对当地土著部落进行移民和对社区的补偿问题。不解决好这些问题,投资项目将面临无休止的示威抗议活动,到时候秘鲁政府也帮不上忙。值得一提的是,五矿集团于2014年8月在秘鲁投资拉斯邦巴斯铜矿项目时,为当地整个社区的搬迁新建了一个基础设施齐全的城市,通过这种方式避免了今后与土著社区可能出现的矛盾与冲突。

中国目前在秘鲁不仅投资矿产和石油大宗初级产品,而且也开始朝农业和渔业领域进军。中国企业不仅需要考虑从秘鲁购买铜矿砂等大宗商品,也应该积极投资秘鲁水果、蔬菜等农产品领域。最近几年,中国企业投资秘鲁矿产领域比过去更加谨慎负责,包括中铝集团在投资过程中为当地社区兴建医院、学校、足球场等便民利民项目,这种友好型的投资方式改善了与当地社区的关系,受到当地人的赞扬,从而使自己的投资项目在当地站稳脚跟。马修斯教授认为,中国企业投资秘鲁一定要有好的投资战略,要与信得过的秘鲁合作伙伴一起投资,与秘鲁合作伙伴结成利益共同体。

据秘鲁国家基础设施促进协会估算,未来秘鲁的交通基础设施需要大量资金投入,需要投资的领域包括公路、铁路、港口和机场。一旦基础设施建设得到改善,秘鲁的经济发展速度将会加快。秘鲁的这一战略规划为中国企业投资秘鲁提供了广阔的合作舞台。展望未来,中秘两国的经贸合作关系将会越来越好,双边经贸合作的未来一定会更好。

四、厄瓜多尔

高原首都基多别样的风情

在世界上海拔超过 2 800 米的首都只有两个：一个是玻利维亚首都拉巴斯，海拔 3 627 米，为世界海拔最高的都市；另一个是厄瓜多尔首都基多，海拔 2 852 米，而且是世界上距离赤道最近的都市，间隔距离只有 24 公里。基多是 16 世纪在印加城废墟上建立起来的，曾是印第安部落王国的都城。19 世纪初，厄瓜多尔摆脱西班牙殖民统治宣告独立，基多成为厄瓜多尔首都。出了机场驱车进入基多市区，到处可以看到新建的高速公路、机场、桥梁和基础设施。

1. 高原反应头晕脑涨睡不好觉

厄瓜多尔自然资源丰富，石油是国民经济的支柱，目前已探明石油储量达 82 亿桶，石油出口占对外贸易出口总量的一半以上。香蕉业是厄瓜多尔第二大经济支柱，在世界上素有"香蕉王国"之称。尽管厄瓜多尔经济基本保持平稳增长，但是近年由于受世界经济不景气和原油价格下跌的影响，经济有所下滑。此外，厄瓜多尔面临工业基础比较薄弱、脑力外流严重等问题。厄瓜多尔政府目前正在推动重点工业基础产业链的发展，其中包括冶金、造船、石化和汽车等。

厄瓜多尔位于南美洲西北部，西濒太平洋，截至 2022 年 7 月，全国人口 1 812 万人。由于海拔高，这里早晚温差大，天空湛蓝，空气新鲜，紫外线辐射强，人们外出旅游需要涂抹防晒霜。由于受时差和高原影响，初来乍到基多的中国人多少都会有些高原反应，尤其是身强力壮的年轻人。高原反应的主要症状表现为失眠、多梦、胸闷、头晕，走路气喘吁吁等。

因此，如果你到基多旅游访问，要尽量避免剧烈运动，走路时心态要保持平和，不要负重爬楼或快走，也不提倡长时间冲洗热水澡。我年纪较大，身体状况不如 50 来岁的中年人，但在厄瓜多尔采风的一个星期里，我几乎没有感觉到高原反应，饭吃得下，觉睡得好，车开得稳，而同行的两位中年人感觉头晕脑涨，整天昏昏欲睡。

基多城市依山而立，城区分新旧两部分。新城在城北，主要是大片居民住宅区和商业区,社会治安形势平稳,恶性暴力犯罪活动并不严重,白天去公园散步、坐出租车到超市购物或逛街不会有安全问题,不过偷盗抢劫的事情却时有发生。犯罪分子通常在夜间行动,持枪抢劫的案件居多。这里的犯罪分子作案动机非常明确,要钱不要命。出门在外,保命是第一要务,遇到歹徒持枪抢劫时千万不要反抗挣扎,也不要大声呼救,乖乖交出身外之物可保住小命一条。

2. 厄瓜多尔旅游资源丰富多彩

要是在厄瓜多尔逗留时间不长,不妨到首都基多转一圈。基多是一座历史文化名城,有赤道纪念碑、老城区、各类教堂、博物馆等。基多市区大小教堂和修道院很多,据说有近90座,包括著名的圣弗朗西斯科修道院、孔帕尼亚耶稣大教堂以及圣多明各修道院。建于1536年的圣弗朗西斯科修道院收藏了许多具有不同风格和流派的艺术品,其中包括众多印第安人和西班牙人的绘画和雕塑名作。

同南美洲绝大多数国家一样,厄瓜多尔遭遇西班牙殖民统治几百年。为了统治被征服的厄瓜多尔人民,西班牙殖民统治者真是费尽心机,他们用掠夺来的巨额财富在当地建造豪华的教堂、修道院以及医院,通过教会组织对当地民众进行洗脑,再用能治病救人的医疗方法来笼络收买民心,从而达到巩固其殖民统治的目的。然而时过境迁,基多老城区内的教堂和古老建筑物被联合国教科文组织列为"人类文化遗产"。

1982年新建的赤道纪念碑位于基多城北24公里处,海拔2 400米。纪念碑碑身高30米,用棕色花岗岩制成。长方型碑身四个面朝向东、南、西、北四个方向,四面分别刻着E、S、O、N四个西班牙语字母,代表不同方向。一个巨大的地球模型高高地矗立在碑顶,地面上东西方向有着一条黄线,表明这是一条把地球一分为二的赤道线。赤道线一边是北半球,另一边是南半球。凡到了基多赤道纪念碑的游客,都喜欢在纪念碑前的这条分界线两侧做出各种不同姿势和造型,象征着双脚分踩在南半球和北半球,然后拍摄一张张珍贵的纪念照片。在厄瓜多尔的南美国家峰会以及其他一些重要国际会议,都是在这里举行的。峰会期间,厄瓜多尔青年画家在新闻中心为我画了一幅比较夸张的漫画,一直被本人收藏并经常加以使用。

离基多两个小时车程内,可以出游的地方有安蒂萨纳自然保护区、科多帕克西雪山、明多亚热带风景区、帕帕亚戈达温泉等。如果你想深度旅游厄瓜多尔,不妨前往东部的亚马孙热带雨林探险,不过去那种地方,单飞没有什么意思,最好还是成群结队。如果你还有足够多的时间,最值得推荐游览的地方就是加拉帕戈斯群岛(又叫龟岛),那是需要乘坐飞机才能抵达的地方,它坐落在太平洋上,与世隔绝,曾为英国生物学家达尔文创立进化论提供了灵感和素材。

3. 厄瓜多尔华人华侨接近20万

厄瓜多尔的华人华侨主要集中在瓜亚基尔、克维多和首都基多三大城市。厄瓜多尔的侨胞主要来自广东中山、台山、潮汕和福建的福清、连江,也有一些来自上海、辽宁和山东等地。近年来,厄瓜多尔还增加了一些来自中国香港、中国台湾和东南亚国家的华人华侨。华人华侨在当地主要从事餐饮业,经营五金、小超市、农场、养虾和食品加工等。在当地土生土长的华裔受过良好教育,他们所从事的职业有医生、工程师或律师,还有的在政府部门任职。一些有商业头脑的华裔,已成为当地颇有实力的实业家。

龟岛——南美魅力四射的旅游胜地

在距离厄瓜多尔西海岸大约 1 000 公里的洋面上，有一个名叫加拉帕戈斯（Galapagos）的群岛，西班牙语是乌龟的意思。该群岛上栖息着成千上万只体型硕大而长命百岁的海龟，于是人们把它称为"龟岛"。岛上的巨龟叫象龟，象龟以腿粗像大象脚而得名。最大的象龟身长 6 米左右，体重 350 公斤，需要用卡车或板车才能把它拉走。除了象龟，岛上还有许多海狮、海豹、捕鱼能手鹈鹕以及满地都是横行霸道的红螃蟹。

龟岛由大岛、小岛和岩礁组成，如同散落在洋面上的点点珍珠。龟岛由火山熔岩凝固而成，横贯赤道南北，面积 8 000 多平方公里。龟岛四周汇集了各大洋的海流，寒流和暖流的相互作用使它孕育了极其丰富的海洋生命和矿物质。龟岛自 16 世纪被"发现"以来，吸引了世界无数登山者、远足者、冒险家和自然爱好者前来探险览胜。20 世纪 50 年代，龟岛成为厄瓜多尔的国家公园。由于龟岛以其丰富的奇花异草和 28 种非常独特稀少的动物资源而闻名于世，联合国教科文组织在 1978 年把它列入世界自然遗产名录。如今，龟岛成为厄瓜多尔最受游客欢迎的国家公园。

龟岛具有得天独厚的旅游资源，自然景观有火山口、岩浆流、熔岩洞、红沙滩、红树林等。除了象龟，岛上的珍禽异兽还有企鹅、毫无畏惧的鸬鹚、信天翁、蓝脚鲣鸟、军舰鸟、火烈鸟等 13 种鸟类。人口最多的圣克鲁斯岛是群岛的游客集散地和商业中心，配套设施比较齐全。岛上建有达尔文研究站，这是一个集科研、孵化和参观为一体的研究中心。1835 年，年轻的英国生物学家达尔文乘坐英国舰船曾到这里考察，岛上丰富的物种给他带来了灵感和素材，从而奠定了他提出《物种起源》的理论基础，成就了他的生物进化论。

为了吸引游客，龟岛管理当局曾经过度开发观光旅游，大量捕捞，加之外来物种的侵袭曾使龟岛的生态环境受到严重伤害。龟岛上有一只象龟，名叫"孤独乔治"，是世界上最后一只平塔岛象龟。它自 1971 年被人发现后，一直圈养在达尔文研究站。科学家们想尽一切办法试图为它寻找配偶，以便传宗接代，均告失败。后来，生物学家找了亚种很相近的两只母象龟作为乔治的配偶。母象龟一共产下两窝龟蛋，但没有一只龟蛋能孵化出来。2012 年，这头被圈养了 40 年的孤独象龟离开了人间，从而宣告这个物种的灭绝。

悲伤的故事不止于此。在龟岛上，乌龟的天敌不仅有过往渔船上贪婪的渔民，还包括人们带去的猫、狗和山羊等动物。这些动物会把母乌龟下的蛋从沙滩里面刨出来吃掉。因此,岛上的乌龟数量从16世纪的25万只一度减少到1974年的3 000多只。经过动物学家的保护和人工繁育,龟岛的象龟数量2012年在2万只左右。岛上被捕捉到的乌龟背后都有编号。从2010年开始,厄瓜多尔政府采取严格措施限制登岛游客人数,同时禁止外来生物的入侵,避免破坏岛上的自然生态环境。

据厄旅游部门统计,厄瓜多尔2014年接待世界各地游客约20万人次,其中来自中国游客约有17 000人次。为吸引中国游客,厄瓜多尔旅游部门开发了针对中国游客的旅游产品,雇用懂中文的工作人员并对他们进行培训。这里有海鲜夜市,龙虾和红石斑鱼应有尽有。花25美元可以吃到一只大龙虾和一条鲜活的石斑鱼。

2015—2016年,厄政府共投资了3 400万美元,在龟岛上发展风电、太阳能等可再生能源并建设了一个蓄电站,成效显著。龟岛目前严控进岛游客数量、物品以及游客活动。游客登岛旅游必须有导游陪同,不得擅自行动。游客进岛前,随身行李须先送到指定地点接受检查,蔬菜、水果以及猫、狗等动物也都在禁带物品之列。外国游客登岛每人需缴100美元的登岛费,用于龟岛的基础设施维护。

在龟岛上居住的居民主要从事商业、旅游业和环境保护工作。岛上民风非常淳朴,部分居民仍然保持着传统的生活方式,以出海捕鱼为主业。外人想移民龟岛非常困难,除非他们与土生土长的当地人结婚。为保护生态环境,龟岛不允许兴建五星级酒店,游客住宿以家庭旅馆为主。机动车实现"零增长",不增发车牌。当地人十分注重宣传龟岛的世界遗产地位,岛上中小学定期进行环保教育,孩子们从小认识到龟岛是人类不可替代的遗产。

厄瓜多尔与中国经贸合作越走越亲

据中国海关统计,2021年中国与厄瓜多尔双边货物贸易额达109.4亿美元,双边贸易额逆势增长了44.6%,中国已超过欧盟成为厄瓜多尔第二大贸易伙伴,仅次于美国。越来越多的香蕉、对虾、可可、甘蔗和鲜花等农副产品进入中国市场。厄方表示,厄瓜多尔拥有丰富的渔业、矿产、旅游和热带水果资源,这些领域的资源将为中国企业投资厄瓜多尔提供广阔的空间。然而,中厄关系中的最大亮点和动力是两国在经济领域的投资合作。

中国和厄瓜多尔同属发展中国家,中国企业拥有资金、技术和经验等方面的优势,而厄瓜多尔拥有油气资源、能源等方面的有利条件。中厄两国经济互补性很强,双方在多领域的合作潜力巨大。中方投融资的重点是支持中国企业在厄瓜多尔承建数百个工程合作项目,合作领域覆盖石油、矿业、水利、农业、通信、基础设施和医疗卫生等领域。仅在基础设施领域,中国在厄瓜多尔投资兴建了8个水电站、10余条公路等大型基础设施项目。

许多由中方在厄企业承建的重大项目已成为两国务实合作的标志性工程,促进了当地社会经济的发展,提供了许多直接和间接工作岗位,给厄瓜多尔人民带来了实实在在的好处。目前,厄瓜多尔是中国企业在拉美的第五大投资国,仅次于巴西、秘鲁、委内瑞拉与阿根廷。与此同时,厄瓜多尔对中国的投资也在不断增加,尽管数量不是很大。

2018年,中国与厄瓜多尔签署了共建"一带一路"谅解备忘录。在共建"一带一路"框架下,厄瓜多尔积极参与中方主导的金融合作机制建设,成为中国在拉美的重要工程承包市场、投融资对象国和能源合作伙伴。2019年11月,厄瓜多尔加入亚洲基础设施投资银行,成为第一个正式加入该行的拉美国家。近年来,中方还积极推动与厄瓜多尔在人力资源培训方面的合作,进一步促进两国民心相通,夯实中厄两国友好的民意基础。

五、哥伦比亚

高原国家春满大地很富饶

哥伦比亚是一个地处赤道以北的南美国家,首都波哥大海拔 2 624 米,是世界名列第四的高原首都。波哥大没有太多高层建筑,市区名胜古迹众多,许多历史文化遗产得到很好保护。在墙上涂鸦是波哥大的一景,而且得到政府的保护和鼓励。波哥大更是一座融文化、艺术、历史和夜生活为一体的城市,曾获得联合国教科文组织授予的"世界图书之都"的称号。在哥伦比亚访问的时间久了,了解的东西多了,你就会发现这个南美国家盛产"四宝"——鲜花、咖啡、美女和绿宝石。

1. 世界第二大鲜花出口国

麦德林是哥伦比亚第二大城市,经济、工业、服务业、高等教育和科技等比较发达。该市拥有 40 多个博物馆、美术馆和展览馆,充满文化艺术气息。麦德林市海拔 1 541 米,年均温度在 22 ℃上下,素有"永恒春城"的美称。这座盘踞在山谷中的城市,高楼大厦比较多,市区道路九曲十八弯,但公交非常发达,这里有快速公交、地铁、轻轨和空中缆车。2013 年,麦德林被美国华尔街评选为"最有创意的城市"。

哥伦比亚是世界第二大鲜花出口国,鲜花种植是其主要产业之一。2019 年,哥伦比亚鲜花出口收入达 14.9 亿美元,仅次于欧洲的荷兰,这一切应归功于麦德林。麦德林在国际上享有"花都"的美称。每年 8 月份,麦德林都要举行盛大的鲜花节大游行,当地居民倾巢而出庆祝这一节日,老爷车队和宠物队伍等招摇过市,许多外地游客也赶来看热闹。参加游行的人们身穿艳丽的民族服装,脖子上挂着自制的花环,在游行队伍中载歌载舞,尽情欢乐。

2. 全球第三大咖啡出口国

咖啡是哥伦比亚国民经济的主要支柱之一,全国有 30 多万个咖啡园,咖啡种植面积越过 100 万公顷。2019 年,哥伦比亚出口咖啡 1 350 万袋。

哥伦比亚的咖啡主要生长在海拔 800～1 600 米的山坡上，那里气候温和、雨水适度、空气潮湿、阳光充足。由于气候和地理条件优越，哥伦比亚的咖啡酸质浓郁，风味均衡，颇受消费者的喜爱。哥伦比亚人喜欢喝咖啡，这个国家的大街小巷布满了咖啡馆，咖啡馆从早到晚顾客盈门，生意兴隆。喝咖啡在哥伦比亚是一种生活方式，也是一种享受。人们可以一天不吃饭，但不能一天不喝咖啡。

3. 祖母绿宝石名闻天下

在哥伦比亚众多自然资源中，煤炭、石油和天然气等资源吸引不了世界的眼球，唯独这个国家生产的祖母绿，人们对它的光彩与魅力看得眼睛发绿。哥伦比亚的绿宝石储量居世界第一，该国每年出口大量祖母绿宝石，占全球出口额的 60%。哥伦比亚全国约有 150 家开采祖母绿的宝矿，由于开采处于无序混乱状态，最近 5 年来哥伦比亚政府在吸引外资前来开采的同时，正在建立追踪制度并使绿宝石开采工作进入现代化和正规化的程序。

哥伦比亚的祖母绿被公认为是世界上最好的绿宝石，它是绿宝石之王，晶莹剔透，绿意盈盈。据介绍，品质好的祖母绿每克拉零售价在 10 000～18 000 美元。"达碧慈"是哥伦比亚祖母绿中的宝中之宝。"达碧慈"中心有个六边形的核心，由此折射出太阳光芒的六道线条。据说每道线条都代表美好的祝福——健康、财富、爱情、幸运、智慧与快乐。当地还有一种说法是，只要把祖母绿放在舌头底下，佩戴者就能拥有预测未来的能力，还可以驱恶辟邪。不管具有何种功能，祖母绿现已成为人们结婚 20 周年和 35 周年的纪念宝石。

4. 哥伦比亚美女誉满全球

哥伦比亚主要有白种和印欧混血人种，人们平时非常注重外表。哥伦比亚女人非常关注自己的曲线，追求胸围、腰围和臀围的完美比例。在麦德林的机场、商场、饭店、广场和咖啡馆，人们随处可见靓丽的年轻女孩。当地姑娘面容姣好，五官精致，双腿修长，身材匀称。当地女孩不满足自己天生的身材和容貌，还要把工资相当一部分花在美容、美发和服饰上，把自己精心打扮得像一件无懈可击的艺术品。

选美比赛在哥伦比亚几乎是一项全民运动，这个国家有许多美女培训班，女孩子从小就开始参加各类选美比赛。哥伦比亚每年都要举办"鲜花小姐""咖啡小姐""绿宝石小姐"等比赛，全年各类选美比赛不下于 400 场。人们每天打开报纸，第一件事情就是看看有关选美比赛的报道和照片，先养养眼睛再看其他新闻。即使在监狱，触犯法律的女囚犯仍享有参加选美比赛的权利，目的是让她们安心服刑并重拾今后回归主流社会的信心。

在"环球国际小姐""世界小姐"和"世界旅游小姐"三大国际选美比赛的舞台上，来自哥伦比亚的佳丽几乎从不缺席，她们经常获得国际选美大赛的桂冠或进入前几名。因此，哥伦比亚在国际上被视为盛产美女的摇篮。从外表来看，哥伦比亚女士没有其他南美国家妇女那样热情奔放，但她们很有商业头脑，擅长经营管理。在哥伦比亚企业老板中，女老板据说占了一半以上，她们真的顶起了哥伦比亚的半边天。

万圣节在哥伦比亚疯狂又美丽

每年10月31日是万圣节,万圣节是西方世界的"鬼节"。在哥伦比亚首都波哥大,"鬼节"的活动很疯狂。我早上在下榻的旅馆餐厅用餐,发现餐厅布置了不少彩色纸条。一楼服务台的女经理、打扫房间卫生的女清洁工和餐厅的女服务员,个个脸上都涂了黑白两种色彩,装扮成可怕又可爱的"女鬼"。

我坐车到哥伦比亚最大的《时间报》报社拜访该报负责人桑托斯先生,他是哥伦比亚总统胡安·曼努埃尔·桑托斯的侄子。跨进报社庭院时,只见里面的记者编辑都画着一副鬼脸,"女鬼"们正在阳光下三五成群地合影留念。走进报社办公大楼,到处弥漫着阴森森的鬼气,鬼模鬼样的男男女女迎面而来,张牙舞爪地与我以及桑托斯先生打招呼并合影留念。

寒暄落座时,桑托斯开门见山地说,今天是一个特殊的日子,报社有一个"鬼节"评选委员会,今天将评选出报社最美服饰奖和最佳化妆奖。从下午4点开始,报社门口会出现一个移动的评选台,1 800名浓妆艳抹的男女采编人员进出报社大门时,都要展示自己的化妆和服饰,优胜者将获得奖品。

简单介绍之后,桑托斯先生转换了快乐的气氛,他用低沉的语气说,庆祝"鬼节"也是哥伦比亚的"悲哀"。哥伦比亚人本来可以把主要心思放在手头的工作和思想创新方面,但现实是大家都把宝贵时间浪费在了这些"无用的东西"上。结束拜访走出报社大门时,我在庭院草坪上又遇到许多正在合影留念的"男鬼"和"女鬼",他们张开双臂暗示欢迎我拍照,并且在照相机镜头面前摆出各种快乐无忧的姿势。

我坐车穿梭在波哥大的大街上,到处可见穿着奇装异服、扮着鬼脸招摇过市的人们。看到我拿着照相机,他们个个伸出"长舌"隔着汽车玻璃做出各种鬼脸。一些"小鬼"也是一身标准的蝙蝠侠装扮,在大人的陪同下到各个店铺门口唱歌讨要水果糖。年轻的"男鬼""女鬼"早早来到酒吧喝酒取乐,许多人还到夜总会唱歌跳舞疯狂到深夜。

哥伦比亚人还告诉我,在万圣节这一天,全国人民可以相互欺骗撒谎,并且可以不负任何法律责任。除了疯狂又美丽的万圣节,哥伦比亚还有其他一些颇有创意的节日,比如鲜花节、咖啡节,其中最别出心裁的是"国际偷懒节"。

"国际偷懒节"不是鼓励人们好吃懒做,而是提倡人们忙中偷闲。随着全球工业化和现代化步伐的加速,人们的生活节奏也在加速,工作压力越来越大。在疯狂追求物质文明和个人事业发展的过程中,人们几乎没有时间享受自由自在的美好生活,所以哥伦比亚人发明了一个"国际偷懒节"。

　　"国际偷懒节"通常在每年的 8 月举办,哥伦比亚在伊塔圭市庆祝这个令人好笑的节日。"国际偷懒节"期间,当地人从繁忙的工作中解脱出来,忘却所有的疲劳与烦恼,把自家的床铺或沙发搬到大街上,或在人行道上搭建简易帐篷,男男女女和老人小孩在帐篷里和床上蒙头睡觉,男人们或躺在床上互相聊天吹大牛,或手舞足蹈地讲述有趣的故事。更好笑的是,有的哥伦比亚人干脆直接抱个枕头躺在马路上。忙里偷闲,闹中取乐,这样的"偷懒"也许是美好生活的开始和延续。

哥伦比亚欢迎中国企业的投资

由于长期内战的新闻报道，在外人的印象中，哥伦比亚是个非常不安全的地方。在 2016 年哥伦比亚结束内战的前两年，我多次到首都波哥大采风，发现这个城市虽然戒备森严，但漂亮又安全。当地人对我说，哥伦比亚最大的城市麦德林比这里更漂亮。

截至 2021 年，哥伦比亚拥有 5 130 万人口。该国近年来开始重视亚太市场，特别希望扩大同中国的经贸合作关系，自 2012 年以来，哥伦比亚与中国一直在探讨签订自贸协定的可能。哥伦比亚主要向中国出口矿产、贱金属及制品（钢铁、铝、铜）与矿产品等。哥伦比亚从中国主要进口机电、纺织品、家具、玩具和音像等设备。中国目前是哥伦比亚第二大贸易伙伴。

哥伦比亚煤炭、石油天然气丰富，矿藏满山遍野，是世界各国重工业投资的首选洼地。目前约有 70 家中国企业在哥伦比亚运营，包括中兴通讯、华为、福田、中石化、中国港湾和中国电建等。但是，中国在哥伦比亚的直接投资额目前还不多，仍在起步中。当地商界领袖表示，中国企业有技术、设备和资金优势，哥伦比亚非常欢迎中国企业前来投资基础设施项目和农业等领域。中国与哥伦比亚日前正在就投资合作事宜进行密切接触，双方已经完成了合作的基本蓝图，将在"一带一路"框架下早日实现相关投资合作项目的执行。

我在哥伦比亚首都波哥大的几次走访中了解到，我们国内一些企业老总到哥伦比亚考察访问时，言谈举止中容易流露出财大气粗并轻视当地企业实力的感觉。一些中方企业对承建大型项目兴趣很大，但对一些中小规模的项目不感兴趣。哥伦比亚一位商界领袖对我说，中方企业刚开始投资哥伦比亚时，其实可以先从一些中小型合作项目做起，等积累经验与当地合作方建立起互信后，再逐步扩大到大型项目的合作上。他说，这样的合作基础更扎实。

六、巴拉圭

巴拉圭——曾经一夫多妻制的南美国家

巴拉圭是一个中国人想不起来的国家,一年四季在国际上不露面。只有在世界杯举行的时候,人们才知道巴拉圭的存在,因为巴拉圭的足球很厉害。巴拉圭夹在巴西、阿根廷和玻利维亚三国之间,是一个没有出海口的内陆国家,国土面积 40 多万平方公里,相当于美国的加州,2021 年总人口 722 万人。本世纪初开始,巴拉圭的大豆生产得到快速发展,成为世界大豆主要出口国之一。新冠肺炎疫情期间,巴拉圭的经济受到很大影响,但这种影响没有人们想象的那么大,因为这个国家的农业和建筑业蓬勃发展,基本上抵消了疫情带来的负面冲击。

1. 巴拉圭拥有半个伊泰普水电站

从经济上来说,巴拉圭是南美最穷的国家之一,2018 年人均 GDP 为 5 899 美元。2019 年,巴拉圭全国失业率超过 12%。该国贫困率为 23.5%,目前仍有超过 200 万人口生活在贫困线以下。该国的主要经济活动是农业,主要农作物有大豆、玉米、小麦、大米、芝麻、蔗糖和花生。在对外出口中,肉类、农产品和电力占了大部分。巴拉圭经济生活中最有意义的事件是与巴西在 20 世纪 80 年代初合资兴建伊泰普水电站,其发电量与中国三峡水电站几乎不相上下。伊泰普的年发电量一半归巴西,另一半归巴拉圭。由于巴拉圭国内消耗不了这么多电力,剩余的以平价方式返销给巴西。

首都亚松森是巴拉圭最大的都市,人口 52.5 万人。出了亚松森,巴拉圭人的生活节奏非常慢。尽管经济快速发展,失业率和犯罪率仍居高不下,政府无法解决土改问题和工业化问题,国内政局动荡。

在靠近巴西伊瓜苏和伊泰普水电站的地方,是巴拉圭第二大城市东方市,两国之间只有一河相隔,上面有一座友谊桥。东方市是南美的购物中心之一,这里拥有许多豪华免税商店,似乎与这个国家的地位格格不入。巴西、阿根廷和巴拉圭三国之间出入境不需要签证,巴西和阿根廷人喜欢到巴拉圭的东方市购买免税商品,回国后有的自己使用,有的拿到国内进行倒卖。巴拉圭与巴西围绕伊泰普的电力低价分配问题时常发生纠纷,为了安抚巴拉圭,巴西政府对这样的走私活动采取睁一眼闭一眼的态度。

2. 巴拉圭宗教色彩比较浓重

由于殖民历史的原因,巴拉圭全国 80% 的人讲双语——西班牙语和瓜拉尼语,瓜拉尼语为巴拉圭第一官方语言。巴拉圭是罗马天主教国家,宗教色彩比较浓。每年 8 月 1 日,全国都要喝一种名为瓜拉纳的饮料。根据当地的迷信说法,认为 8 月是最不吉祥的月份,喝瓜拉纳饮料会驱恶辟邪、带来幸福和健康,谁要是不喝瓜拉纳饮料,谁就会倒霉。这种瓶装的饮料街头到处可以买到。巴拉圭天主教会反对一夫多妻制,但同性恋婚姻在巴拉圭得到合法承认,单亲家庭数量也在不断增加。

3. 从一夫多妻制回归一夫一妻制

在 19 世纪 60 年代,巴拉圭为了争夺在乌拉圭的出海口得罪了巴西、阿根廷和乌拉圭,单枪匹马与这三国打了 7 年之久的战争,结果导致其 11 万平方公里的国土被两个重要邻国吞并,全国人口从战前的 52.5 万人急剧下降到战后的 22 万人。幸存的人口中,大多是老弱病残和孤儿寡母,成年男子不到 3 万人,而幸存的育龄妇女有 10 万人。战后,巴拉圭国破人亡,满目疮痍,百废待兴,几乎所有事情都落在妇女们身上。为了帮助死去男人的家庭度过艰难日子,巴拉圭妇女主动要求政府允许成年男子抚养多个家庭。出于重振国家的战略考虑并顺应民意,巴拉圭新政府宣布在国内实行一夫多妻制。

巴拉圭政府推行一夫多妻制的原则是,男人必须对所有妻子和家庭一视同仁,不能厚此薄彼,也不能离婚,目的是鼓励人们生儿育女,多多益善。不仅如此,巴拉圭男子进入成年后如果不结婚,还要被政府关起来加以惩罚。如果人们初婚后,在随后几年中没有进一步增加儿女的数量,政府也要出面干预,逼迫男人们承担起更多的社会和家庭责任。

关键问题是,一个男人要养活多个家庭,经济是基础,如果没有经济基础,家庭就会不和甚至鸡飞狗跳。巴拉圭是一个贫穷落后的农业国,每个男人的家庭人口众多,日常家庭开销大,生活压力不堪重负。男人们享受的不是齐人之福,而是叫苦连天的生活。通过刺激人口增长的政策,巴拉圭到 20 世纪 50 年代男女人口比例基本达到平衡。男人们主动要求政府取消一夫多妻制。

巴拉圭很少出现离婚现象,即使婚姻几乎处于破裂状态,人们仍住在一个屋檐下生活。但是,巴拉圭的单亲家庭还在增加。

蒋菊英——南美最优秀的华人实业家

巴拉圭是南美的内陆农业国,与巴西是近邻,至今没有同中国建交。尽管没有外交关系,这个国家对中国友好,愿意同中国做生意。据中国海关总署统计,2021 年,中国同巴拉圭的贸易总额为 18.35 亿美元,其中中方出口额 17.81 亿美元,进口额 0.54 亿美元。在这个国家,目前居住着近 2 000 名华人华侨和台胞,蒋菊英女士就是他们中的优秀代表,而且是南美最优秀的华人企业家和实业家。

1. 手中握有巴政府赐予的"尚方宝剑"

在地球尽头的巴拉圭,蒋菊英女士是个家喻户晓的华人企业家。自 2012 年以来,她创办的"南美勤益毛毯厂"年年入围巴拉圭百强企业。自 2015 年以来,"南美勤益毛毯厂"多次被评为巴拉圭出口创汇的冠军。由于巴拉圭政府充分信任蒋菊英,该国外交部给了她一把尚方宝剑,凡是蒋菊英亲自陪同过境的中国人,只要当天入境并在当天出境,出入巴拉圭边关都不需要签证。前些年,我有机会应邀到巴拉圭最大城市——东方市参观访问了"南美勤益毛毯厂",访谈了这家企业的当家人蒋菊英董事长。

"南美勤益毛毯厂"自 2008 年建成投产以来,巴拉圭历任总统及总理、工商部部长、外交部部长、劳工部部长、国家警察局局长、移民局局长等政府高官以及社会各界人士都要来到该厂参观访问,慰问该厂的巴拉圭工人和中方管理人员,场面非常热烈。在工厂办公室的墙壁上,悬挂了许多奖章和感谢状,这些都是巴拉圭工商部和州政府等部门颁发的,表彰这家由中国人投资创办的企业为巴拉圭做出的突出贡献,称赞蒋菊英是一名关心巴拉圭员工并与当地人民打成一片的优秀企业家,感谢她为巴拉圭的经济发展做出的突出贡献。巴拉圭工商部部长还号召当地企业家到中国学习取经,努力把中国人的企业家精神带回这个南美国家。

2. 只身来到巴拉圭艰苦创业

20 世纪 90 年代中期,蒋菊英辞去浙江缙云侨联主席一职,只身来到举目无亲的巴拉圭,帮助浙江一家乡镇企业追讨 74 万元的欠款,当时她已 46 岁。讨债历经艰辛未能成功,她又不忍心看到家乡企业倒闭破产,于是她卖掉了浙江老家的住房,帮助乡镇企业填补了流失的贷款。从此,她只身一人在巴拉圭打拼。2000年,她一边努力学习西班牙语,一边与家乡贸易公司合作在巴拉圭做起进出口生意。中国人的最大优点就是勤劳聪明和吃苦耐劳,蒋菊英平时省吃俭用,全力以赴为中国小商品打入巴拉圭市场四处奔走。时间久了,她手头也有了一些积蓄。

2008年,蒋菊英抓住巴拉圭政府推动工业发展的机遇,与江苏苏州勤益纺织品有限公司朱永明先生在巴拉圭合资兴建"南美勤益毛毯厂",归巴拉圭工商部直接管辖。为了扶植与发展民族工业,巴拉圭工商管理部门给予这家中国企业两项优惠政策——来料进口及国内销售均享受零关税,而且80%的原材料可以从中国进口。由于巴拉圭政府的积极支持和扶植,蒋菊英开创的企业在6个月内就完成了第一期工程的厂房建设,中国人办事的速度在巴拉圭得到了很好实践,令当地人刮目相看。

在投资建厂过程中,蒋菊英把纺织的机器从中国搬了过来,根据相关规定从中国引进了8名技术管理人才,在当地招聘了36人。4年后,毛毯厂在拓展过程中又从当地扩招了300多名正式员工,在生产旺季还另聘200多名临时工。对于这样的建厂原则和管理模式,巴拉圭政府非常满意。工厂生产的"卡玛米亚"品牌毛毯不仅出口巴西和阿根廷等南美国家,而且通过众多商铺内销巴拉圭全国各地,为当地间接提供数千个就业机会。由于有了再就业的机会,许多以前失业的工人又可以送孩子上学读书了。此外,"南美勤益毛毯厂"每年为当地政府缴纳数百万美元的税收,成为当地一个名副其实的纳税大户。

3. 苦去甘来事业昌盛

经过11年的发展,"南美勤益毛毯厂"的厂区使用面积从当初的不到1万平方米,增加到2019年的10多公顷。工厂为当地直接提供了1 700多个就业岗位,同时从中方劳务输入28名技术人员。工厂生产的"卡玛米亚"品牌目前涵盖毛毯、地毯、棉被、夏凉被、袜子等家纺产品,这些产品物美价廉,在巴拉圭和巴西等南美国家几乎家喻户晓,非常走俏。谈到企业发展前景时,蒋菊英女士表示,他们企业计划在今后5年内把正式员工增加到3 000人,同时为当地一个城镇的市民解决自来水供应的问题。

蒋菊英在创办企业的过程中非常注意中国企业家的形象,绝不丢中国人的脸。她始终坚持诚信和确保质量第一的原则,为此她建立了定期为企业技术员工提供免费培训的机制。为了让巴拉圭员工更好了解中国和中国的传统文化,她还特意在每年春节期间给巴拉圭工人放假一天,并以丰盛的年夜饭招待她们及亲朋好友。因此每年元旦过后,巴拉圭工人就开始打听哪天是中国的春节,她们期待着中国的美食和春节假期。这种"暖心"的管理模式,增进了巴拉圭工人对工厂高管的向心力和凝聚力,拉近了劳方与资方的距离与感情,同时也增进了当地工人对中国文化的良好认识。

东方市是巴拉圭最大的商业城市和经济中心,素有南美"小巴黎"的称号。与众不同的是,其他外商投资企业赚钱后马上把盈利转移到国外,蒋菊英在巴拉圭赚钱后却在东方市扩大投资再生产。她在市中心黄金地段投资兴建了一幢 25 层高的现代化办公和商业大楼,成为全市最高的标志性建筑,把东方市点缀得更加靓丽。目前,在当地招聘的 1 700 多名员工中,蒋菊英为半数以上的员工办理了五险一金,让他(她)们消除后顾之忧。由于贡献突出,东方市市长授予蒋菊英"卓越贡献荣誉市民"的光荣称号,感谢她为东方市的经济繁荣和社会安定做出了积极贡献。市长嘱咐她,今后不管遇到什么困难或麻烦,市政府都会全力支持她的企业。

4. 知恩图报乐于回馈社会

从 2013 年到 2018 年,蒋菊英在巴拉圭领导的"巴中国际经济贸易促进会"和"巴中妇女联谊会"等侨社团体积极参与各种社会公益活动,每年冬季都要为州政府和市政府以及当地穷人捐赠几千条毛毯、棉被以及大米,为伤残人捐款购买轮椅,为当地医院捐赠早产婴儿的保温箱,购买学习用品奖励当地一所小学的学生,定期为当地华人慈善机构提供一定帮助。5 年来,当地华人团体为公益事业捐助的物品价值超过 80 万美元,其中约有 95% 的捐款由蒋菊英的企业提供。

蒋菊英是一个非常成功的实业家。由于她领导的企业社会责任感强,因此她在巴拉圭受到自上而下的欢迎和支持,资方与劳方关系非常和谐。蒋菊英为中国民营企业在南美投资合作树立了一个非常良好的榜样和形象,为中国赢得了很高的荣誉。蒋菊英创业成功的经验告诉人们,企业投资海外不仅要谋生存求发展,也要遵纪守法和承担一定社会责任,只有这样才能长期立足当地并保持可持续发展壮大。

鉴于政治方面的原因,在南美 13 个国家中,只有巴拉圭目前还没有同中国建交,中巴建交只是一个时间迟早的问题。尽管如此,中国与巴拉圭之间的经贸往来从来没有停止过。自从在巴拉圭立足并成名后,蒋菊英女士经常穿针引线带领巴拉圭工商部部长、商业局局长、地方州长和工商企业代表团到中国各地参观访问,与国内企业进行座谈交流,寻找经贸合作的商机,同时也让他们见识中国的惊人发展和巨大变化。

由于中国在巴拉圭没有使领馆,巴拉圭的侨务工作归属中国驻圣保罗总领馆。逢年过节或每逢中国政府高级代表团访问巴西时,蒋菊英女士都会应邀到巴西出席欢迎活动。谈到她在南美创业成功的经历时,蒋菊英女士说:我是改革开放的参与者、受益者和见证者,我的成功也归功于中国的改革开放,是改革开放政策成就了我,让我真正实现了个人、祖国和驻在国三方互利共赢的局面。她在 2019 年的一次访谈中对我表示,在推动巴拉圭经济发展的同时,她乐意为当地侨胞做一些有益的事情,也愿为促进中国与巴拉圭的双边经贸合作关系做一些力所能及的事情。

七、巴拿马

一个连接南北与贯通东西方的国家

在我国中老年人的记忆里,巴拿马是一个令人既熟悉而又陌生的国度。由于政治以及历史原因,中国和巴拿马直到 2017 年 6 月 13 日才宣布正式建立外交关系。其实早在建交前 5 年,凡持有大公务、小公务和外交护照的中国公民,都可以自由进出巴拿马,不需要任何签证。中巴建交前,我因公多次路过并做客巴拿马城,对这个国家的印象非常好。

1. 巴拿马是拉美地区的灿烂明珠

拥有 407 万人口的巴拿马是中美洲和加勒比海地区的航空枢纽,南来北往西半球的民用客机和货机,从加勒比海和中美洲各国前往欧洲、亚洲和非洲的游客,都必须在巴拿马国际机场中转。我每次从巴西首都巴西利亚到加勒比海国家出差,来回都要经过巴拿马。无论是行走在繁华的街头,还是在与朋友的谈话中,我都会强烈感受到,作为地区经济、金融和航空运输中心,巴拿马经济充满生机与活力,成为拉美地区经济增长最靓丽的国家。

巴拿马西濒太平洋,东临加勒比海,景色秀丽,是拉美地区一颗灿烂的明珠。由于没有任何自然资源和工业,巴拿马对外开放程度非常高,国内商业和服务业非常发达。巴拿马没有自己的货币,市面上流通的都是美元。这里没有外汇管制,经营离岸业务可以免税,金融监管水准达到国际标准。因此,世界各国有 100 多家银行在巴拿马开设分行或办事处。巴拿马也是西半球海上运输的重要通道,美国东海岸与拉美国家的西海岸,美国东海岸、巴西、委内瑞拉与中国和亚洲国家的海上贸易,大多要经过巴拿马运河。

当世界各国经济笼罩在危机和不景气阴影下时,巴拿马经济仍有优异表现。当地商界人士介绍,为了吸引外资,巴拿马政府在 2015 年 1 月公布了"2015—2019 年政府战略规划",重点兴建港口、公路、桥梁、地铁、城市修缮、水电站等大型项目。同时,巴拿马政府推出一系列优惠措施,其中包括外国人投资 30 万美元或在巴拿马购买价值不少于 30 万美元的住房,就可以顺理成章地生活在巴拿马。巴拿马政局稳定,投资环境比较理想,社会治安良好,这些有利因素吸引了来自世界各国的热钱,促进了巴拿马的基础设施、房地产、建筑业、娱乐业、餐饮业、旅游业的发展。

行走在首都巴拿马市区,到处可见正在兴建中的公寓楼、商业楼、立交桥和地铁,一派欣欣向荣的景象。当然,巴拿马经济发展也面临一些挑战。比如,由于大量投资基础设施等大型项目,巴拿马政府借了不少公共债务。为此,政府提高了企业税,巴拿马运河的过河费也在水涨船高。此外,巴拿马面临电力短缺的问题。由于连年干旱,巴拿马运河水位下降,水力发电量不足。在最炎热的旱季(夏季),巴拿马城每年有两个星期的时间白天不能随意使用空调。只有到了下午 3 时之后,人们才能享受空调送来的凉风。

2. 中国投资巴拿马正当时

我在巴拿马走访了华为、中远和中银等几家中资企业的老总,他们都认为巴拿马的投资环境不错,一是巴拿马没有外汇管制,二是法律法规健全,三是这个国家比较现代化,人们生活在这里舒适安全。巴拿马政府重经济发展,出台的一些政策对商界比较友善。比如巴拿马政府在前些年颁布第 41 号法规,为在这里设立地区总部的跨国公司提供 5 年居住权,可以享受免税待遇和其他许多优惠。如果跨国公司同时对外经营辐射业务,还可以不用缴纳企业税。

由于拉美一些国家的经济近年来受到世界经济不景气的影响,中国与巴拿马的贸易额出现下降的趋势。需要指出的是,中巴两国的贸易 90% 是转口贸易,也就是说中国商品先出口到巴拿马科隆自由贸易区,然后转口到哥伦比亚和委内瑞拉等拉美国家。转口商品包括轻工业品、纺织品、服装鞋类、玩具、电子产品和家用电器等。但是,由于委内瑞拉等国近年来的经济发展势头减弱,中巴转口贸易自然受到影响。

随着中巴两国的正式建交,中国企业投资巴拿马的政治风险消失,中方目前正在加大对巴拿马的投资力度。截至 2019 年,中远、中海、华为、中信、中国港湾、中国铁建、中国银行和三一重工等 30 多家中资企业在巴拿马设立了办事处或分行,为当地中资企业和巴拿马企业提供融资服务。目前,中国企业在巴拿马投资兴建几十个项目,主要集中在海运、通信和基础设施领域,为巴拿马人民提供大量就业机会并推动当地经济的发展。

中方投资巴拿马大型项目的有好几家企业。比如,中国交通建设股份有限公司和中国港湾工程有限责任公司联营体在 2018 年投资 14.2 亿美元,帮助承建巴拿马运河第四大桥。2016 年 5 月,中国岚桥集团在巴拿马运河大西洋入口处的科隆省投资 11 亿美元,收购玛岛港,规划在岛上兴建 4 个集装箱专用深水码头。整个工程项目从 2017 年 6 月开始,计划到 2022 年全部竣工,届时将实现年通过能力 500 万标箱。到那时,玛岛港将成为中国"一带一路"在拉美地区的重要支点。

巴拿马运河与中国息息相关

巴拿马运河是 1904 年开始动工，1914 年建成通航，当时只能通过 7.6 万吨级以下的巴拿马型货船。许多超巴拿马型的货船不得不绕行南美洲最南端的合恩角。为了满足日益增长的全球海运需求，巴拿马政府从 2007 年开始投资 52 亿美元，对运河进行拓宽扩建。2016 年 6 月 26 日，巴拿马运河扩建工程竣工通航，来自中国的中远海运集团旗下的"中远海运巴拿马"号货轮是新船闸启用后通过的第一艘船只。

管理巴拿马运河的是一个独立于政府的机构，不受国内任何党派政治的影响，完全按照企业的模式来经营管理。巴拿马运河管理当局拥有 1 万多名正式员工，同时还为当地提供三四万个间接就业机会，包括港口装卸等后勤服务、法律咨询以及餐饮业、交通和洗衣等行业。

1. 巴拿马运河高出海平面 26 米

巴拿马运河总长 82 公里，横贯巴拿马全境，连接大西洋和太平洋，是世界上最重要的航行要道之一。运河最宽的地方达 304 米，最窄处也有 152 米，水深平均在 13～15 米。运河在太平洋一侧有两座平行的船闸，在大西洋一侧有一座船闸。船只从大西洋通过运河到太平洋时，先要经过进口航道到达通水闸，三座水闸分段式把船只升高到 26 米，然后进入湖泊和运河通道。当船只接近太平洋一端时，在船闸中逐步把船只降低到海平面。船闸总长 305 米，宽 33.5 米，深 12 米。船只通过巴拿马运河时需要经过 6 个闸门，通过每个闸门需要花费 25 分钟，从进入运河的一端到走出运河的另一端，船只全程航行需要八九个小时。

1914 年 9 月 3 日，巴拿马运河正式投入运营，第一年就有 1 108 艘船只通过运河。1970 年是巴拿马运河最辉煌的年份，当年有 15 523 艘船只通过这条运河，货物运输超过 1.3 亿吨，打破历史最高纪录。巴拿马运河的通航大大缩减了跨洋航运距离，美国是运河最大的受益者和使用者。巴拿马运河除了具有重要军事价值和经济价值外，美国每年有 1 000 多艘船只通过这条运河。此前行驶于美国东西海岸、美国东海岸到亚洲、美国东海岸到南美西海岸以及欧洲的船只,都必须要绕道苏伊士运河或南美的合恩角。巴拿马运河通航之后,美国前往这些地方的航程大大缩短,大大降低了海上贸易的运输成本。

2. 扩建运河工程给巴拿马带来好运

近年来,巴拿马国内经常出现干旱,运河和上游湖泊的水资源非常宝贵。过去,货船通过老运河时,船闸里的水会白白流入大西洋或太平洋。新运河拓宽工程结束后,新的船闸设备中安置了9个大型蓄水池,每个水池的蓄水量相当于18个标准游泳池,这样货船通过时,大约有近60％蓄水可以被重复利用,从而达到了环保和节能的设计目标。大洋两头的运河入口处各新建的一个三级提升船闸和配套设施,各长2.5公里。每个进出口由3个闸门把守,船室比过去的设计能力加长了40％,拓宽了66％,相当于4个足球场地那么大,水深相当于10层楼。

据运河管理人员介绍,装载10 000个标准集装箱货船过去通过巴拿马运河时,最贵支付了82.9万美元的过河费。巴拿马运河拓宽开放后,目前最贵的过河费是一艘装载13 000个标准集装箱的货船,付费超过100万美元。私人小型船只通过时,通常与大型货船合用一个船闸,付费在800～3 200美元。2019年,运河过河费收入26.65亿美元,扣除各种成本,运河为巴拿马政府提供18亿美元的财政收入,比过去增加了8亿美元。

从东到西,或从西到东,通过巴拿马运河需要花费8～10个小时。如今,每年约有17 000艘船只通过巴拿马运河,平均每天通过38～40艘,通航能力是过去的两三倍。从运河通航至2019年的100多年里,已有100多万艘船只通过了巴拿马运河。如果绕道经过南美洲合恩角,货船从太平洋的巴拿马运河入口处到大西洋的运河入口处,在海上需要多花两个星期的时间。

3. 中国是巴拿马运河的主要受益者

从美国东海岸的纽约到我国的上海,船只通过巴拿马运河大约需要在海上航行二十五六天时间,若是走苏伊士运河,则需要在海上航行二十七八天时间。今天,美国与东亚的海上贸易已经上升到40％以上,巴拿马运河的地位因此比过去更加重要。巴拿马运河原来的设计能力只能通过7万吨级以下的船只,许多超大型船只因此只好绕道而行。如今,巴拿马运河旁边拓宽一条可以通过17万吨级的船闸门。为此,美国东海岸新泽西等港口以及巴西东北部地区的港口目前正在进行改建和扩建,以便接纳超大型货船。据介绍,用超大型货船把巴西的大豆、铁矿砂和液化天然气运输到亚洲,海上贸易运输成本今后可以下降1/3。

  2021年,巴拿马运河共通过1 628艘新巴拿马型和巴拿马加型货船,运河的两个港口的货物吞吐量合计353.6万个标准集装箱。中国是巴拿马运河的第二大用户,2016年中国有3 860万吨货船通过巴拿马运河。从上海到美国纽约的航海行程,由替代航线的27 000公里缩减到巴拿马运河的18 500公里,节省了大量的运输时间和成本。中国通过的货船占巴拿马运河的四成左右,每艘集装箱船通过运河平均付费42～43万美元,散装船每次通过要交19～20万美元的过河费。粗算起来,中国每年缴纳的运河过河费不少于10亿美元。

华人与巴拿马人民和睦相处

巴拿马是一个开放的国家,社会稳定,没有排外倾向,这为华人华侨安身立命提供了良好基础。据巴拿马华商总会会长黄伟文介绍,当地华人主要来自广东,目前持有中国护照的华人有 17 万,另外 13 万是土生土长并有中国姓氏的华侨,华人华侨加起来有 30 多万人,约占巴拿马人口的 7.5%。华人华侨在巴拿马创造了一部艰苦奋斗的历史,他们为巴拿马的经济繁荣和社会进步做出了积极贡献。

早在 160 多年前,巴拿马开始修建世界上第一条纵贯美洲大陆和连接两洋的铁路以及巴拿马运河。当时,约有 2 万名中国劳工漂洋过海从广东来到巴拿马。不少中国劳工在这些项目的建设期间因为疾病、乡愁以及水土不服客死当地。这些重大项目结束后,幸存的中国劳工有的留在当地与黑人结婚繁衍后代,有的到加勒比地区的特立尼达和多巴哥以及牙买加等国谋生。

20 世纪 60 年代初期,巴拿马华人华侨只有 1 万人左右,他们的生活比较困难,全国华人华侨只有 4 辆小汽车,其中两辆为中南美洲中国和平统一促进会会长钟月钧所有。改革开放以来,许多中国人通过各种方式来到巴拿马,其中 90% 的华人华侨来自广东。他们在巴拿马主要经营超市、五金店、电器商店、杂货建筑材料和中餐馆等。巴拿马全国拥有 7 000 多家超市,其中 90% 由华人经营管理。第二代、第三代华人在巴拿马土生土长,他们接受当地教育,熟悉巴拿马文化传统,开始进入金融界、房地产、高校和政府部门任职,有的担任政府部长、法官、移民局局长等。

巴拿马华人华侨多数属于中产阶级,生活过得去。巴拿马真正有钱的是阿拉伯人和印度人,特别是犹太人。谈到犹太人在巴拿马事业成功的经验时,巴拿马老侨领钟月钧老先生对我说,犹太人团结互助,当新移民到来时,当地侨团为他们提供资助,第一次创业失败后,他们提供第二次甚至第三次资助。当三次资助全部失败后,说明这个犹太人不是做生意的料,当地侨社就想办法帮助他们另谋出路。巴拿马的犹太人非常抱团,他们做生意几乎没有恶性竞争。犹太人也很少同外国人结婚,一旦与异族通婚,马上就被犹太人侨社淘汰出局。

华人华侨做生意成功后,乐意回馈当地社会,他们把巴拿马当作自己的第二故乡。每逢中国春节或巴拿马圣诞节期间，一些侨团组织都要派代表到当地福利院看望孤寡老人、孤儿以及当地原住民，送上食品等慰问品，让他们感受到中国春节带来的温暖和华人社会对他们的关爱。巴拿马每年都举行大型慈善捐款晚会，捐款活动进行时，捐款者的名字和捐款数额通常会出现在电视大屏幕上。巴拿马华人华侨社团每年的捐款数额往往最大，获得掌声的时间也最长。华人华侨在巴拿马创业成功后，他们依然心系自己的故乡。每当祖国遇到天灾人祸，在海外捐款大军中，总能看到巴拿马华人华侨的活跃身影。

八、哥斯达黎加

幸福指数最高的拉美国家

哥斯达黎加经济发展水平在中美洲名列前茅,2019年该国人均国内生产总值(GDP)近1.2万美元。根据2018年世界幸福指数排名,哥斯达黎加是拉美地区幸福指数最高的国家,超过美国和欧洲的德国、比利时与英国。同时,因为这个国家的自然生态环境非常美,生物多样性极为丰富,哥斯达黎加也是全球幸福指数最高的国家。

1. 旅游资源丰富多样非常精彩

国土面积虽然只占世界的0.03%,但是哥斯达黎加在自然生态多样性方面却占全球的4%,沿海地区和山区生活着50万种动植物和30万种昆虫,是世界上20个生态环境保护最好的国家之一。哥斯达黎加全国26%的陆地面积和9%的海域位于自然生态区内,其中半数生态区为自然保护区,禁止任何商业开发。哥斯达黎加对环保的要求非常高,从20世纪80年代起,哥斯达黎加就开始倡导生态旅游。

火山、国家公园、野生动物保护区、森林、海滩、瀑布、温泉等天然奇景是人们旅游观光的天堂。人们喜欢在哥斯达黎加玩冲浪运动、跳水、皮筏艇、浅滩潜水、骑马,观赏鲸鱼、海豚、海龟和各种鸟类的活动。哥斯达黎加拥有1 200多种五彩缤纷的蝴蝶,全世界18%的蝴蝶种类可以在哥斯达黎加找到。2019年,哥斯达黎加接待的外国游客接近314万人次,比10年前增加了139万人次,外国游客带来的外汇收入超过40亿美元。

在中美洲地区,哥斯达黎加经济发展水平名列前茅,旅游业、农业和电子产品是国民经济的三大支柱。香蕉和菠萝是哥斯达黎加外汇来源的主要出口商品。美国是哥斯达黎加最大的出口市场,主要出口产品有医疗设备、假肢等。由于进口始终大于出口,哥斯达黎加年年出现几十亿美元的贸易逆差。

2. 经济开放发展速度稳中求快

哥斯达黎加自然资源丰富,铝矾土蕴藏量约1.5亿吨,铁蕴藏量约4亿吨,煤蕴藏量约 5 000 万吨,森林覆盖面积 60 万公顷。其工业以轻工和制造业为主,主要有纺织、器械、食品、木材、化工等。农业以生产咖啡、香蕉、甘蔗等传统产品为主。哥斯达黎加是世界上第二大香蕉出口国,仅次于厄瓜多尔。咖啡也是哥斯达黎加的主要农产品。

除了大力发展生态旅游外,哥斯达黎加经济主要依赖农业和电子产品出口。最近 3 年,哥斯达黎加经济年均增长 4.5%,这个成绩在中美洲和拉美地区令人羡慕。哥斯达黎加社会稳定,经济保持可持续发展,人们教育水平比较高。哥斯达黎加经济非常开放,迄今与美国、加拿大等 9 个国家签有自贸协定。

在对外经济合作中,美国是哥斯达黎加最重要的伙伴。英特尔公司对哥斯达黎加经济贡献率高达 4%~5%,该公司产品的出口额占哥斯达黎加贸易出口的 20%。哥斯达黎加人教育水平高,专业技术比较好,哥斯达黎加为美国各大公司提供会计、医疗辅助服务等人力服务。美国一些高科技公司都把服务行业设在哥斯达黎加,比如医疗器材的生产。又如,美国医生拍摄 X 线照片后,分析解读照片费用很贵,所以美国医生把 X 线照片传到哥斯达黎加,这边专门有人解读分析照片并写出病情诊断结论,然后反馈到美国。但是,哥斯达黎加人才外流严重,不少业务水平高的医生选择到美国和欧洲国家追求更好的物质生活。

3. 中哥经贸关系保持稳定发展

哥斯达黎加是中美洲第一个与中国建交的国家。中国与哥斯达黎加于 2007 年 6 月 1 日建立外交关系。建交以来,中哥两国之间贸易往来迅速增加。2010 年 4 月,经过六轮谈判,哥斯达黎加与中国在北京签署《中国－哥斯达黎加自由贸易协定》。自协定签署以来,中国已成为哥斯达黎加第二大贸易伙伴。2013—2018 年,中哥货物进出口贸易额一直保持在 16 亿～25 亿美元。中哥贸易每年均出现近 20 亿美元的逆差,主要是哥斯达黎加从中国进口多,出口少。中国对哥斯达黎加出口的产品主要有电器和电子产品、运输工具、纺织品、化工品、机械设备及零部件、金属制品、汽车、电器、玩具等。

中哥建交初期,两国在各个方面的关系得到很大推进。2009 年,中国援建的综合性体育场在开建前和开建期间遭到当地很多无端的批评。但是,这个占地面积近 10 万平方米的现代化项目于 2011 年建成投入使用后,目前成为当地和中美洲与加勒比地区的标志性建筑,当地许多大型国际会议和体育比赛都在这里举行,哥斯达黎加人现在对这个援建项目都说好。

当然,中哥关系发展不是一帆风顺的。类似中国投融资的 32 号公路,哥斯达黎加国会反反复复讨论了好几年才批准上马。中哥计划合作投资的莫因炼油厂等项目,经过多年争论最后都不了了之。由于哥斯达黎加对环保的要求非常高，当地媒体又非常挑剔，中方在哥斯达黎加投资基础设施项目难度非常大。此外，许多哥斯达黎加人认为，中方投资合作的一些大项目都是政府与政府之间的事情，与当地老百姓的日常生活关系不大。

　　哥斯达黎加哥中工商联合总会会长邓浩荣对我说，哥斯达黎加希望加强与中方的经贸合作关系，不是要求中国能赠送什么项目，而是希望中方了解哥斯达黎加的实际需求，在投资合作过程中注意环保和增加透明度。此外，由于中美洲许多国家面积小，需要合作建设的项目不大，中方企业投资中小型项目可能更接地气，类似哥斯达黎加这样的小国对中国中小企业的投资合作更感兴趣。

哥斯达黎加——没有军队的喜怒哀乐

没有军队的拉美国家有7个,它们是哥斯达黎加、巴拿马、海地、多米尼加、格林纳达、圣卢西亚、圣文森特和格林纳丁斯。这些拉美国家把本国的安全交给总部设在巴巴多斯的地区安全部队负责。其实,世上第一个废除军队的国家是哥斯达黎加。1949年,哥斯达黎加宪法规定废除军队。后来,该国每年12月1日都要庆祝废除军队节。

自从废除军队以来,哥斯达黎加被誉为拉美的"瑞士"。尽管没有明显的敌人,但哥斯达黎加也碰到一系列问题,比如边界治安问题、贩毒和其他暴力犯罪活动。哥斯达黎加目前面临的主要威胁来自尼加拉瓜。郇一思教授介绍说,哥斯达黎加的特鲁查与尼加拉瓜交界处有一条名叫圣胡安的界河,本来这条河的中线作为两国的分界线。根据有关条约,尼加拉瓜对圣胡安河拥有主权,但哥斯达黎加享有航行自由的权利。

由于特鲁查这个地方比较穷,哥斯达黎加人不愿意在那里生活。因此,尼加拉瓜人越过河流过来种植菠萝、蔬菜和农作物,时间久了他们就在特鲁查当地安家立业并生儿育女,以为这里就是他们的国家。为此,哥斯达黎加与尼加拉瓜经常发生摩擦冲突。在摩擦冲突中,因为国家没有军队,哥斯达黎加明显处于劣势。哥斯达黎加本来指望美国出面帮忙,但美国根本顾不上这些鸡毛蒜皮的事情。为此,哥斯达黎加非常郁闷。

哥斯达黎加与巴拿马的边界线是世界上唯一没有军队守卫的边界,因为这两个邻居都没有军队。据国际货币基金组织的数据,2019年巴拿马的GDP总量为701.6亿美元,人均GDP为16 521美元。哥斯达黎加的GDP总量为574.4亿美元,人均GDP为11 978美元。这两个没有军队的国家,都是中美洲最富裕的国家。

九、特立尼达和多巴哥

加勒比地区经济发展的领头羊

长期以来,特立尼达和多巴哥(简称"特多")是一个农业国,以种植甘蔗和蔗糖生产为主。从20世纪下半叶开始,特多制造业发展比较快。尤其从20世纪70年代发现并大量开采石油天然气后,石化工业带来了繁荣,使特多成为加勒比海地区最富裕的国家,并使特多成为这一地区经济发展的领头羊。

特多人曾自豪地说,在加勒比地区诸多国家中,只有特多拥有制造业,工业产值占国内生产总值的50%以上,其中石油和天然气工业收入占国内生产总值的40%。在特多的出口产品中,石油天然气收入占对外贸易出口的80%。2010年前后,特多生产80%的液化天然气进入美国市场。

近年来,随着美国发现页岩气以及国际原油价格的暴跌,特多天然气对外出口也受到很大影响,国内生产总值出现低增长甚至零增长。2019年,特多的GDP总值为224.4亿美元,比10年前的2009年减少了21亿美元。特多的人均收入也从2009年的28 400美元,下降到2019年的16 085美元。

在特多的整个经济结构中,金融服务业、旅游业和建筑业近年来发展比较快,特别是金融服务业的比重已占到国内生产总值的15%左右,西班牙港目前已成为加勒比地区的金融中心。旅游业约占国内生产总值的14%。特多目前正在大力发展旅游业和服务业,提高这两个行业在国民经济中的比重,以减少对石油天然气出口的依赖。赴特多的外国游客主要来自美国、英国、加拿大及加勒比等国家。

在加勒比地区的国家中,各国的债务平均达国内生产总值的100%,个别国家最高时达到140%~180%,是典型的中等收入重债务国家。特多的负债率很低,只占国内生产总值的40%。早在2011年,特多就跻身"发达国家"行列。但是,特多首都西班牙港少有高楼大厦,盘踞在山坡上的居民住宅显得比较低矮和陈旧,市区街道狭窄,上下班高峰期间交通非常拥挤。每天行走在街头,几乎看不到白人,绝大多数是黑人和印度后裔。当地官员说,特多发展经济面临的主要挑战是腐败现象比较严重,基础设施建设跟不上经济发展的需要,与毒品有关的犯罪活动比较猖獗。这些因素是特多政府进一步发展旅游业和吸引外资的障碍。

特多虽然面积很小,但是加勒比地区的重要国家,也是中国在这一地区的重要合作伙伴。独立50多年来,特多坚持主权独立、发展民族经济和不断提高人民生活水平的方针。与此同时,特多不断加强同加勒比地区国家的团结合作,促进本地区的稳定与发展,努力发展同世界各国的友好合作关系。

值得称赞的是,特多早在建交前就支持中国恢复在联合国的合法席位。自1974年中特两国正式建立外交关系以来,特多始终坚持一个中国政策。中特两国目前在政治、经济、文化等各领域进行了广泛交流与合作,双边关系一直保持健康稳定发展的良好态势。进入21世纪以来,中特两国关系步入快速发展轨道。2005年,两国确立了"互利发展的友好合作关系",充分体现了两国政府对发展彼此关系的高度重视和积极态度。

特多除了向中国出口天然气外,还向中国出口沥青。据介绍,特多的沥青耐寒能力强,即使在天寒地冻的情况下路面也不会出现开裂情况。北京二环路以及北京奥运会场馆内使用的沥青主要来自特多。

最近10多年来,中国加大了对特多的投资力度。特多政府为了多快好省地建设国家并把中国工人工作效率高的文化传授到特多,通过特多城市发展公司把价值几十亿美元的建筑合同交由中国的建筑公司完成。在中国工人披星戴月的建设下,特多的许多医院、艺术中心、总理府、外交中心在短时间内拔地而起,按时竣工并交付使用。在援建项目中,中方在西班牙港郊外帮助兴建的一家具有230个床位的儿童医院,是加勒比地区唯一的儿童医院。儿童医院建成使用后,不仅可以为特多儿童提供医疗服务,而且还特设了烧伤科,可以为在当地油气田工作的特多工人提供烧伤医疗服务。这是一个造福于特多和加勒比地区人民的工程。

白衣天使为中特两国架起友谊桥梁

在加勒比和拉美地区,中国帮助援建或投资的任何项目,当地少数不明事理的人一开始总要说三道四:中国人为什么要到我们这里来?中国人前来投资会不会抢走我们的饭碗?中国人在投资建设中会不会破坏环境?中国人过来会不会像英国、西班牙和葡萄牙等老牌帝国一样推行殖民主义?但是,中国向特立尼达和多巴哥(特多)派遣的医疗队,在加勒比地区一鸣惊人,获得当地政府、人民、媒体和非政府组织的交口称赞与高度评价。

从 2014 年 8 月开始,中国卫生部门分别委托北京宣武医院和天坛医院从神经外科、神经内科以及心血管等各科室抽调精兵强将,先后派遣多批医疗队前往特多执行医疗援助任务。第一批医疗队成员在特多开展工作的半年时间里,单独做了 100 多例手术,与特多医务人员一起做了 300 多例手术。中国医生在特多医疗条件比较简陋的情况下,创造了特多医疗史上 20 多项第一,比如特多第一例复杂颅内动静脉畸形栓塞术、第一例颅内动脉瘤栓塞术、第一例全脑血管造影术……第一批中国医疗队圆满完成 6 个月的医疗援助任务回国后,第二批医疗队继续在特多开展医疗援助的接力任务。

特多加勒比独立制片人朱迪介绍,中国在医疗援助特多过程中不仅救死扶伤,而且创造了对外援助的佳绩。特多圣费尔南多总医院没有条件进行神经手术,中国医生过来帮助许多患者摘除了脑瘤和颈椎肿瘤,拯救了许多母亲、父亲、兄弟、姐妹和儿女的生命。一名特多老师患有脑部神经肿瘤,但他非常害怕手术,肿瘤越来越大,走路说话都受影响。经过中国医生耐心解释和工作后,患者接受了长达 20 个小时的手术,手术非常成功。这名患者在接受当地媒体采访时激动得哭了起来。他说,是中国医生拯救了他的生命。朱迪说,在中国医生的妙手回春下,类似这样的故事有许许多多。一些来自加勒比地区甚至印度和尼日利亚的患者,也闻讯来到首都西班牙港接受中国医生的治疗和手术。

西班牙港是特多的首都,也是加勒比地区的经济和工业中心,但是这里一些大医院的医疗设备比较简陋,神经外科基础薄弱。由于收入差距悬殊,许多业务能力强医术水平高的当地医生,都远走高飞到英国和美国等国医院行医。因此,特多国内看病难的问题非常突出。中国医疗队来到特多后,第一批医疗队不仅完成了 400 多例手术,还帮助接诊和治疗 7 000 多名病人。此外,他们还帮助当地医院建立神经外科。

中国医疗队不仅在特多救死扶伤,还为特多带来技术、知识和药品,通过举办各种培训讲座与当地医生进行分享。为了帮助特多提高医疗发展水平,中方为特多提供一些医生培训名额,让他们到中国接受培训和提高医术。继中国中铁在 2012 年以速度和质量完成斯卡伯斯总医院的承建任务后,中国还提供 1.5 亿美元优惠贷款援建特多第一家儿童医院。独立制片人朱迪说,中国的医疗援助和援建给特多带来了很大变化,让当地更多的患者受益,从而赢得了特多人民的高度赞扬和信任。

中国企业走出去的战略目前正在拉美和加勒比地区实施,企业的投资合作项目有非常成功的,也有失败的,有正面影响的,也有少数项目产生负面影响,毁誉不一。对外医疗援助与当地人的命运息息相关,救死扶伤,帮助病人消除病痛,拯救一个个鲜活的生命,给他们的家人和周边的朋友带来欣慰和欢乐。这是中国在海外软实力的投放和建设的样板,这种投资更贴民心,更接地气。中国白衣天使的无私奉献,为中特两国和两国人民加深相互了解与友谊架设了一座彩虹般的桥梁。

加勒比地区到处可见黑皮肤的华裔

一提起牙买加和特多，我眼前立即浮现出华人在当地的可爱后代们，他们的皮肤黑黑的，眼睛大大的，不会说也不会写中文，从姓名和肤色无法判断出他们是华人的后裔，但他们确实有中国血统，与中国血脉相连。每当与他们交谈时，他们都会自豪地说，记得他们的爷爷或爷爷的爷爷来自中国。谈到中国，他们非常激动，也很向往，因为那是一个令人羡慕的东方国家。然后他们叹息道，路途太遥远，可惜他们去不了中国，今后也很难成行。

我多次到加勒比地区的牙买加与特多采访，在街头巷尾发现当地许多黑人都有中国血统。看到一对对恋人正在公园拍摄结婚纪念照片，我过去同他们聊天，发现几对恋人中，至少有一两个人有中国血统。见到这些黑皮肤同胞与我们有着血缘关系，我们相互之间顿时产生了一种亲近感，愿意袒露自己的心扉。

华人在拉美地区的出现，与美国林肯总统的政策有关。林肯总统解放美国的黑奴后，从非洲贩卖到拉美国家的黑奴也获得了解放。黑奴翻身解放后，不再在甘蔗园和工程项目上做牛做马，拉美地区因此严重缺乏劳动力。于是，中国劳工被贩卖到巴拿马、牙买加、特立尼达与多巴哥、秘鲁等国家当苦力。他们在当地修建运河和铁路，在甘蔗园里劳作。多年的卖身合同满期后，他们发现已没有返回老家的希望，于是就死心塌地留了下来。

许多在庄园干活的华工没有名字，只有编号，或为了管理方便他们跟庄园主一个姓，成为当地社会最低阶层。这些华工在异国他乡举目无亲，又无法返回中国，于是就与当地黑人女子结婚生子，从而在巴拿马、牙买加和秘鲁等国形成了一个特殊族群，有的华人后裔完全是一副黑人的面孔，在他们身上看不到一点中国人的元素。

无论在世界什么地方，华人华裔通常来说能吃苦，会理财，生活在当地都还过得去。此外，当地华人社会有相互帮助的传统文化，这让一些黑皮肤的华裔非常羡慕。2008年，30多名黑人走上特多首都西班牙港街头进行游行，他们打出这样一条有趣的中文横幅，"中国制造，谁人知道，谁人关心"。原来，他们希望并呼吁当地华人组织也把他们当作同胞亲人看待，当他们遇到生活困难的时候也能助他们一臂之力。

特多一名有华裔血统的黑人警察有些不解地问当地华人侨领："我爸爸当年为什么要娶我黑人妈妈？我妈妈的皮肤比我还要黑？"侨领用通俗易懂的语言对他解释说："你爸爸

一个人在这里工作生活,举目无亲,他当时可能生病了,躺在床上没有人照顾关心,非常可怜。这个时候,隔壁的黑人姑娘过来帮忙,给你爸爸做饭洗衣服,问寒问暖,时间长了他们就产生了感情,于是后来就有了你。"听了这番解释,黑人警察点头表示有道理。

牙买加中国友协主席菲伊是一位热心人,长期致力于推动牙买加同中国的友好往来,经常率团访问中国。她在喝咖啡聊天时对我说,她父亲来自中国,在牙买加做些小生意,她母亲是牙买加混血儿,她本人有50%的中国血统。尽管菲伊的皮肤有些黝黑,但长着一副中国人的脸。菲伊的丈夫是牙买加人,她丈夫的哥哥曾担任过牙买加执政党主席、政府水资源、土地、环境和气候变化部部长等职。话说之间,她指着桌上一个黑色的女士钱包对我说:"我们的总理就有中国血统,他的皮肤就跟这个钱包的颜色一样黑。"

据了解,许多华工当年来到加勒比地区和中美洲后,在城市以及农村扎根,他们通常开设家庭小店铺,前面有一个小窗口,后面是住家。每当有人深夜敲窗户,他们闻声起来打开小窗口,客人需要什么,他们就卖什么,方便了当地人的生活。由于互相信任,他们做生意时有时赊账,加强了与当地人的关系。当地人喜欢吃中餐,华人华裔逢年过节时在家里准备了许多中餐,邀请当地人一起品赏。早期的华人彻底融入了当地主流社会,受到当地人的热爱与尊重。

十、牙买加

加勒比地区的政治大国

如果把拥有石油天然气资源的特多视为加勒比地区的经济大国,那么拥有 297 万人口的牙买加就是加勒比地区的政治大国,在地区和国际事务中发挥着独特作用。加勒比地区一名资深外交官对我说,牙买加两次担任联合国非常任理事国主席,两次当选 77 国集团轮值主席,在地区事务中非常活跃。

1. 牙买加经济在不断发展

牙买加的铝矾土矿总储量约 20 亿吨,其中一半以上是比较容易开采的铝土矿。铝土矿和氧化铝产值占牙买加矿业收入的 98%。牙买加每年贸易出口总额大约 15 亿美元,其中 6% 来自铝土矿和氧化铝的出口。由于受国际市场的影响,氧化铝的价格波动比较大。独立 40 多年以来,牙买加经济增长缓慢。作为"中等收入重债国",2012 年牙买加政府负债 190 亿美元,是 GDP 的 140%。2019 年,牙买加 GDP 达 161.5 亿美元,政府债务下降到 143 亿美元,政府债务占 GDP 的 88.6%。牙买加政府的努力目标是,到 2025—2026 年,将政府债务的比重下降到占 GDP 的 60%。实现这一目标,对牙买加经济发展具有重要意义。

就经济结构而言,牙买加目前更注重发展服务业、旅游业和金融业。20 世纪下半叶兴起的矿业和制造业,现在对牙买加经济不再十分重要。水果、橘子、椰子和香蕉等农副产品出口也在不断下降。从 20 世纪 80 年代开始,在经济自由化和经济结构调整中,牙买加减少国有企业在国民经济中的重要作用,私营企业和私人金融机构成为经济增长的引擎。但在 20 世纪 90 年代,金融危机促使牙买加政府出手拯救了一些风雨飘摇的私营企业和金融机构。值得一提的是,这个国家的金融业现在主要控制在加拿大、英国和美国银行的手里。

2. 加勒比地区的旅游大国

牙买加经济结构比较单一,旅游、侨汇与能源是牙买加经济的三大支柱。2018 年,牙买加共接待 431 万外国游客,这个数字比 5 年前几乎翻了一番。在这些外国游客中,半数以上的是过夜客,每人平均在牙买加休闲旅游 9 天时间,吃喝玩乐都在岸上。其余的外国游客都是搭乘豪华游轮前来观光旅游的,他们匆匆而来,匆匆而去,只是上岸观光旅游和少量购物。这些游客在岸上不吃饭、不投宿,为当地经济贡献不大。

2018 年,牙买加直接与旅游业有关的从业人员超过 12 万人,占全国劳动力的 9%。此外,当地还有 25 万人口间接与旅游业有关。2018 年,旅游业为牙买加经济注入 33 亿美元的收入。到牙买加旅游的外国游客,80%来自美国和加拿大,其余的来自英国等欧洲国家。

3. 海外侨民与国内人口旗鼓相当

截至 2020 年,牙买加拥有 297 万人口,黑人和黑白混血人种占 90%以上。然而,这个国家在国外却拥有 260 多万侨民,几乎接近国内人口。牙买加曾是英国殖民地,牙买加黑人当年被贩卖到英美等国当奴隶。黑奴获得解放后,由于社会经济等因素,牙买加人大量移民国外生活。2019 年,牙买加的侨汇收入达 24 亿美元,仅次于旅游业。侨汇收入虽好,但却牺牲了牙买加在其他一些领域的利益。由于人才大量外流,牙买加国内缺乏合格的专业技术人员,包括医生、律师和经营管理人才等。总的来说,牙买加是加勒比地区最大的英语系国家,政府部门办事按部就班,比较讲究原则,灵活性不如拉美地区的西班牙语系国家。

4. 飓风给经济带来严重影响

每年九、十月份是加勒比地区的飓风季节,如要旅游访问牙买加,最好避免飓风季节。牙买加几乎每年都要遭受来自大西洋的飓风侵袭,每次飓风来袭不仅导致人员伤亡,而且带来直接和间接经济损失,轻则几千万美元,重则几亿美元。1988 年 9 月 11 日,横扫牙买加的飓风"吉尔伯特",风速达 140 公里/小时,造成数百人死亡,并给牙买加带来巨大的经济损失。在社会平等方面,牙买加虽然贫富悬殊比较大,但低于大多数拉美国家。目前,牙买加经济发展面临的主要挑战是如何进一步降低贫困率和减少居高不下的犯罪率。

5. 中国是牙买加最大投资来源国

中国与牙买加的进出口贸易额并不大,2019 年为 7 亿美元,比 2018 年增加了 4 000 万美元。2021 年,中牙双边贸易额为 8.2 亿美元。中牙两国的贸易量基本上维持在这个水平。但是，中国在牙买加的投资最近 10 年一直呈上升趋势。甘蔗是牙买加的农业支柱，这个国家曾是世界蔗糖的供应基地。2010 年，中国成套设备进出口公司投资近 2 000 万美元，在牙买加收购并升级改造了 3 家长期处于亏损状态的国有制糖厂，扩大了甘蔗种植园的面积，大大提高了牙买加的制糖能力，还为当地提供了 1 600 个就业岗位。该公司在牙买加第二大城市蒙特哥贝承建的会展中心项目，在 2011 年投入使用后成为加勒比地区最大的现代化建筑，许多地区和国际会议都在这里举行，同时带动了牙买加北部地区的旅游业发展。

目前有近 20 家中国企业在牙买加投资经营建设项目，为牙买加经济和社会发展做出了重要贡献。截至 2020 年年底，中国对牙买加直接投资约 11.3 亿美元。中国援建的很多合作项目，通常被牙买加视为标志性和样板性项目。2013 年，中国港湾工程公司投资 7.3 亿美元帮助牙买加修建一条全长 66.7 公里的南北高速公路，其中有一段是盘山公路。该项目 2016 年竣工并交付使用后，大大改善了牙买加南北的基础设施，推动了当地的社会经济发展。

中国港湾工程公司在牙买加承建了许多工程项目，比如承建金斯敦机场路项目、帮助改造并修复 430 公里的优先道路、修建 27 座桥梁等新项目。这些项目的信贷总额达 7 亿美元。2016 年，甘肃酒泉钢铁集团收购了牙买加一座大型氧化铝厂，该厂升级改造后的年产量达到 200 万吨，为当地增加近千个工作机会。

由于自然资源匮乏，牙买加政府大力发展旅游业，欢迎今后有更多的中国游客到这里观光旅游。2014 年 2 月，牙买加取消了对中国公民的签证限制。我访问加勒比地区一些国家期间，对方都强调发展旅游业的重要性，他们欢迎更多的中国游客前来观光旅游，但苦于目前同中国没有直接航空联系。他们希望牙买加尽早与中国建立直接航线。随着中国的崛起和"一带一路"在拉美地区的展开，牙买加与中国建立直航联系的愿望已不再是一个遥远的梦想。

牙买加新老华人差异比较大

牙买加约有3万华人华侨，他们主要来自广东。牙买加第一代华人在当地经营超市、百货零售以及中餐馆等。第二代和第三代华人华裔从事法律、医学和政治等行业，他们有知识有修养，对当地社会和经济发展做出了很大的贡献，牙买加人对他们的印象非常好。据统计，在首都金斯敦下城商业中心区，共有近百家华侨华人商铺，经营范围包括食品、百货、服装、文具等，为牙买加民众的生活提供了极大便利。

1854年，第一批中国人作为劳工来到牙买加甘蔗种植园当苦力。3年合同期满后，他们发现自己今后很难再回老家中国，于是死心塌地植根于牙买加，在当地经营食品杂货店，或挑着担子穿梭于街头巷尾兜售一些小商品。他们与牙买加社区左邻右舍非常熟悉，而且打成一片。根据当地人的实际生活情况，华商乐意赊账给当地人，允许对方等收成结束后再还账。逢年过节，华人在家里设宴回馈左邻右舍，密切了与当地人的感情。他们无形中成为中国文化在海外的传播者。

1891年，牙买加华人成立中华会馆，其使命是帮助华人华侨了解当地文化和法律，使他们比较容易融入当地主流社会。中华会馆成员大多是第二代、第三代华人，他们基本上不会说中文，主要从事音乐、宗教、律师、政治、农业、饮食和旅游等行业。华裔中最高职务的担任过政府部长并获得诺贝尔和平奖，他就是牙买加西印度大学安东尼·陈教授。作为联合国政府间气候变化专业委员会成员，陈教授和他的同行们以及美国前副总统戈尔在2007年一起获得诺贝尔和平奖，表彰他们为改善全球环境和气候状况所做出的不懈努力。

长期以来，牙买加华商为当地民众提供质优价廉的商品和服务，为加深两国友谊做出了积极贡献。牙买加中国友好协会有100多名积极会员，每年组团访华，邀请一些名人一起随行，包括国会议员和媒体名人，到中国各地走访3个星期，了解中国的历史、文化和现代化建设成就。凡是访华归来的牙买加人，对中国的印象都非常深刻和良好，这样的访问促进了牙买加与中国的相互了解与友谊。

从20世纪80年代中期开始，大约有6 000名来自中国的工人利用当地提供的免税优惠政策，把国内一些成衣厂搬到金斯敦自贸区生产。1989年北美自由贸易协定签订后，这些成衣厂利用北美自贸协议的免税好处，又把许多工厂搬到墨西哥生产，但仍有一部分中国工人留了下来。这些新移民主要来自广东，还有的来自江苏、甘肃和江西。这是中国移民牙买加的第二波，他们在牙买加定居下来后也把兄弟姐妹和侄子侄女们接出来。

第三波新移民人数为 10 000 多名，他们的文化和做法与老移民完全不一样。他们认为牙买加是经商赚钱的好地方，但他们不像老一辈华人那样长期扎根牙买加。牙买加中华会馆负责人叶重民表示，牙买加的新华人绝大多数是广东人，其定居身份是否合法很难说清楚。这些新华人缺乏长期扎根的准备，他们来牙买加投资设厂的主要目的是做生意赚钱。如果干不下去他们就撤资走人，与第一波牢牢扎根牙买加的中国移民有很大区别。

在与牙买加中国友好协会主席菲伊和牙买加华人文化委员会主席安东尼·陈教授的访谈中，这两位牙买加侨领对第三波中国移民在当地只顾埋头赚钱以及赚了钱后就寄回国内、不能融入并回馈当地主流社会的做法表示关切。他们担忧，长此下去不利于中牙友好关系的发展。为此，牙买加华人华侨社团为中国新移民不定期举办一些讲座，邀请当地政府官员和专家讲解移民、劳工和税收等各个方面的法律知识，增进他们对牙买加社会的了解并帮助他们入乡随俗，比较顺利地融入当地主流社会。

牙买加"三宝"——咖啡、飞人与雷鬼乐

牙买加是加勒比地区的一个岛国,面积10 991平方公里。旅游业、矿业、农业和新兴信息技术服务是这个国家国民经济的支柱。牙买加农业主要种植甘蔗和香蕉,但这个国家的咖啡在世界上非常有名。我在牙买加经常听到人们说,牙买加拥有三个知名特产——闻名世界的蓝山咖啡、世界顶级短跑运动员博尔特以及雷鬼乐鼻祖鲍勃·马利。

1. 蓝山咖啡在国际上奇货可居

蓝山咖啡进入中国市场的时间大概在2005年前后,中国人对它可能还不太熟悉,但它在咖啡界的名气可是如雷贯耳。牙买加希望扩大对中国的贸易出口,蓝山咖啡本来是很好的产品,口味和品质都非常好,但就是产量非常有限。

蓝山位于牙买加东部,海拔2 256米。该山在加勒比海的环绕下,每当天气晴朗的时候,太阳直接照射在蔚蓝的海面上,山峰上反射出海水璀璨的蓝色光芒,蓝山咖啡因此得名。据牙买加朋友介绍,生长在海拔500米至1 800米山上的咖啡叫高山咖啡,生长在500米以下的叫牙买加咖啡。蓝山咖啡中的"极品蓝"生长在海拔1 800米以上的山脉,这是货真价实的蓝山咖啡。蓝山咖啡口味浓郁香醇,喝起来醇而不苦。

随着中国人生活水平的提高和蓝山咖啡在中国的出名,人们越来越喜欢蓝山咖啡,特别是极品蓝,品位非常高,但很难进口。1969年牙买加蓝山咖啡受飓风影响,生产陷入困境。日本一家企业为了进口蓝山咖啡,愿意为牙买加提供经济援助,帮牙买加咖啡农渡过难关。为了感谢日本企业的帮助,牙买加于1972年与日本签订长期协议,将蓝山咖啡90%的年产量销往日本市场,剩下的部分大约3 500桶(每桶装70公斤)留给牙买加国内市场销售。由于蓝山咖啡在国际市场上奇货可居,从而奠定了蓝山咖啡在国际咖啡市场上的霸主地位。

2. 牙买加是短跑运动员的摇篮

尤塞恩·博尔特是牙买加著名短跑运动员，是男子短跑运动无可争议的霸主，至今仍保持了男子短跑领域的多项世界纪录。在2008年北京奥运会上，他一鸣惊人，以绝对优势夺得男子100米、200米短跑冠军。2009年，他在世锦赛连续打破男子100米、200米的世界纪录。2011—2013年，他带领牙买加男子田径队在4×100米接力赛中以打破并保持世界纪录的成绩夺冠。2013年11月17日，国际田联公布了2013年度男女最佳运动员名单，牙买加飞人博尔特第5次当选最佳男子运动员。

在博尔特的职业生涯中，他获得的奖项不计其数，可以说拿奖拿到手发酸。2017年，31岁的博尔特宣布退役，从而结束了他的田径生涯。博尔特退役后，牙买加田径运动青黄不接，队员们在国际比赛中的成绩不很理想。但是，牙买加黑人身体素质好，只要刻苦训练和坚持科学训练，这个国家今后将为国际体坛输送更多的天才运动员。

谢莉·安·弗雷泽是牙买加的女飞人，虽然身高只有1.6米，但爆发力惊人。在2008年北京奥运会上，她获得女子100米冠军。2012年，她在伦敦奥运会上卫冕成功，成为史上第3位连续两届奥运会获得百米金牌的女运动员。同时，她还是三届世锦赛（2009年、2013年和2015年）女子百米冠军。此外，她在世锦赛上还斩获女子200米金牌，帮助牙买加队夺得了女子4×100米接力的金牌。由于成绩非常突出，她被国际田联评选为最佳女运动员。

在国际重大短跑比赛中，经常出现男子组前三名被牙买加运动员包揽的事例。牙买加为什么能生产如此多的顶级短跑运动员？我与牙买加中国友好协会主席菲伊·琵克斯吉尔讨论过这个问题。她认为这与他们的饮食结构有关。博尔特的父亲曾说，他儿子之所以能跑得这么快，与当地人喜欢吃木薯有关。牙买加木薯长得很大，不太好吃，却是当地人的主要粮食。菲伊还认为，也与牙买加黑人运动员的体型和身材好有关，与他们的基因有关，这是他们额外的优势。牙买加的结构性训练非常系统，运动员从小开始在学校接受教练的训练，孩子们在不同水平上进行激烈竞争。过去，好的田径教练在美国，牙买加许多运动员到美国接受教练的训练。现在牙买加有自己的优秀教练员队伍，运动员选择在国内接受教练的训练，而且本国的教练比美国的教练更好。

牙买加出了不少飞人，这的确与牙买加的人种和基因有关。有人认为，牙买加人是当年从非洲被英国殖民主义者贩卖过来的黑奴，在抵达牙买加的途中需要在海上颠簸几个月，在酷暑和风雨的摧残下，许多黑人在途中病死或饿死，剩下的都是身体素质非常好的精英。由于牙买加短跑运动员屡创世界短跑项目的佳绩，中方在与牙买加商谈建立中牙体育合作项目，希望牙买加能帮助中国培训一些短跑运动员。

3. 马利是雷鬼乐的鼻祖

鲍勃·马利是牙买加唱作歌手,也是雷鬼乐鼻祖。他把牙买加雷鬼乐(Reggae)带往欧美流行音乐及摇滚乐的领域,成功将牙买加雷鬼乐传入西方,对西方流行音乐产生了巨大影响,世人因此称他为雷鬼乐之父。马利以充满激情、力量、斗志的灵魂之声,获誉首位"第三世界的流行巨星",实现了他追求的音乐无国界理念。作为反种族主义的音乐斗士,他长期致力于牙买加社会运动,他的音乐充满英国和西班牙殖民主义者给非洲人带来的苦难和奴役,同时包含宽容、博爱及信仰,鼓舞非洲国家争取民族独立和解放运动。

20世纪70年代,牙买加执政党和在野党在政坛相互仇杀,暴力频频发生。为了平息两党之间的内斗和仇杀,马利在演唱会上左手举着反对党领袖的手,右手举起执政党领袖的手,让他们通过他的牵手互相握手言和。他在歌词中唱道:"如果再不团结,牙买加这个岛国将不复存在。"歌词和唱腔着实让人非常感动。马利于1981年因病去世,时年只有36岁。至今,他仍被牙买加人视为民族英雄,他的雷鬼乐在中国也很流行。

雷鬼乐的经典歌曲有 *No Woman*、*No Cry*、*One Love*、*Buffalo Soldier*、*Three Little Birds* 等。精选 *Legend* 于马利去世3年后发行,是雷鬼乐界最畅销的专辑,在美国荣获11次白金唱片,世界销量达2 000万张。2010年,马利获选美国CNN近50年"世界五大指标音乐人"。2011年,西班牙举行欧洲最大的雷鬼音乐节,吸引了来自世界各国的近20万歌迷,这场特别的音乐会是为了纪念马利逝世30周年而举办的。

4. 牙买加华裔女歌手秦台珊很出名

菲伊主席说,2013年12月18日,牙买加华裔女歌手秦台珊登上美国ABC电视台"美国好声音"冠军。芳龄28岁的秦台珊来自牙买加,具有中国血统,参加"美国好声音"后她一路顺利晋级。她在美国的夺冠使她成为ABC节目史上首位外籍冠军。秦台珊因此一举成名,荣登牙买加国民偶像,世界"第一飞人"博尔特一度也亲临节目现场,作为"亲友团"助阵。在夺冠前后的3个星期内,牙买加举国上下为秦台珊的金嗓子倾倒,人们每天关注她的演唱、投票和晋级。秦台珊最著名的歌曲是《渡过难关》(*Bridge Over the Troubled Water*)。

十一、巴哈马

加勒比地区的旅游度假天堂

巴哈马是一个群岛之国,截至 2021 年,全国人口 39.5 万,首都为拿骚。从拿骚到美国佛罗里达州最南端的基韦斯特的直线距离只有 80 公里,到美国南部城市迈阿密 301 公里,坐飞机只需要 35 分钟,飞机一起飞就要准备降落,来去非常方便。巴哈马是加勒比地区的一块风水宝地,每年吸引众多外国游客到这里旅游度假。

这里拥有澄澈的海水和独具热带风情的自然景观,神秘又莫测。喜欢恬静的游客们可以躺在细软的沙滩上晒日光浴,也可以在太阳伞下的躺椅上看书。这里海水清澈湛蓝,喜欢刺激的游客可以在这里体验加勒比海的水上运动,比如皮划艇、冲浪、乘船游览海岛、出海垂钓和观赏野生海豚等,每个项目都非常刺激神经和器官。

1. 旅游业撑起巴哈马的大半边天

我们乘坐的飞机从中美洲的巴拿马起飞,顶着风雨降落在巴哈马首都拿骚国际机场。驱车前往市区的途中,马路上到处都是积水,分不清究竟是雨水还是倒灌的海水。抬头朝左边的加勒比海一看,海平面几乎与马路上的积水一般高。据科学家们预测,随着全球气温的升高,再过 50 年海平面将上升 60 厘米,届时巴哈马 60% 的国土面积将被海水淹没。因此,巴哈马政府特别重视环保,大声疾呼国际组织为加勒比岛国提供更多资金和技术来应对全球气候变化带来的严峻挑战。

旅游业是巴哈马经济的主要支柱。司机拉蒙指着靠港的"加勒比嘉年华号"游轮对我们说,这艘游轮隔三差五来这里,在拿骚过一夜,第二天一早就离开。拉蒙说,全球有两艘超豪华游轮,它们是"皇家加勒比号"和"海洋绿洲号",每月从迈阿密到拿骚造访两次,每艘船上能容纳 6 000 名游客及 2 000 名工作人员。一来一去需要 3 个晚上,费用只要四五美元。乘坐游轮到巴哈马的外国游客,白天上岸自由参观游览,购买当地旅游小纪念品,到亚特兰蒂斯度假中心的水上公园探险,欣赏当地举行的一些节庆活动。傍晚,这些游客回到游轮继续往下一站航行。这种旅游被当地人称为"低端旅游",虽然热热闹闹,但给巴哈马带来的收入却很有限。

巴哈马国会议员福布斯对我们说,巴哈马政府现在非常重视吸引乘坐飞机过来的高端游客,因为他们来后要住旅馆,去饭店吃饭,参观旅游景点,还要购买商品和旅游纪念品,他们为巴哈马经济做出的贡献,要比不过夜的外国游客大得多。福布斯说,巴哈马有半数人口的工作直接或间接与旅游业有关,旅游业及与旅游业关联的建筑业和制造业占全国 GDP 的 60%。

2. 制造特殊风情吸引外国游客

巴哈马分为首都拿骚/天堂岛、大巴哈马岛以及外岛三大区域。拿骚/天堂岛充满热带海岛的万般风情,这里有人喜欢热闹的酒吧、商场和各种娱乐活动,也有人喜欢坐车进行环岛游,还有人喜欢参观一些带有殖民色彩的古建筑和城堡。亚特兰蒂斯是首都拿骚五星级旅游景点之一,里面有豪华的酒店、水族馆、水上公园和娱乐中心,几乎是微型的美国赌城拉斯维加斯。大巴哈马岛散发出的宁静海岛气息比较浓,这里有风光旖旎的沙滩、婆娑的椰树和漂流在海上的木筏与游艇。外岛则以原始的热带风情吸引来自世界各地的游客,风平浪静时,这里有海浪轻轻拍击的白沙滩和清澈见底的海水,岛上有豪华饭店和高尔夫球场。在这里,人们白天可以在海滩享受日光浴、潜水和海上滑翔,晚上可以在赌场进行娱乐或观看文艺节目。巴哈马是一个令人心旷神怡的旅游度假天堂。

加勒比地区的阳光沙滩和旅游景点大同小异,巴哈马能提供什么与众不同的旅游产品来吸引如此多的外国游客呢?据介绍,巴哈马每年有上百个节日,包括海外侨民回家节、庆祝椰子和菠萝丰收的水果节、螃蟹节、岛屿音乐节、国际文化节、国际电影节、选美比赛以及各类帆船比赛等,吸引了大批外国游客前来观赏加勒比特有文化。

美国每年都要在巴哈马举办美国少女选美比赛。为了共同举办这场选美比赛,巴哈马政府每年开支 580 万美元,通过包括电视转播等方式向世界推销巴哈马的旅游产品,提高其国际知名度,促进旅游业的发展。司机导游拉蒙美滋滋地说,岛上举办一些大型庆祝活动时,人们在几天之内所得的金钱,足可维持全年的生活开支。

巴哈马拥有 700 多个岛屿,其中只有 30 个岛屿有人居住。这些有人居住的岛屿几乎不生产粮食和蔬菜,80% 的食品和所有生活用品都要从美国空运或海运过来。因此,这里的商品价格特别高,游客每晚旅馆住宿费平均超过 250 美元。由于旅馆的自来水不能饮用,游客每天饮用的进口瓶装矿泉水,每大瓶售价 7~10 美元,在超市每瓶售价也要 5 美元。巴哈马的出租车非常昂贵,为了游客的方便,出租车大多是中型面包车,即使接待一名游客也是出动面包车。无论汽车轮子滚动还是等候,一个小时收费标准是 60 美元。

巴哈马人的薪水很高,巴哈马生活开销也非常大。2020年,巴哈马人均GDP约为28 607美元。巴哈马也是全球生活成本最昂贵的国家之一。据 *CEO WORLD* 杂志2020年年初公布的最新调查结果,巴哈马的生活成本排名世界第六,仅次于瑞士、挪威、冰岛、日本和丹麦。巴哈马生活成本的不断上涨以及日益扩大的贫富差距,给低收入的巴哈马人的生活带来很大压力。

3. "避税天堂"名不虚传

离岸经济和金融服务是巴哈马第二大产业。巴哈马政府实行自由开放的金融政策和特别优惠的税收制度,外国银行和信托公司在这里开展金融业务可以免征个人所得税、公司税、销售税、股息税、资本增值税和财产税等,增加投资者的利益,从而吸引了不少外国金融机构。此外,巴哈马实施严格的银行保密法,人们设立信托和基金不需要披露公共注册的信息。只有在银行账户牵涉经济犯罪活动时,经巴哈马最高法院批准,才能允许第三方进行调查核实。

20世纪70~90年代是巴哈马金融服务业发展的黄金时代,共有400多家国际银行和信托公司在巴哈马注册,经营的资产多达上万亿美元。随着国际监管计划的发起以及国际金融行动特别工作组在2000年把巴哈马列入黑名单,美国和欧盟制定了一些法律专门打击企业海外逃税避税和洗钱活动,巴哈马的离岸金融服务业受到很大打击。据巴哈马中央银行提供的数据,截至2017年,来自美国、加拿大、英国、法国、日本等国家和地区的242家银行与信托公司在巴哈马注册,这些金融机构管理的离岸金融资产达1 711亿美元,这个规模是巴哈马GDP的19倍。

巴哈马离岸金融机构在当地大约雇用了4 500名职员。此外,巴哈马还提供1 200多名律师和350名注册会计师的服务。因此,许多西方国家银行和私营企业把海外业务纷纷转到这个"避税天堂"。仅通过征收外国银行注册费、入境费和印花税,巴拿马政府每年就可以轻轻松松获得上亿美元的财政收入。巴哈马人口虽少,但在全球却有5 000万吨级的船队。这些船只悬挂巴哈马国旗,但船东却属于其他国家。由于货船在巴哈马注册费用低,还可以享受其他一些免税待遇。因此为了避税,世界不少国家的船东乐意"挂羊头卖狗肉",将船只挂上巴哈马旗帜。

4. 美国人把巴哈马视为自家后院

加勒比地区各国首都之间没有直航,只能通过巴拿马或美国迈阿密转机。从拿骚到美国迈阿密、纽约等城市,每天有七八家航空公司的10余个航班,平均每50分钟就有一个航班起飞前往美国。美国移民局和海关在拿骚国际机场都设有专门的办事机构,人们在那里可以直接办理去美国或途经美国的入境手续。便利的交通、四季如夏的气候、奇特的加勒比风俗、友善的当地民众,巴哈马的这些特色对美国游客颇有吸引力。因此,巴哈马已被许多美国人视为"美利坚的郊区"。此外,有30 000名美国退休人员长期居住在这个风光绮丽的国家,享受这里的阳光和海滩。

由于岛屿多和交通不方便,政府没有能力开发,生财有道的巴哈马政府因此把散落在加勒比海的一些小岛租借给有钱的外国人,租期为100年,巴哈马政府每年收取一定租金和转租费。巴哈马国会议员福布斯对我讲,这些小岛上面都设有发电机,有的还有小型机场。美国著名魔术师大卫·科波菲尔、好莱坞影星约翰尼·德普、尼古拉斯·凯奇和约翰·特拉沃尔塔等人在巴哈马都购买了私人岛屿,他们每年过来度假,空余时间还可出租。据说,美国前国务卿基辛格和富翁比尔·盖茨在巴哈马慕沙湾小岛也建有别墅。

5. 港商李嘉诚在巴哈马也有大量投资

据了解,李嘉诚的"和记黄埔集团"从1997年开始进军巴哈马,先后在拥有5万人口的大巴哈马岛投资10亿美元,兴建了一个年吞吐120万个集装箱的自由港码头,专做与美国东海岸的海运生意。此外,李嘉诚的公司还在岛上兴建了修船厂、飞机场、酒店和高尔夫球场。巴哈马政府为感谢李嘉诚的大量投资,给他在大巴哈马岛开设赌场的经营权。李嘉诚对此半推半就,在酒店之外的地方兴建了一个赌场,把它出租给第三者经营,自己并不涉足赌场生意,但却能坐享其成。

中国投建巴哈·玛旅游度假村的成功经验与教训

在中国投资拉美地区众多的项目中,迄今还没有哪个项目的规模可以同巴哈马首都拿骚的巴哈·玛旅游度假村相提并论。巴哈·玛旅游度假村占地 400 公顷,建筑面积 30 万平方米,总投资 35 亿美元,其中中建美国巴哈马公司和中国进出口银行投融资 26 亿美元。自 2017 年 4 月正式开张营业以来,这个项目成为加勒比地区最大、最豪华的旅游度假村,为当地创造了近 5 000 个就业岗位,每年为巴哈马带来 11 亿美元的消费支出和直接税收。在未来一二十年内,这个旅游度假村每年可以为巴哈马经济贡献 10~12 个百分点。

1. 中国投资岛国巴哈马由小变大

1997 年 5 月 23 日,中国与巴哈马宣布建立外交关系。建交以来,中巴两国的经贸关系有了较大发展并保持在一个稳定的水平上。2018 年和 2019 年,中巴两国的货物进出口总额分别为 4.92 亿美元和 4.34 亿美元。这个贸易数额虽然不算大,但中国与巴哈马的经济合作却很密切。2011 年 6 月,经过中国工人两年的奋斗,中方援建的巴哈马国家体育场竣工移交给巴哈马政府。这个体育场成为中资企业拓展巴哈马市场的开路先锋,不仅为巴哈马举办地区和国际重大体育比赛创造了条件,也让巴哈马民众有机会了解中国设计、中国速度和中国精神。

2013 年 10 月,中资企业在巴哈马负责设计建设的第一个大型基础设施合作项目——拿骚高速公路,正式通车投入使用,不仅大大改善了首都拿骚的公路运输能力,而且提升了巴哈马作为国际旅游目的地的形象。2014 年,中国企业成功收购了拿骚希尔顿酒店,实现了中国企业在巴哈马的第一个经营性投资项目。然而,在中国投资加勒比地区的合作项目中,最引人注目的是身价 35 亿美元的巴哈·玛旅游度假村。

2. 中国建设者赢得外国同行的赞誉

巴哈·玛旅游度假村项目的投资建设，是中国企业走出去发展的一个标志性建筑工程，也是中巴两国投资合作的典范。根据中巴双方达成的协议，中方最多时可以从国内带来 5 000 名技术人员和工人。承包建设期间，中国建筑工人顶着紫外线的强烈照射和蚊虫叮咬，起早摸黑、加班加点地在工地上工作，付出了大量汗水和心血。他们吃在内部食堂，住简易集体宿舍，很少出去欣赏和享受加勒比海滩的良辰美景。

当地建筑工人和来自美国的技术工人起初对中国工人不住旅馆感到纳闷，他们不理解中国工人为什么把自己长期"关"在工地上，不到当地饭店品尝美味佳肴，为什么不在周末到附近海滩和旅游景点旅游散心，为什么不出去玩玩当地女人。在朝夕相处的过程中，巴哈马和来自美国、哥伦比亚的建筑工人才开始了解中国人吃苦耐劳的文化传统、中国人自我约束的纪律以及中国的速度和效率，他们对此表示由衷赞叹。

项目承建过程中，美国政客和媒体也不闲着，他们不断煽风点火，在国际上抹黑中国并挑拨中巴和中拉关系。但是巴哈马当局警告美国官员，巴哈·玛旅游度假村项目是美国人帮助设计的，今后受惠最多的是美国游客，听到这些，美国政客才开始学会闭嘴。

3. 巴哈·玛度假村规模与气派高人一等

巴哈·玛旅游度假村共分 4 个酒店区，包括君悦、玫瑰在内的四家豪华品牌酒店共有 2 300 个房间、套间和单间豪华公寓。单间豪华公寓每晚售价为 1 200 美元。这些饭店分别由美国和巴哈马公司经营管理。此外，这个旅游度假村还建有一个 18 洞的杰克·尼克劳莱斯高尔夫球场、一个国际会议中心、一家号称加勒比地区最大的赌场、一个可以体验海洋生活的水上公园以及拥有一条由 40 多家商店、饭店、酒吧和休闲俱乐部组成的商业街。几经周折后，巴哈·玛旅游度假村第一期项目于 2017 年 4 月 21 日举行开业仪式，巴哈马总理等政府高官出席了这一仪式，发表了高度赞扬中国和中国建设者们的讲话。2018 年 4 月，巴哈·玛旅游度假村第二期项目全部对外开张营业。至此，巴哈·玛旅游度假村以靓丽惊艳的面貌出现在加勒比地区，成为中巴两国合作的一大亮点。

我在巴哈马访问期间，可以感受到巴哈马人的热情好客，可以见识到巴哈马作为旅游大国的魅力。在旅馆区、街头和海滩上，到处都是来自欧美国家的游客。旅游业是巴哈马国民经济的命脉，是这个国家的骄傲。据一位中国驻巴哈马使馆高级外交官说，巴哈马政府希望进一步拓宽海外旅游市场，特别是欢迎中国游客到巴哈马旅游观光。最近 5 年来，巴哈马政府一直希望与中国尽早实现直航联系，旨在吸引更多的中国游客到巴哈马观光旅游。2016年，到巴哈马旅游访问的中国人只有3 000人。根据《中巴互免签证协议》，中国游客从2019年开始到巴哈马观光旅游可以享受30天的免签停留。随着时间的推移，中国游客一定会"开垦"巴哈马及其周边的"旅游处女地"。

4. 巴哈·玛旅游度假村项目一波三折

然而，巴哈·玛旅游度假村项目在投建过程中一波三折，不仅出现纠纷，而且还打起国际官司，闹得满城风雨。这个项目总投资35亿美元，其中26亿美元来自中方，中国中建集团下属的美国巴哈马公司（简称"中建"）以优先股方式投资1.5亿美元，获得项目15%的股权，其余24.5亿美元从中国进出口银行贷款。项目的另外9亿美元来自一个持瑞士护照的亚美尼亚人，他的名字叫伊思摩连，他是巴哈·玛旅游度假村项目的实际控制人，也就是这个项目的开发商。

这个项目原定2014年12月竣工开业，由于工期延误和劳资纠纷等原因，整个项目的开业时间一拖再拖。2015年3月，在旅游度假村工程项目完成97%的扫尾阶段的情况下，项目开发商与中建之间的纠纷升级，宣布停工。2015年6月29日，开发商通过其在美国的子公司向特拉华州地区破产法院提出破产保护申请。开发商向法院递交的文件称，中建涉嫌欺诈、蓄意破坏。开发商同时向巴哈马最高法院提交动议请求，要求承认美国破产法院管辖权并协助执行相关法院命令。与此同时，开发商还在伦敦高级法庭起诉中建，理由是中建违反合同义务，索要近2亿美元的违约金。

为此，中建积极进行应诉，为自己辩护。中建对外发布的公告称，开发商对该项目的设计管理不善，在项目施工启动后撤换首席设计师，设计方案遭遇1 300多项临时更改指令，从而影响了项目施工进度。此外，开发商拖欠中建工程进度款和工程变更款，两者加起来有1.42亿美元。中建向美国法院提出诉讼，要求取消该项目的破产保护申请。中建在声明中说，开发商指责中建与分包商对项目完工的延期负有责任，这一指控是极其误导性的和不诚实的，损害了这个项目背后所代表的巴哈马人民与政府的利益。

2015年9月15日，美国内华达地区破产法院驳回开发商的破产申请。与此同时，中国进出口银行以债权人身份凭借英联邦体系的破产法条款控制了这个项目。2015年10月30日，根据巴哈马最高法院的指令，中国进出口银行作为项目最大的担保债权人，正式指派世界著名的德勤会计师事务所为破产接管人，全面接管巴哈·玛旅游度假村项目。中建公司继续完成工程项目的扫尾工作，原开发商伊思摩连失去了对这一大型项目的实际控制权。最后，巴哈·玛旅游度假村到2018年4月全部对外开放营业。

5. 投资大型旅游设施的经验与教训

有关法律专家认为,巴哈·玛旅游度假村项目的纠纷给中国企业的第一个教训是,中建虽然投融资 26 亿美元并成为这个项目的优先股股东,但除了收取固定的股息和利息外,对整个项目的管理没有任何话语权与决策权,没有参与项目的经营管理权,无权任命自己的董事或在董事会、股东大会上进行投票,也无权干涉开发商的财务支出和成本控制等日常管理。当中建发现开发商拖欠工程进度款时,事情已经闹得不可开交。

第二个教训是,开发商伊思摩连以小搏大,仅以 9 亿美元的投资就全权掌控总投资 35 亿美元的项目。由于中建的融资筹措义务同经营收益分配权和经营决策权不挂钩,开发商在项目施工期间单方面撤换首席设计师、频繁更改和延迟交付设计图纸,中建对此没有否决权。由于没有引入独立的监理方参与项目造价的估算,最终导致项目承包成本超预算和索赔谈判不理性,整个工程项目处于停顿状态。

第三个教训是,当中建与开发商发生争议后,中建虽财大但气不粗,没有任何制约对方行为的优势可言。这种权责和义务严重不对等、不对称的安排,不利于保护自身的经济利益和国有资产的安全。

随着"一带一路"的深入推进,越来越多的中国企业正走出国门,到海外去开疆拓土扩大业务。在国外开拓投资业务过程中,中国企业需要扬长避短,熟悉、遵守并能熟练运用当地各种法律法规维护自己的权益,需要及时总结并吸取一些投资合作项目的经验教训。在谈判签订合同时,一定要通过合同条款的合理设置保护好自己的合法权益,防范可能出现的不确定性风险。吃一亏,长一智,相信中国企业今后在对外交往和投资合作中会变得更加成熟与智慧。

十二、古巴

美丽的哈瓦那街头见闻

到"美丽的哈瓦那"访问,曾是我们50后这一代人的遥远梦想。地球村就巴掌大这么一块地方,我们的梦想随着中国国力的日益增强终于成真。21世纪初,我多次到古巴首都哈瓦那采风,有幸在"美丽的哈瓦那"走马观花,同当地人有一些接触交往,从而加深了对这个国家的了解和印象。如果再细心深入观察与思考,我们发现古巴这个国家不容易,不简单,而且非常了不起。

1. 古巴经济处于明显变化的前夜

我们下榻在"自由哈瓦那旅馆",这是一家四星级旅馆,本来是美国人的财产,古巴领导人卡斯特罗在革命期间曾在这里落脚过。从20世纪50年代开始,古巴成为美国的旅游胜地和"后花园",人们购买一张50美元的机票就可以从美国南部迈阿密飞到哈瓦那,这50美元还包括食宿和娱乐活动。当时古巴在人均GDP收入、汽车拥有量、收音机拥有量以及识字率等方面都名列拉美地区前茅。

古巴革命胜利后,这家饭店被收归国有并改为现名。饭店规模很大,很有气派,但互联网的网速太慢,我们只能在夜深人静时才能上网,这是外国游客来古巴旅游访问遇到的最大困难。但令我们感到意外惊喜的是,旅馆里装有中文电视频道,年三十晚上我们有幸在旅馆房间里收看了中央电视台的春节联欢晚会。

论经济发展阶段,古巴目前处于中国改革开放初期的水平。行走在哈瓦那街头,大街上奔驰的都是一些超过半个世纪的老爷车,大多都是美国制造的,也都是在美国人撤离古巴时遗留下来的。这些五颜六色的品牌老爷车有林肯、劳斯莱斯、别克、福特、雪佛兰,在街头特别招眼。据统计,古巴全国各地现在仍有10多万辆产于20世纪五六十年代的老爷车,人们维修保养时采取拆东墙补西墙或自力更生制作零配件的办法。尽管非常老旧,但在汽车市场,这些汽车都是抢手货,汽车主人都舍不得出售。

我在2015年最后一次访问哈瓦那期间,发现当地使用手机的人仍不是很多,主要是价格太高。为我们开车的两名出租车司机都是国有饭店的职工,他们有手机可以跟家人保持简短通话。古巴手机通话每分钟收取 50 美分的外汇券(1 元外汇券相当于 25 个古巴比索),替政府企业开车的司机,每月固定工资 250 古巴比索。但出租车司机在哈瓦那是个令人羡慕的职业,司机每天为外国游客开车小费至少进账 10 个美元,相当于政府部长半个月的薪水。

2010 年前,古巴私营饭店的规模不能超过 6 张饭桌(24 条腿)和 4 名雇员。2011 年前后,古巴经济出现一些变化,政府允许人们兴办私人企业,比如旅馆和饭店,人们投入的资金可以超过几十万甚至几百万美元,但投资者大多有美国的背景。如今,只要你有能耐甩开膀子干,古巴政府予以默认。

2. 古巴的社会管理能力非常强

由于受美国长期经济制裁,古巴人的生活条件非常艰辛。但是,古巴人民不屈不挠,而且心地善良,善于助人为乐。古巴人没有等级和门第观念,人们生活虽穷,但不仇富,也不仇官。在古巴当政府部长或高官,他们原来居住在什么地方,升官后原地不动,继续与社区百姓打成一片。当官不发财,当官不搬家,古巴政府官员没有特权思想,这一点令人钦佩。古巴的贫富差距非常小,政府部长虽然拥有公车或其他一些补贴,但他们每月的薪水大约 500 古巴比索,相当于 20 美元。

与拉美其他国家的大城市相比,哈瓦那街头虽然陈旧,但非常安全,这与古巴的社区管理有很大关系。古巴妇女联合会负责孩子的健康成长和家庭琐碎事务。市区街道还有老战士协会,党支部在基层也发挥着很好的作用。由于基层组织健全,许多事情不用警察出面,街道保卫革命委员会出面就能摆平。若是外国人投宿古巴朋友家,必须向当地警方报告。根据古巴规定,老百姓家里不能私自收留外国人过夜,否则保卫革命委员会成员半夜会找上门来。

3. 政府对教育和医疗卫生的投入很大

教育和医疗卫生是古巴政府投入最多的两大领域,分别占政府财政预算的 27% 和 22%。令人印象深刻的是,古巴现有 8 万多名医生,平均每 120 多人就拥有 1 名医生。在教育方面,古巴有 3 万多名教师,是世界上按人口比例拥有教师最多的国家。从小学到大学,古巴学生的学费都是免费的,其中约有半数的学生能一路升到大学。古巴大学生主要学习历史、文科和医学,大学教育质量不算很高,大学生的含金量也不算高,但普及率却相当高。

由于在政府部门工作收入低,不少古巴医生、律师和教授业余兼职开出租车,有的干脆辞职当司机。自2011年古巴开始调整经济政策以来,政府允许人们自由选择职业。我们的出租车司机皮特有一个叔叔,是古巴一名非常著名的医学教授,出版了许多书籍,但他每月的正式工资只有600古巴比索。因此,大学教授改行当司机在古巴不算稀奇。在经济领域,古巴国内正在发生悄悄的变化。在思想观念方面,古巴人也在发生变化。

古巴雪茄烟香飘千万里

谈到古巴雪茄烟,我们不得不提起一个名叫王政的古巴华人。2005年王政获得古巴烟草公司颁发的雪茄专家证书后,在北京创建了哈瓦那之家雪茄俱乐部。2006年3月和5月,古巴领导人卡斯特罗主席送给王政及家人两盒亲笔签名的国宾礼品——COHIBA和LANCERO雪茄烟,表彰其家族两代人为促进古中两国友谊与交往做出的积极贡献。王政曾为卡斯特罗当过翻译,现为古巴路斯国际经贸合作公司总经理、古巴路斯旅游公司总经理和古巴中国企业商会副会长。

王政母亲鲁元坤是中国国防部外事局西班牙语翻译,毕业于北京外国语大学。1961年,鲁元坤大学还未毕业就被选中,在沈阳培训基地为接受培训的古巴飞行员当西班牙语翻译。由于从小耳濡目染,王政小小年纪就喜欢上了古巴。他大学尚未毕业就来到古巴,后来娶了古巴老婆,生了两个儿子。王政在古巴做建材生意,同时经营一家旅行社和做一些进出口贸易。可以这么说,王政目前是中国在古巴最成功的商界人士。

那天,我们在哈瓦那一家游艇俱乐部见面。落座后,王政请我们喝咖啡,同时从储藏间取出一盒古巴雪茄烟,请我们品尝。我已戒烟几十年,但在王政先生的盛情邀请和游说下,我也叼起一支古巴上好的雪茄烟,呼哧呼哧地抽了起来。王政告诉我们,抽雪茄不能把烟吸到肺里,吸一口雪茄后,在口腔绕一圈,然后缓缓喷吐出来,如此这样循环。他说,抽了几口后,如果不想再抽,就把雪茄放在烟灰缸上,让它慢慢灭掉。内行人抽雪茄时,不必把烟头掐死。一支高级雪茄烟需要6美元,大约相当于40元人民币。据说,一盒最好的雪茄烟出厂价是400多美元,但在黑市上用30多美元就可以买到。

古巴有1/5的国土面积拿来种植高质量的烟叶,烟叶种植面积的多少和规模大小由古巴政府根据需要控制,政府通常不扩大也不缩小烟叶的种植面积。雪茄是古巴的国宝,是手工产品,因此受到国家保护。古巴西部地区靠海,有雾,非常适合种植烟叶。高级雪茄烟之所以这么贵,是因为雪茄烟原料需要发酵两年。未经发酵的雪茄是假的,就像假茶叶和假酒一样。在世界上,茶叶的好坏是有争议的,中国人说龙井茶好,印度人说红茶好,好坏没有一个统一标准。酒也是一样,法国人说法国酒好,中国人说茅台酒好,俄罗斯人说伏特加好,这与萝卜青菜各有所爱是一个道理。

然而，古巴生产的高质量烟草在世界上是没有争议的。雪茄专家王政说，1492年，意大利航海家哥伦布和他的水手们在古巴登陆后，发现当地印第安人把树叶卷起来抽，巫师在祭祀时也抽烟叶。当这个充满梦幻的古巴珍宝被哥伦布和他的水手发现后，他们就被这螺旋上升的蓝色烟雾迷住了。哥伦布把野生烟草带回西班牙献给王室，王室成员于是开始抽起烟草。欧洲国家的王室之间通婚，互相赠送烟草作为礼品成为时尚。现有的烟草抽完了，他们再向西班牙王室要。由于没有存货，王室只好派人到古巴学习取经，于是把烟草种子带到欧洲。

从此，烟草开始流传到欧洲国家，再从欧洲国家流传到菲律宾，最后来到了中国。但是，烟草的发源地则是古巴。徐志摩到印度见到泰戈尔，是徐志摩把雪茄烟草翻译成雪茄并有一诗相赠，"灰白如雪，草卷如茄"（茄：细长的架子）。

王政说，香烟与雪茄的区别在于，香烟里面加了香料，雪茄里面不加香料，原汁原味。抽雪茄是男人阳刚之气的表现。从西班牙王室人员到阿拉伯酋长，他们都喜欢抽雪茄，抽雪茄的人都认为自己是世界之王。从生理上来说，抽雪茄可以缓解精神紧张，消除头脑疲劳，但不会兴奋。当你感觉自己是世界之王时，不妨享受一支古巴雪茄烟，那种腾云驾雾的感觉是非常美妙的。

有人说雪茄是男人的瑜伽，可以使心情稳定，紧张情绪得到缓解。赌场老板通过抽雪茄来掩饰自己的脸部表情，不让人们看到自己对资金的兴奋、紧张、不安和沮丧。因此在世界各国赌场，从来没有听说禁止抽烟一说。英国前首相丘吉尔喜欢抽雪茄，菲律宾前总统拉莫斯有事没事也喜欢在嘴里叼上一支雪茄烟。拉美左翼运动领袖卡斯特罗和格瓦拉，也都有抽雪茄的习惯。

古巴烟草工业的国营企业工人总数约为4万人，生产27个优质雪茄品牌，其中包括10个机制雪茄品牌。古巴每年生产2.6亿支雪茄，其中9390万支出口到世界各地，其余的供古巴国内消费。此外，古巴每年还生产125亿支香烟。由于大多数古巴人消费不起这种高档雪茄，这就需要到访的外国游客来帮助。2019年，负责古巴雪茄销售的哈伯纳斯公司宣布，古巴在全球的销售额创下5.37亿美元的纪录，同比增长7%。中国目前已超过法国成为古巴哈伯纳斯雪茄的第二大市场，仅次于西班牙。

从天坛饭店看古巴民风民俗

在全球的天涯海角,凡有华人的地方就有中餐馆,有华人的地方往往也有中国城。古巴首都哈瓦那的新老华人加起来不到 200 人,但却有一个小小的中国城,狭窄的街面全长三四十米,里面容纳着 6 家中餐馆。当你进入中国城牌楼时,两边的古巴服务员会向你推销他们的餐单和服务。请你不要止步,这些都不是正宗的中餐馆,饭店名字虽是中文的,但厨师大多不是中国人,也没有正宗的原材料,做出来的中餐自然适合当地人的口味。当你走到中国城尽头时,天坛饭店的招牌映入眼帘,这才是哈瓦那唯一的也是最正宗的中餐馆,厨师来自上海,油、盐、酱、醋等原料也都是货真价实的中国货。

1. 天坛饭店在哈瓦那遐迩闻名

哈瓦那中国城牌楼建于 1994 年,由古巴政府规划资助。翌年,天坛饭店横空出世,老板是上海画家陶锦荣先生。陶锦荣退休后一直在东欧和南美做生意,1994 年他来到古巴旅游,一路走马观花,喜欢上了古巴,一是这里气候好,二是他在当地结交的朋友也不错,其中一位是华人将军,官拜古巴政府储备部部长。按照当时古巴法律规定,私人开设的饭店不能超过 6 张桌子(24 条腿),服务员不能超过 4 名。由于天坛饭店是哈瓦那第一家中餐馆,所以陶锦荣打了一个擦边球,政府也睁一眼闭一眼,高抬贵手。因此天坛饭店分上下两层,目前大约雇用了 30 名当地员工,可以同时招待 100 多名顾客。

由于古巴华人华侨稀少,也很少有新移民到来,所以哈瓦那只有这一家正宗的中餐馆,一名中国大厨在掌勺,古巴厨师打下手。每天大约有一两百名顾客来这里吃饭,周末生意更好。这家饭店生意好,一是因为客人多,二是独此一家,没有同行的竞争。到这里吃饭的有古巴政府官员和外国使节,他们喜欢到天坛饭店用餐或请客。凡是来这里访问的中国人,包括国内来的代表团和中资机构常驻人员,也喜欢到这里用餐。一些西方游客到哈瓦那旅游,手里捧着旅游手册一路寻找到这里品尝中餐。天坛饭店室内的墙上挂满了镜框,里边都是知名人士与饭店老板的合影。

2. 饭店服务员收入超过政府部长

在天坛饭店工作的古巴服务员,每人每月收入大约 30 美元,比政府部长的收入还要多。当地商界人士说,部长收入虽然不高,但他们有车,有国家补贴,还可以每年外出度假,国家给吃给用,配备的汽油也不用自己掏钱。老百姓则需要自费开支。每年 2 月 14 日情人节是饭店最繁忙的日子,饭店内外总是挤满了顾客,门外还有不少顾客等候座位。品尝地道的中餐,分享情人节的浪漫氛围,这是情人节带给古巴顾客和外国游客的最大乐趣。

按照古巴法律,只有当地人才有资格经营饭店。陶锦荣不是当地人,他女儿陶琦也不是当地人,但陶琦的丈夫李荣富则是当地华人,是古巴武术学院院长和国际武术联合会副会长。李荣富代表古巴队参加过 2008 年北京奥运会的武术表演,他每年带团参加国际武术比赛,在哈瓦那相当有名。天坛饭店为什么在哈瓦那这么有名呢?主要得益于陶锦荣懂得吃的艺术。陶先生走南闯北,结交各方名人与朋友,品尝世界各国的佳肴,对各种菜肴能提出许多独到见解。

李荣富的爷爷是广东人,奶奶为上海人,他本人则是古巴第三代华人。李荣富的外公是中国人,奶奶是当地人。他的武术学院有 800 多名老少运动员。在整个古巴,大约有 1 万人习武,他们几乎每天练习中国武术。首都哈瓦那有 300 多家私营餐馆,政府现在对饭店雇用多少服务员没有严格限制。

3. 古巴人善良又热情奔放

天坛饭店中方管理人员告诉我,古巴人有几个鲜明特点:一是热情奔放,能歌善舞;二是没有种族歧视,具有强烈的民族自豪感;三是古巴人说话比较直率,不太喜欢拐弯抹角;四是有点懒惰,不太守时。大多数古巴人是混血,这里的白人皮肤不白,黑人肤色也不黑。古巴的社会治安相当好。每年春节期间,中国城都要举行庆祝活动,100 多名老华人和新移民,还有留学人员,他们敲锣打鼓,舞龙舞狮,非常热闹,当地还派警察维持交通秩序。在首都哈瓦那,小偷小摸的事情常有发生,但很少有暴力犯罪活动。

古巴华人人口数量从巅峰到寥寥无几

中国人移民古巴已有 170 多年的历史,高峰期中国在古巴有 14 万华工。但时至今日,人们在古巴首都哈瓦那街头很少看到华人华侨的面孔。

第一批 571 名中国人于 1847 年 6 月从厦门乘船抵达哈瓦那,他们是受招工馆等中介公司欺骗来到异国他乡闯天下的。他们在古巴各地的甘蔗种植园当苦力,因为美国总统林肯解放美国的黑奴后,从非洲贩卖到古巴和拉美地区的黑奴也获得翻身解放的机会。据记载,从 1847 年到 1902 年,从中国输入古巴的华工多达 14 万人。在被贩卖到古巴的途中,华工死亡率高达 10%。当时华工在古巴的社会地位非常低,他们只被允许与黑人通婚。但是,华工勤劳智慧,他们在艰苦环境里适应能力强,曾经为古巴的民族独立、经济繁荣和社会发展做出过积极贡献。

为了摆脱西班牙的殖民统治,华工与古巴人民并肩战斗,开展了此起彼伏的反抗西班牙殖民统治并争取民族独立的斗争。华工在争取民族独立的战争中作战骁勇,为古巴人民摆脱西班牙殖民统治立下了不可磨灭的战功。在古巴第二次独立战争中大约有 5 000 名华工和华侨参加了起义军,直接上前线参加战斗,直到彻底推翻西班牙的殖民统治。

古巴独立战争中有一位名将,名叫贡萨洛·德格萨达,他高度评价了华工和华人对古巴独立事业所做出的重要贡献。他说,中国人在战场上像猛虎一样参加搏斗,他们为古巴独立慷慨地流尽了最后一滴不留名的鲜血。他们不抱任何个人名利和欲望,也从来不乞求得到感谢和鲜花。为了缅怀华人的历史功绩,古巴政府在首都哈瓦那一个广场上竖起一座 8 米高的大理石纪念碑,碑座背面的一块铜牌上镌刻着德格萨达将军的一句名言:"在古巴,没有一个华人当过逃兵,没有一个华人当过叛徒。"

1902 年古巴宣告独立后,华工获得了人身自由,他们借助多年的积蓄在当地开设了餐馆、旅馆、水果店和杂货店等小商业。由于华人能吃苦耐劳,经营有方,他们在古巴的生活渐渐富裕起来。虽然距离祖国十分遥远,但他们心系祖国,在辛亥革命和中国人民的抗日战争期间,古巴华人积极参与募捐活动。1959 年以前首都哈瓦那约有 5 万华人华侨。

1959 年 1 月古巴革命胜利后,当地华人华侨跟随有钱的古巴人纷纷跑到美国和加勒比地区周边国家谋生。1968 年后,大多数华人选择到美国生活,只有近 3 000 华人华侨继续留在古巴。到了 2019 年,古巴只剩下 100 多名华人华侨。古巴的老华人都已加入当地国籍,他们生活需要依靠古巴政府救济。古巴的新华人,总人数不超过 30 人,除了开饭店外,其他少数人从事旅游业和进出口等生意。

古巴发展经济面临众多挑战

由于受新冠肺炎疫情的影响和美国的制裁,古巴经济在 2020 年萎缩 11%。2021 年,古巴经济有所反弹并增长了 2% 左右,开启了疫情后的恢复阶段。从 2014 年至 2019 年,古巴经济年增长率一直保持在 1.5% 上下。古巴经济发展缓慢,国外因素是美国对它长期进行经济封锁和制裁,国内因素是投资环境不太理想,吸引外资的条件比较差,农业生产因此一直上不去。全国人口消费的食品当中,有超过 80% 的食品需要进口。

古巴是个农业国,2021 年全国拥有 800 多万公顷可耕地,但只有 1/3 的土壤适合耕种,其余在东部地区的土壤非常贫瘠。古巴每年需要消费七八十万吨大米,其中本国只能生产 35 万吨,其余的需要从国外进口。在进口粮食方面,古巴每年需要花费 15~18 亿美元的外汇。古巴政府一直在努力提高农业生产力,计划把目前只有 10% 适合灌溉的可耕地面积增加到 20% 左右,旨在减少从国外的粮食进口。

如要提高大米、大豆和土豆产量,古巴政府需要从国外购买新的农业机械、进口更多的化肥和农药。目前,古巴每年仅进口 15~20 万吨化肥,相当于 1989 年进口 80 万吨的 1/4。如要在国内生产化肥,古巴需要吸引大量外资并引进新技术。但是,由于美国的经济制裁等因素,古巴在吸引外资方面的难度非常大。

近 20 年来,古巴开展劳务出口,其中最重要的是医疗服务出口。古巴与委内瑞拉在 2004 年签有一项协议,古巴根据协议每年向委内瑞拉派遣几万名医生,在农村地区帮助委内瑞拉患者诊治疾病,委内瑞拉则用石油和现金加以支付。对外医疗援助是古巴的强项,每年在国外服务的古巴医生多达 70 000 人,为这个国家换回数十亿美元的外汇收入。

在货物进出口贸易方面,古巴做到平衡并略有结余。20 世纪 90 年代,古巴在发展旅游业方面保持年增长 18% 的速度。21 世纪开始的头 10 多年,古巴的旅游业基本上处于滞涨状态。加拿大每年虽有 100 万游客到古巴旅游观光,但这些游客大多是中低收入者,在古巴的开销不是很大。最近几年,古巴政府加大对旅游业的投入,2017 年旅游业为古巴带来 33 亿美元的可观收入。2018 年,古巴接待了 475 万外国游客,创历史新高。

古巴另一个外汇收入来源是在美国和欧洲的侨民。古巴人口在 1 100 万上下,其中约有 1/3 的家庭在海外有亲属,其中大多数生活在美国。据古巴经济学家 A.诺瓦估计,

2016年古巴侨汇收入多达36亿美元，最近几年差不多保持在这个水平。古巴经济目前处于更新变化阶段，如果想开设小酒店、餐馆甚至理发店，海外汇款资助作为这些小本买卖的最初启动资金，对古巴人来说是非常重要的。目前，古巴有近60万劳动力在私营行业谋生，占古巴整个劳动力市场的13％左右，比2010年大约增加了4倍。

古巴经济发展面临许多困难与挑战，一些问题需要逐步得到解决，需要付出很大代价，尤其是古巴发展经济面临美国经济封锁这一外部因素。经济学家们认为，不管今后如何发展以及朝什么方向发展，有一点几乎是可以肯定的，由于历史原因、民族性格和文化的不同，古巴在经济发展道路上将始终坚持古巴特色的社会主义，发展的速度会比较慢，从而避免出现大起大落的情况。因此，外界对古巴经济发展面临的困难和做出的巨大努力要给予多一点的理解与支持。

令人鼓舞的是，古巴政府于2020年10月上旬宣布，该国早些时间在中部地区种植的384公顷转基因杂交玉米，如今获得圆满成功，每公顷产量在5～6吨。由于这一项目的巨大成功，古巴政府将进一步推广转基因玉米的大面积种植。分析人士认为，转基因玉米在古巴农业领域获得成功应用，有助于缓解这个国家面临的牲畜饲料严重短缺的问题，同时还可解决因大量进口饲料导致外汇收入供不应求的难题。

古巴医疗外交的成功与阻力

古巴政府长期以来非常重视对教育和医疗卫生的投入,这两个领域的开支几乎占政府财政预算的 50%。古巴大约拥有 10 多万名专业医生和近 50 万名卫生专业人员,每年还培养上万名医学院的学生。古巴平均每 1 000 人就有 9 名医生,是世界上人均拥有医生数量最多的国家之一。最近几十年来,古巴往拉美一些友好国家派遣了大批医疗队员,深入这些国家的农村地区和偏僻山区,为当地人民提供了很好的医疗服务。在古巴每 3 名医生中,会有一名在某段时间被派遣到国外参加医疗援助。

古巴在国际上比较领先的医学领域有:眼科、矫形术、生物工程等专业技术,有骨髓、心脏、肺、肝、肾、胰腺等器官移植手术,有治疗帕金森综合征、老年痴呆症等神经外科。此外,古巴政府在生产医疗设备、器械和药品方面投入的资金,占国内生产总值的 9%。经过几十年的卧薪尝胆,古巴在医药高新技术的研发方面,尤其是在器官移植和疑难病症的手术治疗方面达到了较高水平。

英国一些专家认为,古巴医疗的优势在于社会主义政府注重全局性,避免医院出现商业化和利润最大化的弊端。以疫苗为例,美国的医药公司一般不重视研发预防性的疫苗,因为疫苗带来的长期利润很少,而且疫苗使人不生病、不吃药,从而影响生产企业卖药赚钱。但是作为公有制经济的一部分,古巴制药厂研发和生产药物的目的是让人少生病、少买药与少吃药,减少公费医疗的支出。因此,疫苗成为古巴制药业的重要发展项目,最终成为古巴在全球化竞争中的亮点产品。

1. 医疗援助每年创收达 60 亿美元

在古巴,医疗专业永远是人们最主要的选择,从而使古巴医疗水准处于国际先进行列。国内培育出大批医务人员后,古巴开始考虑"医疗出口"。从 20 世纪 60 年代至今,古巴派驻海外的"白衣天使"近 20 万人次,遍布拉美、非洲、亚洲和大洋洲的上百个国家和地区,拉近了古巴与这些国家和地区的关系,帮助重塑了古巴的国际形象,同时还为古巴带来实实在在的经济利益。2014 年医疗行业为古巴带来 60 亿美元的外汇收入。医疗服务成为古巴最重要的出口服务,虽然古巴官方对此没有完整统计,但据古巴一些智库的学者估算,医疗外交每年为这个国家带来约 36 亿美元的外汇收入。

古巴医生在国内工作每月工资平均在 30~50 美元,一旦派驻海外艰苦地区担负援助任务,他们的住宿,往返机票通常都由受援国提供,接待方每天还提供规定的食物和后勤供应。援外医生在国外有 150~1 000 美元的月收入,这些收入上交给古巴政府,然后政府在国内付给他们一定劳务报酬。援外医生除了国内工资照拿外,其家属每月还可以从政府领取 50 美元津贴。如果月收入有 100 美元,人们在古巴的生活是过得非常惬意的。

2.《纽约时报》对古巴医疗外交赞不绝口

古巴在加勒比地区以及世界各地开展的医疗援助,不仅提升了古巴的国家形象和软实力,还突破了美国对古巴的长期孤立政策。1998 年,古巴与危地马拉重建外交关系。2002 年,古巴恢复了与洪都拉斯(美国在加勒比地区的一个传统盟友)的外交关系。目前,古巴在洪都拉斯许多缺医少药的边远地区派驻了医生,洪都拉斯等国的许多学生还在古巴的医学院学习。

2010 年海地发生大地震后,古巴医务工作者和拉美医学院的古巴毕业生立即前往灾区进行救护,在第一时间为 6 万名海地伤者提供急救并做了 3 500 例医疗手术。在抗震救灾的最初 3 天时间内,古巴有 1 500 名医生参与救死扶伤,拯救了大量病人和受伤者,而超级大国美国只派出 550 名医护人员在海地震区开展抢救活动。

《纽约时报》曾发表了一篇题为《古巴在海地抗击霍乱的斗争中发挥了关键作用》的文章,对古巴医生的无私精神大加赞赏。文章说,这与美国在地震后派遣军队到海地的做法形成鲜明对比。

3. 古巴为加勒比地区大量培养医生

古巴在国际医疗援助方面不仅授人以鱼,而且授人以渔。1976 年,古巴在非洲成立了第一所医学院,为当地培养了大量医生。迄今为止,古巴在非洲、拉美和加勒比地区成立了 9 所医学院。1966 年至 2004 年,古巴帮助建立的医学院培养出 4 000 名外国学生。1998 年,中南美洲和加勒比地区发生两次特大飓风,给洪都拉斯和厄瓜多尔等许多国家带来严重灾难。1 000 多名古巴医生闻风而动,立即在这些受灾国的贫困地区帮助开展医疗工作。

1999 年,古巴政府做出两项重要决定,宣布古巴医疗队将长期在加勒比地区和中美洲提供人道主义医疗援助,同时决定在哈瓦那郊外的一个前海军基地兴建一所拉美医学院,为这一地区的受灾国提供1万个奖学金名额,每年招收1 500名学生。这一计划把古巴的国际医疗合作纳入可持续发展的轨道,迄今已为中南美洲和加勒比国家培养了14 000多名医学院毕业生。

由古巴和委内瑞拉两国政府推动的"奇迹行动"计划,自2004年以来已经使数百万拉美人恢复了视力。哈瓦那的塔拉拉国际医疗中心自1990年以来收留了26 000名切尔诺贝利核灾难的受害者,为他们提供长期治疗,治疗范围包括脱发、皮肤病、癌症和白血病等。

古巴为中方提供很多奖学金名额

根据古巴领导人菲德尔·卡斯特罗的提议，古巴政府宣布从 2006 年至 2008 年期间，为中国中西部地区提供 3 000 个奖学金名额，为中古友好合作关系培养和储备人才，巩固和发展中古传统友好关系。根据中古两国政府间的有关协议，中国学生先到古巴学习 1 年西班牙语，然后根据本人意愿攻读本科专业，诸如医学、护理学、心理学、旅游业、历史和西班牙语等。专业学习时间为四五年。

留学期间，中国学生的学费、食宿费、医疗费均由古巴政府提供。此外，古巴政府还按照对外国留学生的奖学金标准，为中国留学生每月提供 4 美元的零花钱。一名姓蒋的留学生对我说，在古巴留学比在国内读书压力大，但非常有意思，因为在国内学习不会有这么多的经历和见识。他说，压力大的主要原因是要用西班牙语学习医学。

在哈瓦那街头，我们碰到一名来自国内某大学的女研究生，她自费在古巴学习教育管理专业。她说，古巴的教育管理水平不错，她到这里学习不是想当老师，而是为了今后指导老师如何教育学生。她说，读研究生 1 年需要 4 000 美元学费，另外还需要支付几千美元的生活费。为了学习知识和提高自己，她愿意自费到古巴留学，同时方便在古巴和周边国家旅游访问。

古巴学校的住宿条件比较简单，中国留学生一般不太习惯，但他们通常都能克服困难，有的在校区附近自己租房，平均每月房租开支 200 美元。

十三、拉美人乐观阳光

拉美人高高兴兴过大年

每逢岁末年初,从中美洲的哥斯达黎加、南美洲北端的委内瑞拉,再到桑巴大国巴西,街头巷尾和社区到处都布置了圣诞树和圣诞节的霓虹灯,人们早早地构思并准备迎接一年一度的圣诞佳节。

1. 哥斯达黎加人爱吃玉米粉蒸肉

在哥斯达黎加首都圣何塞访问期间,我在旅馆结账时同经理人员胡安闲聊起来。胡安说,哥斯达黎加人在圣诞节前夕采购许多牛肉、猪肉、鸡肉或火鸡,把肉切碎分别放在香蕉叶中,与玉米面混在一起,再加上一点橄榄和葡萄干之类的佐料,做成一道辛辣玉米粉蒸肉(Tamales)。12月24日,全家亲人聚集一堂,共庆圣诞夜的到来。据介绍,辛辣玉米粉蒸肉是拉美许多国家如今最流行的一道圣诞节大餐,相当于美国人吃的火鸡。

胡安说,如果在圣诞节前夕到哥斯达黎加居民家做客,你会发现家家户户在家门口和家里用花卉和水果布置得漂漂亮亮,一派节日的气氛。在迎接圣诞节到来的前一夜,主人在家里准备了丰盛的晚餐,家里要选出一名成员来扮演圣诞老人的角色,家人之间互相赠送圣诞礼物。晚上10点过后,孩子们抱着心爱的圣诞节玩具和娃娃,甜蜜地进入梦乡。大人们继续喝酒聊天,直到圣诞夜的降临。从12月26日到元旦,哥斯达黎加人民同拉美其他国家人民一样,人们参加各种各样街头游行庆祝活动。

2. 委内瑞拉人喜欢吃猪大腿

委内瑞拉人过圣诞,首都加拉加斯的家长们通常带着孩子到伟人广场排队领取一包食品或儿童玩具。圣诞节夜晚,委内瑞拉家家户户围坐在一起品尝烧烤得香喷喷的猪大腿。委内瑞拉的每个猪大腿约10千克,售价不到2个美元。委内瑞拉国内肉类和副食供应比较紧张,这些猪大腿都是政府从巴西和葡萄牙等国进口来的。人们采购一大个猪大腿后,在12月24日下午一两点开始烧烤,一直烧烤到晚上五六点,然后全家人围坐在一起分享猪大腿。

这些猪大腿都是从政府定点超市采购来的,人们排队采购秩序井然,不会出现一个家庭派多人到供应点抢购猪大腿的现象。节日的喜庆往往会激发出人们近乎疯狂的消费欲望,委内瑞拉所有商家都会把握一年之中生意最好的时机,在店铺里备足了圣诞树、灯饰、玩具和游戏机等。由于委内瑞拉近年来经济形势不好,美元与玻利瓦尔的官方汇率与黑市上的汇率相差几十倍,一些家电商家囤积居奇试图哄抬价格。委内瑞拉执法部门每年都要在圣诞节前夕逮捕一些不法商人,控制物价的上涨,让委内瑞拉人民过上一个祥和快乐的节日。

3. 巴西人过节喜欢外出旅游购物

巴西是拉美地区最大的天主教国家,巴西人过圣诞节形式丰富多彩,但最著名的要数里约热内卢市迪弗雷塔斯湖上的巨型圣诞树。整棵圣诞树据说由 310 万盏小彩灯组成,连接彩灯的电线长达 50 公里,这棵世界上最大水上圣诞树每年吸引成千上万来自世界各地的游客。12 月 24 日这一天,巴西的妇女们在家里忙碌一整天,或在厨房准备丰盛的晚餐,或在家里忙着包装礼品。下午 5 点左右,全体家庭成员通常聚集在爷爷奶奶或爸爸妈妈的家里,大家互相寒暄赠送礼品。向上帝祈祷之后,全家人一起共享圣诞夜的大餐。

同里约热内卢圣诞节的热闹气氛相比,首都巴西利亚显得冷冷清清,仿佛成了一座空城。原来,巴西利亚的中产阶级和有钱人大多携带家眷到里约热内卢或外地过圣诞节。20 世纪 60 年代,巴西把首都从里约热内卢迁到巴西利亚时,政府工作人员都不愿意过来。为了鼓励人们到新的首都上班,政府为公务人员提供廉洁机票往返里约热内卢和新的首都。时间久了,人们不愿意把每个周末的大部分时间花在往返的路上,因此在巴西利亚购置了房产,同时继续保留在里约热内卢的住房。因此每年圣诞节,巴西利亚人仍喜欢到更有人气的里约热内卢欢度。

从 12 月 26 日到元旦期间,巴西人通常参加各种欢庆活动,或互相邀请亲朋好友在公园吃烧烤。从新年的第二天开始,巴西人按计划带着孩子们到阿根廷或周边国家旅游度假。美国是巴西人出国度假的首选地。家长们带着孩子到美国奥兰多迪斯尼乐园游玩,欣赏迈阿密的异国风情,在风景如画的佛罗里达海滩游泳晒太阳。度假期间,巴西人喜欢到美国超市疯狂采购物品。美国的物价比巴西便宜一大半,巴西游客在回国时大包小包地往国内搬运。最后计算起来,他们发现到美国度假的开支,比在巴西国内旅游购物还要便宜。

拉美人民的幸福指数冲天高

拉美各国大都是发展中国家,经济发展水平有高有低,但总体上来说属于中等偏下,不是很发达。不少拉美国家的通胀率非常高,失业率和犯罪率也居高不下,近 1/3 的人口生活在贫困线以下。许多穷人不到月底就把工资花光了,每月最后几天都要靠东拼西凑来过日子。

1. 拉美人热情、乐观、淳朴

然而,盖洛普于 2019 年公布对世界 148 个国家近 15 万人(每个国家 1 000 人)进行的调查发现,全球最快乐的 10 个国家中,有 8 个在拉美地区,它们是巴拿马、巴拉圭、萨尔瓦多、委内瑞拉、特立尼达和多巴哥、危地马拉、厄瓜多尔和哥斯达黎加。盖洛普询问人们的问题包括:你们是否休息得好、是否受到尊重、是否笑口常开、是否学到或从事有趣的事情、在过去一天中是否有快乐的感觉。

热情、乐观与淳朴的人,生活的幸福指数非常高,幸福指数几乎与贫困无关。盖洛普的这项调查结果令人非常吃惊,这种现象在一些国家的确存在。新加坡人均 GDP 很高,但在盖洛普的这项调查中,新加坡人的幸福感非常靠后。这一调查结果表明,财富和健康并不一定能保证人们会有幸福感。工作节奏加快和城市生活压力增大,没日没夜的加班加点,没完没了的互相攀比,反而降低了人们对美好生活的向往和享受,所以东亚人的幸福指数有所下降。

2. 拉美人快乐的两大要素

拉美人收入不高,尤其是高居盖洛普榜首的这些拉美国家,多数是非常贫困落后的国家,有的还处于四分五裂中,人们的生活过得紧紧巴巴。但是这些国家的人民整天乐呵呵的,好像从来不发愁。穷人们过着今天有钱今天花、明天无钱借着花的日子。调查显示,富裕国家的人民不一定都非常快乐,贫困落后国家的人民也可以充满快乐和幸福。危地马拉冲浪运动教练卢兹·卡斯蒂罗说:"在危地马拉,人们非常友好,见人总是面带笑容。尽管我们面临着许多问题,但美丽的大自然包围着我们,使我们可以逃离现实。"

除了大自然带来心旷神怡的快乐心态外,拉美人幸福指数高的另一个因素是家庭成员和亲友之间来往多,社会关系密切。即使有人在生活中苦苦挣扎,但总能感受到亲人们的关照与温暖,他们并不感到孤独。巴拉圭街头商贩玛丽亚·索利斯说:人生苦短,我们没有必要为了生活困苦而悲伤与绝望。即使是腰缠万贯的富人,也会遇到许多问题。因此,我们要保持阳光的心态,要寻找乐趣,始终笑对人生。

3. 时间观念较差 办事速度较慢

拉美多数国家的人时间观念差,约会迟到半个小时到一个小时是家常便饭。但是,拉美人下班的时间观念非常强,他们到点就下班,不愿意加班加点。对在拉美地区投资的外商来说,他们希望投资项目能按时按质完工,因此希望当地工人们能加班加点。但是,生活再穷再苦,你给 2 倍甚至 3 倍的加班费,拉美普通工人就是不愿意加班加点,不乐意加倍挣钱来养家糊口。他们认为 8 小时之外就是他的自由,雷打不动。拉美人的另一个特点就是说话不太算数,答应你的事情往往今天推明天,明天推后天。拉美普通人的算术很糟糕,许多最简单的加减乘除他们都算不过来。但是正因为简单朴实,心地善良,拉美人普遍比较好相处。